"新标准"学前教育专业系列教材　　　i教育·融合创新一体化教材

依据 《幼儿园教师专业标准（试行）》
《中小学和幼儿园教师资格考试标准及大纲》 编写

学前教育原理（第二版）

微课版

主　编○傅建明
副主编○徐浩斌
参　编○张晶晶　金　婷　杨晨曦　柳钰洁　顾窗含

华东师范大学出版社
·上海·

图书在版编目（CIP）数据

学前教育原理/傅建明主编. —2版. —上海：
华东师范大学出版社，2023
　ISBN 978-7-5760-4382-2

Ⅰ.①学… Ⅱ.①傅… Ⅲ.①学前教育-教育理论-教材 Ⅳ.①G610

中国国家版本馆CIP数据核字(2023)第237761号

学前教育原理（第二版）

主　　编	傅建明
策划组稿	赵建军
责任编辑	李　琴
责任校对	秦紫怡　时东明
装帧设计	庄玉侠

出版发行	华东师范大学出版社
社　　址	上海市中山北路3663号 邮编 200062
网　　址	www.ecnupress.com.cn
电　　话	021-60821666 行政传真 021-62572105
客服电话	021-62865537 门市（邮购）电话 021-62869887
地　　址	上海市中山北路3663号华东师范大学校内先锋路口
网　　店	http://hdsdcbs.tmall.com
印 刷 者	江苏扬中印刷有限公司
开　　本	787毫米×1092毫米 1/16
印　　张	16
字　　数	359千字
版　　次	2024年1月第2版
印　　次	2024年12月第4次
书　　号	ISBN 978-7-5760-4382-2
定　　价	45.00元

出版人　王　焰

（如发现本版图书有印订质量问题，请寄回本社客服中心调换或电话021-62865537联系）

前言

党的二十大报告提出:"实践没有止境,理论创新也没有止境……继续推进实践基础上的理论创新。""学前教育原理"是学前教育专业的必修课程,但自2011年开始试行国家教师资格考试制度以来,师范生的培养面临专业养成与资格证获得的双重任务,如此师范院校在实践中就面临下列问题:职前教师教育与资格证考试培训如何有机融合?教师教育课程与教学应该如何改革?现有的教材中如何融入资格证考试的内容?……为了应对上述问题,华东师范大学出版社经过多年的实地调查与理性思考,在总结实践经验的基础上,力图融合最前沿的理论发展,创造性地编写一套"课证融合"的学前教育教材,旨在保证学前教育专业的学术品位,同时又能使学生顺利地通过国家教师资格考试,并为将来参加研究生入学考试奠定基础。

出于这样一种思路,《学前教育原理(第二版)》一书在深入地分析《教师教育课程标准(试行)》《幼儿园教师专业标准(试行)》《中小学和幼儿园教师资格考试标准及大纲(试行)》三个文件的基础上,结合现有的各种学前教育学教材的知识结构梳理出编写框架,希望既能具有学前教育学的逻辑体系,又能覆盖教师资格考试大纲的知识要点,让师范生在获得毕业证的同时能够获得幼儿园教师资格证。

党的二十大报告指出,理论创新"必须坚持人民至上""必须坚持自信自立""必须坚持守正创新""必须坚持问题导向""必须坚持系统观念""必须坚持胸怀天下"。因此,在编写过程中,本书遵循三大原则。首先是专业知识与应试技能相结合原则。尽管帮助学生通过考试是本书所追求的,但通过考试并不是唯一的目的,更重要的是,希望学生通过本书的学习能够系统地掌握学前教育的基本原理,为成为一名优秀的幼儿园教师奠定基础。因此,编者在编写时既注意学科知识与原理的系统介绍,也重视资格证考试知识点的梳理与解释,满足学生毕业和就业的现实需求,坚持学生至上。其次是思维训练与实战训练相结合原则。要成为一名优秀的幼儿园教师,必须具有学前教育学的思维,因而本书极为注重教育学思维的培养,理清学前教育学的基本逻辑与范式;同时也注重实战训练,这包括两层意思：一是学前教育原理用于解释现实问题的方法论引导，二是注重教师资格证考试的针对性训练。所以，在书中有大量的考题示例与学习方法提示，坚持守正创新和问题导向。最后是课堂讲授与课外练习相结合原则。教材是教师和学生用于教与学的材料，是师生双方共同使用的材料，只有师生配合才能获得最大的效益。因此，首先要方便教师的教（相配套的教学PPT提供了这个方便），同时要方便学生的复习巩固（配套的同步练习与模拟考试卷提供了保障），坚持系统观念和可操作性。

在编写体例上，本书由学习目标、学习重点、学习导引、正文、知识结构五部分组成。学习目标，让师生明确教学的方向与标准；学习重点，明确知识的逻辑结构与核心知识点；学习导引，指明学习路径与学习方法；正文，系统地呈现相关知识；知识结构，简明地呈现本章的知识要点。在其中的正文部分，首先由一个简短的案例导入，引出本章的学习主题，激发学习者思考的兴趣。每小节在介绍相应的知识体系外，都有相关的试题样例供学生思考与练习。每节最后都有本节重要知识点的概括，并有相关的学习方法提示。每章最后都有一个简短的小结，让读者对本章的思路有一个总体的把握。

本书另有相关的配套资源，主要有《形成性练习手册》供每章学习后练习与考查使用，教学课件供老师们教学时参考，《仿真模拟试卷》（6套）供课程全部结束后检测使用或资格考试前模拟考试使用。

本书是团队合作的产物，先由华东师范大学出版社提出写作意向，经由具有丰富教学和国家教师资格证考试辅导经验的几十位老师的头脑风暴后整理出写作框架，然后又经过反复论证后确定三级目录，再分工编写，最后由主编统一修定。本书的出版，首先要感谢各位作者的通力合作，其次特别感谢华东师范大学出版社相关编辑的认真工作与辛苦付出。

傅建明
2023 年 12 月 16 日

目 录

第一章　教育、学前教育及发展 ………… 1

第一节　教育 ……………………………… 3
一、教育是什么？……………………… 3
二、教育为什么？……………………… 6
三、教育何用？………………………… 8

第二节　学前教育 ………………………… 11
一、学前教育的性质 ………………… 11
二、学前教育的意义 ………………… 13
三、学前教育的基本原则 …………… 14

第三节　学前教育的发展 ………………… 16
一、学前教育的重要事件 …………… 16
二、学前教育家及其思想 …………… 18

第二章　学前教育与儿童发展 …………… 29

第一节　学前儿童发展及规律 …………… 31
一、人的发展 ………………………… 31
二、学前儿童发展 …………………… 32
三、学前儿童发展的基本规律 ……… 34

第二节　影响儿童身心发展的因素 ……… 38
一、遗传因素 ………………………… 38
二、环境因素 ………………………… 39
三、教育因素 ………………………… 42

▶ 微课视频

什么是教育、动物"教育"
　　和人类"教育"的区别 / 3
教育是特殊的社会性活动、
　　三种形态的教育 / 4
教育的基本发展历程 / 7
学前教育的性质 / 11
学前教育对个人和社会的重
　　要意义 / 13
学前教育的原则 / 14
学前教育的产生 / 16
我国学前教育发展简史 / 17
国外学前教育基本理论——
　　夸美纽斯 / 18
国外学前教育基本理论——
　　卢梭 / 19
国外学前教育基本理论——
　　福禄贝尔 / 20
国外学前教育基本理论——
　　约翰·杜威 / 20
国外学前教育基本理论——
　　蒙台梭利 / 21
瑞吉欧学前教育体系 / 23
中国学前教育基本理论——
　　陶行知 / 25
中国学前教育基本理论——
　　陈鹤琴 / 25
中国学前教育基本理论——
　　张雪门 / 26

▶ 微课视频

学前儿童发展的一般特点 / 34
幼儿期（3—6岁）的年龄特
　　征 / 35
影响儿童身心发展的因素
　　——遗传 / 38

四、个体因素 …………………………… 44
　第三节　学前教育与儿童发展的关系 ……… 45
　　　一、学前教育促进个体个性化 …………… 45
　　　二、学前教育促进个体社会化 …………… 47

第三章　幼儿园教育 …………………… 51

　第一节　幼儿园教育的目标、任务与特点 …… 53
　　　一、幼儿园教育的目标 …………………… 53
　　　二、幼儿园教育的任务 …………………… 57
　　　三、幼儿园教育的特点 …………………… 58
　第二节　幼儿园班级管理与工作评价 ……… 60
　　　一、幼儿园班级管理 ……………………… 60
　　　二、幼儿园工作评价 ……………………… 66
　第三节　幼儿园教育政策与文件 …………… 71
　　　一、《幼儿园教育指导纲要（试行）》…… 71
　　　二、《3—6岁儿童学习与发展指南》…… 77
　　　三、《国务院关于当前发展学前教育的
　　　　　若干意见》…………………………… 80

第四章　生活指导 ……………………… 83

　第一节　幼儿园一日生活常规与养成 ……… 84
　　　一、幼儿园一日生活的意义与环节 ……… 85
　　　二、幼儿生活常规教育与习惯的养成 …… 88
　第二节　幼儿卫生保健与疾病预防 ………… 92
　　　一、幼儿的身体发育与卫生保健 ………… 92

影响儿童身心发展的因素
——环境 / 39
影响儿童身心发展的因素
——教育 / 42
影响儿童身心发展的因素
——个体因素 / 44

▶ 微课视频

学前教育的目的与目标 / 53
幼儿园体智德美全面发展人
　的具体目标、学前教育目
　标的特点 / 53
学前教育目标的纵向和横向
　结构 / 54
教育评价是什么 / 66
对幼儿发展的评价 / 67
对教师发展的评价 / 68
学前教育评价的功能 / 68
学前教育评价的分类 / 69

▶ 微课视频

幼儿园生活活动及意义 / 85
一日生活活动安排的要求 / 86
一日生活活动的指导方法 / 91

二、幼儿常见疾病及其预防护理…………96

　　三、幼儿营养基本知识及饮食营养指导……99

第三节　幼儿园安全教育………………102

　　一、幼儿园安全问题的产生原因…………102

　　二、幼儿园安全教育内容…………………102

　　三、幼儿常见的意外事故及应对方法……103

第五章　环境创设 …………………109

第一节　幼儿园环境创设概述 ……………110

　　一、幼儿园环境的概念 ……………………110

　　二、幼儿园环境的类别 ……………………111

　　三、幼儿园环境的特征 ……………………112

第二节　幼儿园环境创设的原则与方法 ……113

　　一、幼儿园环境创设的原则 ………………113

　　二、幼儿园环境创设的方法 ………………116

第三节　幼儿园物理环境设计 ……………117

　　一、幼儿园户内环境设计 …………………117

　　二、幼儿园户外环境设计 …………………124

第四节　幼儿园精神环境创设 ……………126

　　一、精神环境对幼儿发展的影响 …………126

　　二、幼儿园精神环境设计的原则 …………127

　　三、精神环境的创设 ………………………128

▶ 微课视频

幼儿园环境及特点 / 112
幼儿园环境创设中的教师作用 / 112
幼儿园环境创设的原则 / 113

第六章　游戏指导 ……………………133

第一节　游戏的定义与类型 ………………135

一、幼儿游戏的定义 …………… 135
　　二、幼儿游戏的类型 …………… 136
第二节　游戏的功能与特征 ………… 138
　　一、幼儿游戏的功能 …………… 138
　　二、幼儿游戏的特征 …………… 141
第三节　游戏的若干理论 …………… 143
　　一、早期游戏理论 ……………… 143
　　二、现代游戏理论 ……………… 144
第四节　游戏的分类指导 …………… 146
　　一、游戏指导总则 ……………… 146
　　二、游戏中的教师 ……………… 149
　　三、各类游戏的指导 …………… 151

▶ **微课视频**

游戏的概念和特征 / 135
幼儿园各类游戏的特点和指导 / 151

第七章　教育活动指导 …………… 161

第一节　幼儿园教学活动指导 ……… 163
　　一、幼儿园教学活动的类型 …… 163
　　二、幼儿园教学活动的设计 …… 165
　　三、幼儿园教学活动的实施 …… 167
第二节　幼儿园主题活动的设计与实施 …… 174
　　一、幼儿园主题活动的设计 …… 174
　　二、幼儿园主题活动的实施 …… 178
第三节　幼儿园区域活动的设计与实施 …… 179
　　一、幼儿园区域活动的设计 …… 180
　　二、幼儿园区域活动的实施 …… 182
第四节　幼儿园其他活动的设计与实施 …… 184

▶ **微课视频**

幼儿园教学活动概述 / 163
幼儿园教学设计及注意事项 / 165
活动设计的格式 / 166
幼儿园教学活动的实施及注意事项 / 167

一、幼儿园亲子活动 …………………185

　　二、幼儿园外出活动 …………………189

　　三、幼儿园节日活动 …………………192

第八章　幼儿园·家庭·社区·小学 ……… 195

第一节　幼儿园与家庭的合作 …………197

　　一、幼儿园与家庭合作的价值 ………197

　　二、幼儿园与家庭合作的内容 ………199

　　三、幼儿园与家庭合作的原则 ………200

　　四、幼儿园与家庭合作的方法 ………203

第二节　幼儿园与社区的合作 …………205

　　一、社区在幼儿园教育中的地位 ……205

　　二、幼儿园与社区合作的价值 ………206

　　三、幼儿园与社区合作的内容 ………207

　　四、幼儿园与社区合作的方式 ………208

第三节　幼儿园与小学衔接 ……………211

　　一、幼小衔接的意义与内容 …………211

　　二、幼小衔接的原则与策略 …………214

▶ 微课视频

家庭教育及意义 / 197
家庭教育的特点 / 197
当前家庭教育的误区 / 197
家园合作的主要方式 / 203
社区学前教育及意义 / 206
我国社区学前教育的发展趋势 / 208
幼儿园和小学的显著差异 / 211
幼小衔接及其意义 / 212
幼小衔接的策略和建议 / 215

第九章　幼儿园教师 ……………………… 219

第一节　幼儿园教师的职业理念 ………221

　　一、教育观 …………………………221

　　二、儿童观 …………………………223

　　三、教师观 …………………………228

第二节　幼儿教师的职业道德 …………229

▶ 微课视频

儿童观的科学内涵 / 223
儿童的基本权利 / 224
树立科学的幼儿教师观 / 228
幼儿园教师的职业角色 / 228
幼儿园教师的职业特点 / 229
《专业标准》的基本内容 / 241
《专业标准》的基本理念 / 241

  一、幼儿园教师职业的特殊性……………229

  二、幼儿园教师职业道德规范……………231

 第三节 幼儿园教师的资格、权利与义务……234

  一、幼儿园教师的资格 …………………234

  二、幼儿园教师的权利 …………………236

  三、幼儿园教师的义务 …………………237

 第四节 幼儿园教师的专业发展……………238

  一、幼儿园教师专业发展的含义…………238

  二、幼儿园教师专业发展的阶段…………239

  三、幼儿园教师专业发展的内容…………241

  四、幼儿园教师专业发展的途径…………243

第一章
教育、学前教育及发展

◎ **学习目标**

※ 了解教育的本质、目的和功能等核心概念；
※ 明确学前教育的性质与意义、目的与任务以及学前教育的基本原则；
※ 熟记学前各阶段的重要事件、教育家代表作与其基本思想。

◎ **学习重点**

学前教育是教育的一个构成部分，所以在讨论学前教育前首先要对教育有个大致的认知，了解教育的本质、构成要素与基本功能，然后把学习的重点放在学前教育部分。重点知识点如下：① 学前教育的性质和意义、学前教育的基本原则；② 中外幼儿教育发展简史和著名教育学家的学前教育思想；③ 结合教育家的思想分析学前教育的现实问题。

◎ **学习导引**

本章内容以陈述性知识为主，因此学习时以记忆为主，熟记教育本质、教育要素、学前教育的基本原则等核心知识点；同时，本章梳理了学前教育发展中重大的历史事件，特别要注意对重要教育家的教育思想进行逻辑概括，并牢记在心；最后，要特别注意思考教育家的观点对当前学前教育发展的现实意义，即将理论运用于实践。

本章导入

彩 虹 菜

当一盘菜被想象赋予一个意义时，会发生什么事情呢？

对于小班孩子来说，每天在幼儿园吃饭是一件大事。每个孩子都有自己的生活习惯，"我不爱吃青菜""我不爱喝汤""汤里有香菜""我不想拿勺子自己吃饭""这个肉有点嚼不动"……老师们每天都要以不同的方式鼓励孩子们把饭菜尽量吃完。

午饭时间到了，孩子们坐在餐桌上准备吃午餐了。"老师，今天吃的是什么呀？"麦子问。我看了看今天的菜单对孩子们说："今天午饭，我们会吃到黑土地里长出来的黑米饭，有大海味道的'红烧豉汁鲜鱼'，还有来自'跑跑镇'的'彩虹'蔬菜丝和豆苗蛋花汤（《跑跑镇》是孩子们很喜欢的一本书）。"刚刚播报完，德助高兴地说："啊，我知道，我们今天吃的是彩虹菜！"

就在这时，吃了一口"彩虹菜"的麦子说："快看呀，我的头发已经变成了红色的了。"麦子刚说完，糖糖吃了一口彩虹菜说："快看，快看，我也变颜色了，我肚子上有了紫色。"孩子们开心地吃着，互相问道："让我看看你变成什么颜色了。"

过了一会儿，德助说："我的彩虹菜马上就吃完了，我身上现在有三个颜色了，是绿色、红色和紫色。"每个小朋友都大声地说："我也想变色。"我说："那你们就快尝一尝彩虹菜吧！看看自己可以变什么颜色。"呈程说："快看，我真的变成了彩虹色，因为我把所有的菜都吃完了。"我说："恭喜你啊，彩虹色的呈程，其他小朋友也要加油了哦！"

这时，孩子们的声音此起彼伏："我变成了粉色。""我变成了黄色。""我变成了绿色。"……

这样高兴的声音一直持续到了午饭结束……

或许是因为"彩虹菜"的原因，今天没有一个小朋友剩饭剩菜，这对小二班的小朋友来说也是一件"前所未有"的事情。当一道菜被想象赋予一个意义的时候，吃饭对于孩子们来说变成了一件愉快而梦幻的事情。[①]

[①] 哇！今天，我们吃的可是彩虹菜啊！[J]. 幼儿100（教师版），2020（11）：4. 收录时略有改动，标题为本书作者所加。

如何让小班小朋友把饭吃完，这是一个颇让老师头大的问题。"食不言"是一个古老的规训，因此"不要说话""不要挑食""不要剩饭菜"，诸如此类的话语充斥于进餐时段，但结果却差强人意。而当一盘菜被想象赋予意义时，情况发生了变化——麦子觉得自己的头发变成红色了，糖糖觉得自己肚子上有了紫色，呈程觉得自己变成了彩虹色……于是吃饭就变成了一个想象的、快乐的过程，孩子们在不知不觉中接受着教育，或许这就是"教育无痕"吧！教育无处不在，它不是一个空洞的概念，而是一个实践着的、正在发生的、鲜活的生动过程，需要去"看"、去"听"、去"感受"。那么，教育是什么？又是如何发生发展的？下面让我们带着这些问题踏上教育之旅，共同探索教育的真谛。

第一节 教 育

"教育"是每个人都耳熟能详的词汇，我们一生下来就接受各种不同的教育。那么教育到底是什么？为什么要受教育？

一、教育是什么？

（一）教育的概念

我国的甲骨文中就有"教"与"育"两个单字："教"是指儿童在成人执鞭监督下习文之事，"教，上所施，下所效也。从攴，从孝"；"育"，是指妇女养育儿童之事，"育，养子使作善也"。在我国，最早将"教育"两字合起来使用的是孟子，他曾说："君子有三乐，而王天下不与存焉。父母俱存，兄弟无故，一乐也；仰不愧于天，俯不怍于人，二乐也；得天下英才而教育之，三乐也。"在我国古代虽有"教育"一词，但在20世纪前，很少有人把"教育"作为一个完整的词来使用。中国古代教育家在论及教育问题时，大都使用"教"与"学"两字。

什么是教育、动物"教育"和人类"教育"的区别

【示例】

在我国历史上，最早将教育两个字结合在一起使用的教育家是（ B ）。

A. 孔子　　　　　B. 孟子　　　　　C. 荀子　　　　　D. 老子

"教育"成为常用词，在我国是20世纪初的事。1901年5月，罗振玉在上海创办了《教育世界》，王国维任主编，这是我国最早以"教育"命名的杂志。在创刊号上提到了"教育学"这门新学问，因而"教育"一词一跃成为理论术语。此后，译界翻译了大量的西方和日本的教育著作，使教育一词迅速走向中国知识界，走向师范学校，也使其具有现代"教育"的含义。

【示例】

在我国历史上,最早将教育从俗语变成术语的教育家是(D)。

A. 孔子　　　　　B. 孟子　　　　　C. 陶行知　　　　　D. 王国维

教育是特殊的社会性活动、三种形态的教育

一般而言,教育是有意识的以影响人的身心发展为直接目标的社会活动。一般可以分为三个层次:广义的教育、狭义的教育和特指的教育。

广义的教育,泛指有目的地增进人们的知识和技能、发展人的智力和体力、影响人们的思想品德的活动。这种活动可能是有组织的、系统的,也可能是无组织的、零散的,但它们都是人们有目的地对受教育者施加某种影响,使其朝着预期结果和方向变化的过程。它包括学校教育、社会教育和家庭教育。

狭义的教育,专指学校教育,即教育者根据一定的社会要求和受教育者的发展规律,有目的、有计划、有组织地对受教育者的身心发展施加影响,期望受教育者发生预期变化的活动。一般而言是由受过专门训练的职业教师来组织实施,包括学前教育、普通中小学教育、高等教育、各类职业技术教育等。

特指的教育,指政治思想品德教育。学校教育中,有时候为了表现对德育工作的重视,或者强化学校的道德教育功能,往往把"教育"从最狭义的角度进行限定,把它规定为政治思想品德教育,一般包括政治教育、思想教育和品德教育三大内容。

(二)教育的构成要素

要素是构成活动必不可少的、最基本的因素,但并不包含活动中涉及的所有因素。对教育要素的理解有多种观点。裴斯泰洛齐将其分为教师、学生和物三个要素[1];美国教育学家格雷戈里提出教育的七要素说,分别是两个人的要素(教师与学生)、两个心的成分(语言和功课)、三个职能动作(教授、学习、试验)[2];南京师范大学编写的《教育学》将教育的要素分解为"受教育者(作为教育活动的对象)、教育者(作为教育实践活动的主体)、教育影响(作为教育实践活动的手段)"[3];叶澜提出四要素说,即教育者与受教育者、教育内容与教育物资[4];陈桂生则将教育要素限定为教师、学生和教育资料[5];郑金洲认为教育的基本要素是受教育者、教育者和教育中介[6]。

---

[1] 裴斯泰洛齐. 葛笃德怎样教育她的子女 [A]. 张焕庭. 西方资产阶级教育论著选 [C]. 北京:人民教育出版社,1979:175—183.

[2] 格雷戈里. 教学的三个原则 [M]. 北京:商务印书馆,1926:6—8.

[3] 南京师范大学教育学编写组. 教育学 [M]. 北京:人民教育出版社,1984:19—26.

[4] 叶澜. 教育概论 [M]. 北京:人民教育出版社,1991:11.

[5] 陈桂生. 教育原理 [M]. 上海:华东师范大学出版社,1993:1—41.

[6] 郑金洲. 教育通论 [M]. 上海:华东师范大学出版社,2000:9—16.

尽管对教育要素没有一个统一的说法，但公认的要素有两个，即教育者和受教育者。教育者，是指从事教育活动的人。这是一个比较宽泛的概念，现实生活中家长、校外各级教育机构的工作人员、各级教育管理人员、专职与兼职的教师等都属于教育者。可以说凡是对学习者在知识、技能、思想、品德方面起到影响作用的人，都可以称为教育者。在学校教育中，教师是教育者的主体，是最直接的教育者，在教育活动中起着主导作用，承担着辅助、指导及管理等多方面的职责。

受教育者，是指教育活动中的学习者。在学校教育中，受教育者既包括在各级各类学校中学习的儿童、少年和青年，也包括在各种形式的成人教育机构中学习的学生。可以说凡是在教育活动中承担学习责任和接受教育的人都可称为受教育者。一般而言，受教育者在教育活动中处于被动的、受控制的地位。但教育者的影响必须通过受教育者的内化才能实现，也就是说受教育者具有主观能动性。

【示例】

关于教育的要素，各家各派众说纷纭，其中公认的要素是（ A ）。

A. 教育者与受教育者　　　　　　B. 教育内容与教育方法
C. 教育者和教育媒介　　　　　　D. 教育资源与教育影响

（三）教育的特点

教育是一种有目的地培养人的社会活动，这是教育质的规定性，即教育的本质属性，是教育区别于其他活动的根本特征。同时教育具有永恒性、历史性、相对独立性等基本特征。

【示例】

教育的本质属性，即教育区别于其他活动的根本特征是（ C ）。

A. 传递知识的活动　　　　　　　B. 培养技能的活动
C. 培养人的活动　　　　　　　　D. 提高身体素质的活动

1. 永恒性

教育具有永恒性，是教育本身的职能决定的。教育的职能主要表现在两个方面：一是使新生一代适应现存的生产力，作为生产斗争的工具；二是使新生一代适应现存的生产关系，在阶级社会充当阶级斗争的工具。这两种社会职能在任何社会都会得到体现。社会的存在和延续永远离不开教育。教育是个永恒的社会现象。

2. 历史性

教育具有历史性。在阶级社会表现为阶级性。在不同的历史时期、不同社会，教育具有不同的性质、目的、内容及不同的具体表现形态，说明教育是一个历史的范畴，具有历史性。在阶级社会中，教育不能脱离政治、经济制度的要求，必须反映统治阶级的利益、愿望和要求，因此，在阶级社会中教育具有阶级性。

3. 相对独立性

教育具有相对独立性。教育作为培养人的社会活动，在受社会生产方式、社会的政治经济制度制约前提下，具有自身相对独立性。具体表现为：第一，教育具有自身的继承关系。任何一种教育，就其思想、内容、制度、方法而言，都是在各个时代教育的基础上建立起来的。人们在教育实践中形成的教育成果，是人类共同的财富，教育有其自身的继承性。第二，教育要受其他社会意识形态的影响。社会政治经济对教育的影响，要以其他意识形态为中间环节来实现。社会其他意识形态对教育的影响，一是表现在教育观点上，二是反映在教育内容上。第三，教育与政治经济发展的不平衡性。马克思主义认为，社会存在决定社会意识，但社会意识相对独立于社会存在。社会经济基础改变了，政治改变了，某些教育思想、教育内容和方法，还能存在相当长的时间，对新的政治经济起着一定的阻碍作用。

> 教育一词最早由孟子开始使用，王国维等将其转变成为一个专业术语。教育的本质是培养人的活动，有广义的、狭义的和特指的三个层次。教育要素中公认的是教育者和受教育者两个要素。教育具有永恒性、历史性和相对独立性等基本特征。

二、教育为什么？

上文讨论了教育是什么的问题，根据逻辑，接下来自然地要讨论教育为什么的问题。关于教育为什么的问题历史上有诸多争论，下面简要介绍。

（一）个人本位论和社会本位论

1. 个人本位论

个人本位论认为，教育是为了使人的本性、本能得到自然发展，使其需要得到满足。该观点的支持者们重视人的价值、个性的发展及其需要，把人的个性发展及需要的满足视为教育的价值所在。18世纪和19世纪是这一理论的全盛时期，主要代表人物有法国的卢梭、瑞士的裴斯泰洛齐、德国的康德和福禄贝尔等。

2. 社会本位论

社会本位论认为，教育是为了把受教育者培养成符合社会准则的公民，使受教育者社会化，保证社会生活的稳定与延续。所以教育应从社会发展需要出发，注重教育的社会价值。教育的社会价值高于个人价值，个人的存在与发展依赖并从属于社会。这一理论的代表人物有涂尔干、纳托普、凯兴斯坦纳等。

（二）文化本位论和生活本位论

1. 文化本位论

文化本位论认为，教育要围绕文化来开展，教育活动就是一种文化活动，其最终目的是唤醒人们的意识，使其能够自觉地追求理想价值。文化本位论崇尚精神，关注生命价值；强调文化，倡导人与精神文化的融合。其代表人物是狄尔泰和斯普朗格。

2. 生活本位论

生活本位论认为，教育是为了适应生活或者是为未来的生活做准备，所以教育要与生活相联系。最具有代表性的是英国的斯宾塞提出的"生活准备说"和美国的教育家杜威提出的"教育适应生活说"。斯宾塞认为，教育是为完美生活做准备；杜威则认为教育并非为未来的生活做准备，而是生活的过程，提出"教育即生活"。

（三）人文主义和科学主义

1. 人文主义目的观

人文主义目的观认为，人性是美好的，并且是永恒不变的，教育的本质和根本目的就是为了培育人性。在教育中强调尊重儿童，注意儿童身心的全面发展，要求自由平等和个性解放，始终把人的价值和人自身的完善放在教育价值的首要位置。人文主义目的观的代表人物有马斯洛、罗杰斯等。

2. 科学主义目的观

科学主义目的观是以社会的需要尤其是物质需要为出发点，以社会物质生产和科技进步为中心的关于教育目的的功利主义主张，强调教育的变化性以及教育的有用性。科学主义在某种程度上说是人文主义异化的产物。重视教育的社会适应性和社会功利性；重视科学教育，强调提高学生广泛的适应能力和发展学生的智力。

（四）马克思主义教育观

马克思主义学者认为，教育是为了促进人的全面发展。基本观点如下：第一，人的发展同社会生产的发展相一致。第二，社会分工造成了人的片面发展，现代工业要求人的全面发展。现代生产的发展，尤其是现代科学技术的广泛应用，客观上要求逐步打破传统的脑力劳动和体力劳动的分工，实现脑体结合。第三，教育是实现人的全面发展的重要途径。教育

使人们摆脱现代分工对每个人造成的片面性。同时马克思还指出，教育与生产劳动相结合不仅是改造社会的有力手段，也是培养全面发展的人的重要途径。因此，理解和应用、发展和创造马克思主义全面发展学说，是教育工作者的重要任务。

【示例】

马克思主义学者认为，实现人的全面发展的唯一路径是（ D ）。

A. 讲授与训练相结合　　　　　　B. 知识与技能相结合

C. 理论与实践相结合　　　　　　D. 教育与劳动相结合

> 个人本位论认为教育是为了使人的本性、本能得到自然发展；社会本位论认为教育是为了使受教育者社会化；文化本位论认为教育是为了唤醒人们的意识；生活本位论认为教育是生活的过程或者是为未来的生活做准备；人文主义者认为教育是为了培育人性；科学主义者则强调教育的功利性；马克思主义学者认为教育是为了促进人的全面发展。

三、教育何用？

教育何用？这其实是追问教育有什么功能，即指教育本身所特有的对个体或社会所产生的功用和价值。从理论的角度思考可把教育功能概括为两大方面，即教育的个体发展功能和教育的社会功能。

（一）教育的个体发展功能

教育的个体发展功能，是指教育能促进儿童身心发展、完成从自然人到社会人过渡的功能。它由教育活动的内部结构特征所决定，发生于教育活动内部，也称为教育的本体功能。一般而言，制约人的身心发展的因素有：遗传、环境与教育三个因素。其中遗传是人的发展的生物学前提，环境对人的发展具有决定性影响，教育则在人的发展中起主导作用。教育在人的发展中有两大作用：一是使个人的身心朝全面和谐方向发展；二是促进个人身心的高效率发展。

1. 使个人的身心朝全面和谐方向发展

任何人的发展方向具有多种可能性，如果不加以引导会有多种结果。学校教育可从体质、道德、知识水平等方面给学生提出一个前进的方向，这样可以使学生少走弯路或不走弯路；人的身心发展是有一定的规律的，学校可以根据学生的身心发展规律进行各种教育活动，使学生的发展处于积极状态；最重要的是学校教育是从德智体美劳等方面进行全面性的教育，可以保证学生成为一个既有文化科学知识，又有社会道德规范，同时还具有社会责任感、社会交往能力及强壮的体格的全面发展的人。

2. 促进个人身心的高效率发展

教育可以促进人的身心的高效率发展，因为学校是一种特殊的环境。学校教育与家庭的自发性、偶然性、零星的影响不同，是一种有目的、有计划、有组织的培养人的场所，给人的影响长远而且巨大；学校教育是通过接受专门训练的教师来完成的。一个合格的教师有明确的教育目的和专攻的科目，懂得教育科学与教学方法，因而其效率自然会高一些。学校教育可以将遗传、环境及个人的主观努力纳入正规的轨道，将其长处加以发扬，弱处加以控制。

（二）教育的社会发展功能

教育的社会发展功能，是指教育对社会的存在和发展所具有的功用和效能。教育作为社会结构的子系统，通过对人的培养进而影响社会的生存与发展。现代教育的社会发展功能包括经济功能、政治功能、文化功能等。教育的社会发展功能是教育的个体发展功能在社会结构中的衍生，是教育的派生功能。

1. 教育的经济功能

教育的经济功能是指教育对一定社会经济发展所起的作用。当今教育对社会经济发展的作用与日俱增，已逐渐成为推动经济增长的重要因素。教育对经济发展的作用，不是表现为直接创造物质财富，而是表现为为经济活动再生产劳动者和再生产科学技术。

（1）教育是劳动者再生产的基本手段。劳动者是社会生产力要素中最重要和最活跃的因素。劳动力即人的劳动能力。这种劳动能力需要通过后天的教育和训练获得。教育则能够把可能的劳动者转化为现实的劳动者，把一般性的劳动者转变为专门性的劳动者，把较低水平的劳动者提升为较高水平的劳动者，提高劳动者学习知识和技能的能力，缩短学习新技术或掌握新工种所需的时间，以及提高劳动者的综合素质。

（2）教育是科学知识再生产的重要手段。教育的科学知识再生产功能主要表现在两个方面：① 教育能够传递和传播科学知识。教育以极为简约、极为广泛的形式传递人类已有的科学知识，高效能地扩大科学知识的再生产，从而提高劳动生产效率，促进生产力发展。② 教育是促进科技革命与发展的重要手段，并在一定程度上创造新的科学技术。现代科技革命与现代教育革命相互促进，现在各高校纷纷设立基础研究中心，实行教学、科研、生产一体化的模式。这使得科技发展离不开教育的贡献，教育促进科技更新与发展的功能将会随着现代社会的向前发展而增强。

2. 教育的政治功能

教育的政治功能是指教育具有维系国家和社会政治稳定、促进社会政治发展的功能。教育为政治服务是传统教育的核心功能。教育的政治功能具体表现在以下几个方面。

（1）教育为国家培养合格的公民和专门的政治人才，提高学生的社会政治意识。一般地，教育会通过培养合格公民和政治人才为途径来发挥教育的政治功能。这是教育发挥政治功能的一个最基本的途径。在培养合格公民上，教育通过对广大人民进行政治和意识形态的教育，促进他们的政治社会化；在政治人才培养上，教育通过培养政治人才，以补充社会管理层的需要，直接参与统治阶级的管理，执行统治阶级的意志，为统治阶级服务等途径来进行人才培养，服务于社会的政治，维护统治阶级的利益。

（2）教育是促进社会政治变革和民主化的重要力量。教育是一种传播科学、文明和民主的活动，教育的目的在于促进人的自由发展，在于不断地推动人类追求自由和解放。这也正是社会进步的方向。教育事业的发展，能带来人民文化程度的提高，可以增强人民的民主意识和权利意识，使人民认识到民主的价值，推崇民主的政策，推动政治民主和进步。因此，教育的普及和发达是社会政治民主进步的基础；相反，愚昧、专制的政治总是和落后的教育相伴的。

（3）教育通过学校教育宣传思想、制造舆论为统治阶级服务。学校是一个宣传和传播文化的场所。学校通过文化的宣讲和传播，使统治阶级的思想由少数人掌握逐渐为广大人民群众所知晓。而且教育者的宣讲具有一定的说服性，不仅使受教育者了解这一思想，更重要的是使他们相信这一思想。同时学校还能组织学生直接参加社会政治活动，把学生作为一支现实的政治力量使用。

3. 教育的文化功能

（1）教育具有文化传承功能。相比其他的文化传承方式，教育传承的文化是人类文化中最基本、最精华的部分。社会通过教育将人类的文化遗产一代一代地传下去，文化借助于教育得以延续与发展。

（2）教育具有文化选择功能。教育对文化的传承在很大程度上与文化的选择相联系，并非是全盘吸收，而是按照是否有价值、是否符合社会需要、是否遵循受教育者的特点和教育规律来进行有选择的传承。教育的文化选择形式，总体上有吸收和排斥两种。

（3）教育具有文化创新功能。教育的文化创新主要通过三条途径：一是基于对既定的社会文化进行批判和选择，取其精华，弃其糟粕；二是通过科学研究，从事文化创新，产生新的思想、观念和科学文化成果，这是文化创新的一个直接途径；三是借助学校教育培养具有创新精神的人才，通过这些人才再去创新文化，从而使学校逐渐成为文化的创新地。

（4）教育具有文化融合功能。现代教育在民族文化交融中扮演着重要的角色。一是通过教育的交流活动等途径，促进不同文化间的相互理解和吸收，求同存异；二是通过对不同的文化、思想和观点的学习，对异域文化进行选择、判断，对已有的文化进行反思、变革和整合，融合成新的文化。

4. 教育的人口功能

教育的人口功能是指教育对人口的影响，诸如提高人口素质、改善人口结构等方面的积极作用。具体表现在下列几个方面。

（1）控制人口增长。教育可减少人口数量，是控制人口增长的手段之一。控制人口增长的手段很多，发展教育是其中之一，而且被认为是起长远作用的手段。

（2）提高人口素质。人口素质是由人口的身体素质、科学文化素质和思想品德素质三个方面的内容构成的，它们都与教育息息相关。首先，人口质量的量化指标是以教育程度来体现的，如每万人中的大学生数、普及教育程度、青壮年文盲率等；其次，人口质量是靠教育来提高的。不管是身体素质、文化素质还是道德素质都需要通过教育来实现。

（3）改善人口结构。人口结构包括人口的自然结构与社会结构。自然结构指人口的年龄、性别等的比例。社会结构指人口的阶级、文化、职业、地域、民族等方面的比例。教育可以使人口的结构合理化，即使人口结构有利于社会生产和人口的自然平衡。教育可以改变人们的"重男轻女"的传统意识，从而降低了女胎的流产率，进而调整新生儿的性别结构。

（4）促进人口流动。人口流动一般有三种类型：一是城乡之间的流动；二是国内贫困地区向发达地区的流动；三是不发达国向发达国流动。受过教育的人口更容易流动，因为发达地区或国家一般缺乏的是具有一定专业知识与技术的人才，而且受过教育的人不易受本土观念的束缚，他们更想到最适合发挥自己才能的地方去工作。另外，教育本身就是一种人口流动。因为教育，特别是高等教育如同一个人才集散地，先把各地的人才收拢、加以培养，然后再把他们输送出去，从而实现跨区域的人才流动。

> 教育具有个体发展和社会发展两大功能。个体功能表现为促进个体全面和谐发展和高效率发展；社会功能具体表现为经济功能、政治功能、文化功能和人品功能等。

第二节　学前教育

学前教育是教育的一个组成部分，在整个教育系统中占据极为重要的位置，对人一生的发展具有奠基作用。那么，学前教育的性质是什么？学前教育有什么意义？应该遵循哪些原则？下文对这些问题进行阐述。

一、学前教育的性质

学前教育是指对进入小学前的儿童进行保育教育活动的总称。具体包括三个阶段：胎儿教育、婴儿（0—3岁）和幼儿（3—6岁）教育。从狭义上讲，主要指对3—6岁学前儿童实施的有目的、有计划、有系统的保育和教育活动。它是"基础教育的重要组成部分，是学校教育和终身教

学前教育的性质

育的起始阶段"。① 就本质而言，学前教育在性质上具有三大特性：公益性、保教性与奠基性。

（一）公益性

我国学前教育机构最初多由各单位部门举办，其目的是解除职工的后顾之忧。1987年国务院办公厅转发国家教委等部门《关于明确幼儿教育事业的领导管理职责分工的请示》的通知指出：幼儿教育既是教育事业的一个重要组成部分，是我国学校教育的预备阶段，同时又是一项社会公共福利事业。1997年教育部颁发的《全国幼儿教育事业"九五"发展目标实施意见》明确提出：幼儿教育既是教育事业，又具有福利性和公益性的特点。由此可见，我国学前教育具有公益性和福利性的特点。②

（二）保教性

学前儿童的生理与心理都处在生长发育的关键时期，不仅需要物理性"保"的精心照顾，还需要化学性"教"的知识积累与品行养成。教育性是学前教育与其他教育共有的特征，而保教性则是学前教育特有的属性。学前教育是保育与教育的统一。

（三）奠基性

奠基性是指学前教育是学校教育和终身教育的基础，为人一生的发展奠定基础。学前教育作为教育的基本组成部分，在个体的发展初始阶段为个体的潜能开发、个性发展以及为适应未来社会发展变化所需要能力的发展奠定了基础。同时，学前教育作为正规教育的预备阶段，为整个教育大厦的建立奠定了基础。因此，学前教育是一种奠基性的教育。

【示例】

1. 简述学前教育的特点。
2. 从性质角度分析，学前教育与义务教育的不同之处主要表现在（ D ）。
    A. 基础性   B. 教育性
    C. 免费性   D. 保教性

> 学前教育是指对进入小学前的儿童进行保育教育活动的总称，具有三大特性：公益性、保教性、奠基性。

---

① 摘自《幼儿园教育指导纲要（试行）》.
② 中国学前教育发展战略研究课题组. 中国学前教育发展战略研究［M］. 北京：教育科学出版社，2010：25.

二、学前教育的意义

人生百年，立于幼年。学前教育是人生最重要的启蒙阶段，学前教育对人的后继学习和终身教育的发展具有不可替代的作用。《关于幼儿教育改革与发展的指导意见》指出，学前教育"对于促进学前儿童身心全面健康发展，普及义务教育，提高国民整体素质具有重要意义"。具体而言，学前教育的意义如下。

学前教育对个人和社会的重要意义

（一）促进生长发育，提高身体素质

学前儿童正处于快速发育的生长期，科学的学前教育能够根据儿童的身体发展规律提供合适的营养、相关的卫生知识与良好的运动习惯，促进儿童的正常发育，提高儿童的身体素质。此外，学前教育，特别是幼儿园教育，能够给儿童创造一个身心愉悦的自然环境，提供科学的作息时间，养成良好的生活习惯，提高儿童对疾病的抵抗力和对环境的适应能力，使学前儿童健康、愉快地成长。

（二）开发大脑潜力，促进智力发展

美国心理学家布鲁姆经过对上千名学前儿童追踪研究提出如下智力发展假设：如果17岁时达到的智力水平为100%的话，则4岁时已经达到了50%，8岁时达到80%，剩下的20%则在8岁到17岁中的8年间获得。可见，学前儿童正处于智力发展的关键期。学前教育就是要对学前儿童进行适宜的刺激，开展科学的教育，以最大限度地开发人类大脑的潜能，促进智力发展。

（三）促进个性发展，养成健全人格

学前期是个体发展的启蒙期，学前儿童在这个时期所感受的教育为其以后的终身发展起到全面的、奠基性的作用，这就决定了学前教育必须考虑学前儿童的全面发展。由于受传统教育思想的影响，在学前教育中存有注重智能发展、忽视社会性发展的倾向，而社会性的培养在现代社会里具有重要的地位，这就要求学前教育必须重视对学前儿童社会的、情感的、人格的培养。同时，学前期也是学前儿童良好的社会行为和品格发展的重要时期，这个时期的发展能为以后的发展奠定基础。诸如在幼儿园学会把自己的东西与小伙伴分享；不是自己的东西不要拿；玩具用了要放回原处；做错事要承认，等等。毋庸置疑，这些品质将影响人的一生。

（四）提供审美教育，促进想象力与创造力的发展

学前儿童对美的事物表现出自发的热情和兴趣，幼儿园通过唱歌、跳舞、画画、手工等活动熏陶、感染学前儿童，激发他们感受美、表现美、创造美的情趣，使他们体验到自由表达和创造的快乐，同时也能够促进学前儿童想象力与创造力的发展。

【示例】

简述学前教育的意义。

> 学前教育的意义如下：① 促进身体发育，提高身体素质；② 开发大脑潜力，促进智力发展；③ 促进个性发展，养成健全人格；④ 提供审美教育，促进想象力与创造力的发展。

三、学前教育的基本原则

所谓教育原则，就是教师在实施保育和教育过程中必须遵守的基本要求。具体而言，实施学前教育要遵守下列原则。

（一）全面发展原则

教育必须促进儿童体、智、德、美诸方面全面发展，不能偏废任何一个方面，尽量在课程设计与保育教育活动中促进儿童多层次、多角度、多领域的全面发展。实施要求：① 树立儿童的全面发展观；② 重视多元智能的开发；③ 活动设计与实施过程中注意目标的多重性；④ 坚持体智德美的全面评价。

（二）发展适宜性原则

学前教育方案在充分参考和利用现有儿童发展研究成果的基础上，为每名儿童提供适合其年龄特点和个别差异的课程及教育教学实践。它包括两层含义：一是年龄适宜性；二是个体适宜性。实施要求：① 根据儿童的年龄特点设计活动目标、活动方案等；② 为不同的儿童提供不同的课程与要求；③ 进行差异性评价和发展性评价。

【示例】

1. 教育内容既要符合幼儿已有的发展水平，又要能促进其进一步发展，这符合（ C ）。

   A. 价值性原则　　　　　　　　　　B. 基础性原则

   C. 发展适宜性原则　　　　　　　　D. 兴趣性原则

2. 适合幼儿发展的内涵是指（ D ）。

   A. 追随幼儿的兴趣　　　　　　　　B. 任其自由发展

   C. 跟随幼儿的发展　　　　　　　　D. 适合幼儿发展规律与特点

（三）主体性原则

儿童是学习的主体，只有儿童积极参与、主动建构，课程才能内化为他们的学习经验，促进其身心发展。实施要求：尊重儿童人格、尊重儿童需要、激发儿童的主动性和独立性。

（四）以游戏为基本活动的原则

游戏是学前教育机构的基本活动。游戏最符合儿童身心发展的特点，是儿童最愿意从事的活动，最能满足儿童的需要，具有其他活动所不能替代的教育价值。实施要求：① 要树立正确的游戏教育观。游戏是儿童的正当权利，游戏是儿童的生活方式和学习方法。② 提供给学前儿童充足的游戏时间。

（五）保教合一原则

在教育工作的同时，重视对儿童身体上的照顾和保护，确保儿童真正能健康、全面地发展。实施要求：① 保育和教育是学前教育的两大任务，不能忽略任何一方。② 保育和教育工作相互联系、相互渗透。③ 保育和教育在统一过程中实现。

（六）面向全体，尊重差异原则

保育教育活动要面向全体儿童，不能让一个儿童落伍。所以，在保教活动过程中要充分尊重每个儿童的差异和需要，有针对性地进行个别教育，实施因材施教。① 了解差异，尊重差异，因材施教。② 利用差异，提供支持，促进发展。③ 利用特长，发展特长，培养个性。

【示例】

实习生小赵发现，在教学活动中，教师总是请某几个幼儿发言，有些幼儿茫然端坐，从不举手。她疑惑地询问一个不举手的幼儿，得到的回答是："反正举了手老师也不会叫我。"

请从学前教育原则和教育公平的视角论述上述现象。

（七）维护儿童尊严，保护儿童权益原则

儿童具有独立的人格尊严，在保育教育活动中要注重他们的思想感情、兴趣、爱好、要求与愿望等。儿童作为社会的一员，具有生存权、受教育权、发展权等，但这些权利必须通过成人的教育和保护才能实现，所以教师不仅是儿童的教育者，更是儿童权益的实际维护者。实施要求：① 坚持育人为本的儿童观。② 尊重儿童人格，公平公正地对待儿童。③ 保护儿童安全，维护儿童权益。④ 不取笑、歧视、体罚儿童。

（八）动静交替原则

幼儿一日活动的组织应当动静交替，注重幼儿的直接感知、实际操作和亲身体验，保证幼儿愉快地、有益地自由活动。因此幼儿园教师在进行保育教育过程中要注重动静交替，教学活动既要有静的部分，也要保证保教的活泼性，动静结合，保证儿童愉快地度过幼儿园生活。实施要求：① 一日活动环节的动静交替。教师安排活动时要让较多身体活动与较安静的活动交替出现。② 每一个活动过程中的动静交替。每一个活动中侧重动手与侧重动脑的活动交替进行。

【示例】

举例说明如何在幼儿园一日活动中实施"动静交替"的原则。

(九)发挥一日生活的整体功能原则

一日活动指每天发生的保育和教育活动。它包括学前儿童的生活活动、教育活动以及儿童的自由游戏、区角活动等。发挥一日活动整体教育功能的原则是指学前教育机构应充分认识和利用一日活动的教育价值,通过合理的组织、科学的安排,让一日活动充分发挥它的教育功能。实施要求:① 一日活动中的各种活动不可偏废。无论是学前儿童的生活活动还是教育活动,无论是学前儿童的自由活动还是组织的活动都是具有教育价值的。② 各种活动必须有机统一为一个整体。每种活动都不是单独地、孤立地存在着,它必须与其他活动紧密联系在一起,共同促进学前儿童的发展。

【示例】

在幼儿园实践中某些教师认为幼儿进餐、睡眠、茶点等是保育,只有上课才是传授知识、发展智力的唯一途径,不注意利用各环节的教育价值,这种做法违反了(A)。

A. 发挥一日生活的整体功能原则　　B. 尊重儿童原则
C. 重视年龄特点和个体差异原则　　D. 实践性原则

> 学前教育九大基本原则:全面发展原则;发展适宜性原则;主体性原则;以游戏为基本活动的原则;保教合一原则;面向全体,尊重差异原则;尊重儿童尊严,保护儿童权益原则;动静交替原则;发挥一日生活的整体功能原则。务必熟记各原则的名称与内涵,同时结合实践分析说明如何具体落实。

第三节　学前教育的发展

教育的发展大致经历了三个阶段:非形式化阶段、形式化阶段和制度化阶段。在不同的发展阶段发生了诸多的教育事件,产生了形形色色的教育理论。下面择要进行介绍。

一、学前教育的重要事件

(一)国外学前教育的重要事件

17世纪后期产生在英国的贫民婴幼儿保护和养育措施,是近代欧洲学前教育的胚胎。18世纪末,法、德、俄等国家也都出现了类似的设施和机构。

1816年，英国教育家欧文在为工人创办的"幼儿学校"收托1—6岁的幼儿，主要是培养他们的良好性格，以改造社会，开始以教育为主要任务。这成了世界上第一所为工人阶级创办的幼儿教育机构。

1837年，德国教育家福禄贝尔在布兰肯创办一所专收3—7岁幼儿的学校，1840年取名为"幼儿园"。这是世界上第一所正式的学前教育机构，因此福禄贝尔也被誉为"学前教育之父"。从此以后，幼儿园这类教育机构得到了广泛推广。

1856年德国教育家卡莱·舒尔茨夫人在威斯康星州奥格顿的家中创办了美国第一所幼儿园。此后，幼儿园在美国迅速发展。

1911年，麦克米伦姐妹在英国建立一所保育学校，主要招收5岁以下的儿童，成为英国5岁以下儿童学前公共教育的先驱。

1965年，美国国会通过《经济机会法》，其中一项内容是要求在学前教育中掀起"提前开始"（Project Head Start）教育运动，使美国的学前教育得到快速的发展。

（二）国内学前教育的重要事件

1903年，湖北巡抚端万在武昌创办了中国第一所幼儿教育机构——湖北幼稚园（1904年《奏定学堂章程》颁布以后，改名为武昌蒙养院）。

1904年，颁布《奏定学堂章程》，即癸卯学制，其中的《奏定蒙养院章程及家庭教育法章程》，是我国第一个学前教育的法规。它将公共幼儿教育的机构定名为蒙养院，保育教导3—7岁的儿童，确定了蒙养院制度。

我国学前教育发展简史

1912年，蔡元培主持下制定的"壬子癸丑学制"将蒙养院改称蒙养园，招收未满6岁的儿童。

1922年，我国公布《学校系统改革令》，即壬戌学制，将蒙养院改称幼稚园，规定招收6岁以下儿童。

1923年，陈鹤琴在南京创办我国第一所幼教实验中心，即私立南京鼓楼幼稚园。

1940年夏，陈鹤琴在江西泰和创办中国第一所公立幼稚师范学校——江西省立实验幼稚师范学校，任校长。

【示例】

我国第一所公立幼稚师范学校——江西实验幼师的创办者是（ A ）。

A. 陈鹤琴　　　B. 陶行知　　　C. 黄炎培　　　D. 张雪门

1951年，中华人民共和国政务院公布《关于改革学制的规定》，制定了新中国第一个学制，规定实施幼儿教育的机构名称从幼稚园改为幼儿园。

1981年，教育部颁布《幼儿园教育纲要（试行草案）》，国家教育委员会颁发了《幼儿园工作规程》（1996年正式施行），规程进一步拉开了改革的帷幕。

1989年，国家教育委员会颁发《幼儿园管理条例》，用法规的形式规定了幼儿园的任务、管理以及保教工作。

2001年，教育部制定了《幼儿园教育指导纲要（试行）》。

2010年，中共中央、国务院颁布的《国家中长期教育改革和发展规划纲要（2010—2020年）》把学前教育专列一章，提出了到2020年基本普及学前教育的目标。着重强调积极发展学前教育，着力解决当前存在的"入园难"问题，满足适龄儿童入园需求，促进学前教育事业科学发展。

2012年2月，教育部颁布《幼儿园教师专业标准（试行）》，规定了国家对于合格幼儿园教师专业素质的基本要求及其开展保教活动的基本规范，成为幼儿园教师培养、准入、培训、考核等工作的重要依据。这是我国有史以来颁布的第一个幼儿园教师专业标准。

2012年9月，教育部出台《3—6岁儿童学习与发展指南》，从健康、语言、社会、科学、艺术五个领域描述幼儿的学习与发展，提出3—6岁各年龄段儿童学习与发展目标和相应的教育建议，以有针对性地指导幼儿园和家庭实施科学的教养。

2016年，教育部颁布新的《幼儿园工作规程》，自2016年3月1日起施行。

> 对学前教育的重要历史事件需要有个大致的了解，特别注意牢记那些属于"第一"的事件和在历史上产生重大影响的事件。

二、学前教育家及其思想

（一）国外学前教育家及教育思想

1. 柏拉图

柏拉图（公元前427—前347）在《理想国》中建立了学前教育理论。强调胎教对儿童发展的重要性，第一次提出儿童从出生起就在专门机构中养育的学前公共教育思想，学前公共教育思想从此诞生。

2. 亚里士多德

亚里士多德（公元前382—前322）在其《政治论》中阐述了他的学前教育思想。他提出要重视婴儿的胎教、优生、优育，男女应在精力最旺盛的年龄结婚、生育子女，以保证下一代的健康。他还第一个做出年龄分期的尝试：从出生后每7岁为一个阶段，到21岁为止。

3. 夸美纽斯

国外学前教育基本理论——夸美纽斯

夸美纽斯（1592—1670）的《母育学校》是世界上第一部论述学前教育的专著。夸美纽斯阐述了儿童的价值，父母的责任，学前教育的意义、任务、内容、原则、方法，以及学前教育到学校教育的过渡与衔接问题。他认为，每个家庭都是一所母育学校，孩子的母亲是最主要的教师，强调母亲在教育中的作用。他特别重视儿童的活动与表现,这个观点100多年后成为福禄贝尔学前教育的中心思想。夸美纽斯拟定了百科全书式的启蒙教育大纲,编写了世界上第一部针对幼儿的语言启蒙教材——《世界图解》。

夸美纽斯主张:在体育方面,让孩子愉快并有规律地生活,给孩子活动的自由;在德育方面,让孩子学习有关德行的初步知识,并养成好的习惯,从而成为一个有理性的人;在智育方面,认为智的中心任务就是训练孩子的感觉;在劳动方面,要求训练孩子从事最基本的手工艺劳动。坚持教育适应自然的原则,要求教育符合儿童的身心发展特点和教学的客观规律,提倡循序渐进等诸多教育理念,主张班级授课。夸美纽斯对近代教育产生了重要影响,被尊崇为"教育史上的哥白尼"和"现代教育之父"。

【示例】

1. 被称为"教育史上的哥白尼"和"现代教育之父"的教育家是(D)。
A. 杜威　　　　　B. 蒙台梭利　　　　C. 福禄贝尔　　　　D. 夸美纽斯
2. 世界上第一部论述学前教育的专著是(A)。
A.《母育学校》　　B.《爱弥儿》　　C.《社会契约论》　　D.《学记》

4. 洛克

洛克(1632—1704),英国教育家、哲学家,著有《教育漫话》,全面详细地论述了他那包括幼儿教育在内的整个教育思想体系,提出了著名的"白板说"。强调人的发展是由教育决定的,而不是由先天的遗传决定的。洛克明确指出,教育的目的就是培养绅士,即有德行、有学问、有能力、有礼貌的人。

5. 卢梭

卢梭(1712—1778),法国教育家,著有《爱弥儿》,主张教育应遵循儿童发展的自然规律,顺应儿童的天性。他要求顺应儿童身心自然发展的特点来进行教育,主张让儿童从生活中学,通过观察获得直接经验,主动地进行学习,反对让儿童被动地接受成人的说教或单纯从书本上进行学习。教师的职责不在于教给儿童种种知识和灌输种种观念,而是慎重地对儿童接触的事物加以选择,引导儿童直接从外界事物、周围环境中学习,主张早期开始感官教育。

国外学前教育基本理论——卢梭

【示例】

从科学知识取向转向儿童经验取向的代表性教育著作是(B)。
A.《理想国》　　B.《爱弥儿》　　C.《大教学论》　　D.《林哈德与葛笃德》

6. 裴斯泰洛齐

裴斯泰洛齐(1746—1827),瑞士教育家,著有《林哈德与葛笃德》《葛笃德怎样教育自己的子女》《母亲读物》《数的直观教学》和《天鹅之歌》等著作。第一次明确提出"教育心理化"的思想,创立了爱的教育理论和要素教育理论,是要素教育思想的代表人物。在其著作《林哈德与葛笃德》中阐述了他的学前教育理论。认为教学过程与儿童心理的自然发展相一致,教育适应自然作为最基本的教育原则;他倡导爱的教育,认为教育的主要原则是爱;他重视儿童身体与道德的发展,强调家庭教育的重要性,尤其强调母亲在家庭教育中起到不可忽视的作用;他明确地提出教学过程的基本要素,认为数目、形状和语言是一切教学的最初的、最简单的要素。

7. 福禄贝尔

国外学前教育基本理论——福禄贝尔

福禄贝尔(1782—1852),德国教育家,近代学前教育理论的奠基人,他也被称为"幼儿教育之父"。著有《人的教育》《幼儿园教育学》《母亲与儿歌》及《幼儿园书信集》等著作。他1837年在德国的勃兰根堡创立的"幼儿学校"(1840年改名为"幼儿园"),是世界上第一个以"幼儿园"命名的幼儿教育机构。《幼儿园教育学》的出版标志着学前教育学成为一门独立的学科。他倡导自由教育,在教育史上第一个承认游戏的教育价值,强调家庭教育的重要性,认为"父母是孩子的第一任教师",确立了游戏在学前教育中的地位与作用,而且他专门制作了用于幼儿学习的玩具,取名为"恩物",意为"神赐之物"。

【示例】

1. 提出"父母是孩子的第一任教师"主张的教育家是(B)。
A. 蒙台梭利　　　B. 福禄贝尔　　　C. 陈鹤琴　　　D. 陶行知
2. 下列玩具不是从功能角度分类的是(D)。
A. 运动性玩具　　B. 建构玩具　　　C. 益智玩具　　D. 传统玩具

8. 欧文

欧文(1771—1858),著名的空想社会主义者,代表作为《新道德世界书》。在新拉纳克成立的"性格形成新学院",为工人子女实施学前公共教育。欧文在学前教育方面的活动得到了很高评价,恩格斯写道:"他发明了并且第一次在这里创办了幼儿园。孩子们从两岁起就进幼儿园;他们在那里生活得非常愉快,父母简直很难把他们领回去。"①

9. 杜威

国外学前教育基本理论——约翰·杜威

杜威(1859—1952),美国教育家,著有《民主主义与教育》《我的教育信条》《学校与社会》《明日之学校》等著作,美国进步教育运动的主要代表,被誉为"创立美国教育的首要人物"。

杜威的主要思想有:教育即生活,教育即生长,教育即经验的不断改造。教育就是个人在社会生活中与人接触、相互影响、逐步扩大和改进经

---

① 马克思,恩格斯.马克思恩格斯全集(第19卷)[M].北京:人民出版社,1985:215.

验、养成道德品质和习得知识技能。在反对传统的灌输式教育方法的基础上，杜威提出了"从做中学"原则，也就是从活动中学、从经验中学；提出"儿童中心主义"思想，认为教育应该把重心放在儿童的身上，以儿童为中心，即尊重儿童的本性来熟悉儿童，尊重自我指导学习，尊重作为学习的刺激和中心活动，教育的措施围绕儿童来组织。

【示例】

1. 谈谈你对杜威关于教育本质的理解。

2. 杜威认为，学校生活的组织中心是（ D ）。

A. 教材　　　　　B. 家长　　　　　C. 教师　　　　　D. 儿童

3. 对杜威"教育即生长"的正确理解是（ A ）。

A. 教育以儿童的本能和能力为依据

B. 儿童的生长以教育目标为依据

C. 教育以促进教师的专业成长为基础

D. 教育应促进儿童的身体发育

4. 提出"教育即生活"的教育家是（ B ）。

A. 卢梭　　　　　B. 杜威　　　　　C. 蒙台梭利　　　　　D. 福禄贝尔

10. 蒙台梭利

蒙台梭利（1870—1952），意大利教育家，著有《童年的秘密》《蒙台梭利教育方法》《儿童的发现》等著作。1907年在罗马贫民窟创立"儿童之家"，教育有缺陷的儿童，并获得成功。

国外学前教育基本理论——蒙台梭利

其主要教育思想是：认为儿童存在着与生俱来的"内在的生命力""吸收性的心灵"，在这种发自内心的内在驱动力影响下，儿童不断地探索环境，教育的任务是激发和促进儿童"内在潜力"的发展；认为感觉练习是初步的、基本的智力活动，重视感官训练和智力发展；发展的"敏感期"，儿童心理的发展有各种敏感期，处于敏感期的阶段，某个领域学习特别容易而迅速，过了特定的时期，其敏感性则会消失；教育的根本原则是使儿童获得自由，使儿童的天性得以自然地表现，幼儿的学习应是自愿的、非强制性的，教师的作用在于为儿童提供符合其身心发展的环境。

11. 皮亚杰

皮亚杰（1896—1980），瑞士心理学家、日内瓦学派的创始人，主要著作有：《儿童的言语和思维》《儿童智慧的起源》《儿童心理学》《结构主义》《发生认识论导论》等。

其主要教育思想有：智力是一种适应形式，具有动力性的特点，随着环境和有机体自身的变化，智力的结构和功能必然不断变化，以适应变化的条件；强调活动的重要性，动作是主客体的桥梁，知识来源于动作；根据思维能力的差异，对儿童的认知发展进行了阶段性的划分：感知运动阶段（0—2岁）、前运算阶段（2—7岁）、具体运算阶段（7—12岁）和形式运算阶段（12—15岁）；制约儿童心理发展的因素主要有四种，即成熟、物体经验、社会经验和平衡化；认为知识的获得是儿童主动探索和操纵环境的结果，学习是儿童进行发明与发现的过程，教育的真正目的并非增加儿童的知识，而是设置充满智慧、刺激的环境，让儿童自行探索，主动学习知识；儿童认识发展的过程和结构，涉及"图式""同化""顺应""平衡"4个基本概念。

【示例】

根据皮亚杰的认知发展阶段理论，2—7岁的幼儿处于（ B ）阶段。

A. 感知运动阶段　　　　　　　　B. 前运算阶段
C. 具体运算阶段　　　　　　　　D. 形式运算阶段

12. 维果茨基

维果茨基（1896—1934），苏联著名的心理学家，"文化—历史"学派的创始人之一。他的主要思想有：高级心理机能是社会历史发展的产物，反对将复杂的高级心理机能分解成简单的成分；语言是人类为了组织思维而创造的一种最关键的工具，儿童可以凭借语言与他人相互作用，进行文化与思想的交流；提出"最近发展区"概念，最近发展区是指实际的发展水平与潜在的发展水平之间的差距，前者由儿童独立解决问题的能力而定，后者则是指在成人的指导下或是与能力较强的同伴合作时儿童能够解决问题的能力；他认为教学促进发展，教学应该走在发展的前面。最近发展区理论对正确理解教育与发展之间的关系具有重要价值，为改变传统的教学观提供了心理学基础。同时，维果茨基提出了"学习的最佳期限"的概念。他认为，儿童掌握某种技能的时候都有一个最佳的期限，虽然教学必须以儿童的发展与成熟为前提，但是，对于最近发展理论而言，更重要的是，我们教育工作者要能识别出儿童某项技能学习的最佳期限，在儿童开始形成的时候让教学走在发展的前列，而不能错过了最佳学习期限，这样一来，教学效果就能达到了。

【示例】

教师拟定教育活动目标时，以幼儿现有发展水平与可以达到水平之间的距离为依据，这种做法体现的是（ A ）。

A. 维果茨基的最近发展区理论　　　　B. 班杜拉的观察学习理论
C. 皮亚杰的认知发展阶段论　　　　　D. 布鲁纳的发现教学论

13. 班杜拉

阿尔伯特·班杜拉（1925—2021），新行为主义的主要代表人物之一，社会学习理论的创始人。美国当代著名心理学家。社会学习理论的主要思想如下：

（1）交互决定观。环境决定论认为行为是由作用于有机体的环境刺激决定的；个人决定论认为环境取决于个体如何对其发生作用；班杜拉则认为个体、环境和行为是相互影响、彼此联系的，三者影响力的大小取决于当时的环境和行为性质。

（2）观察学习。这是班杜拉社会学习理论的核心。观察学习是指人通过观察他人（榜样）的行为及其结果而习得新行为的过程。在观察学习中，观察学习的对象称为榜样或示范者。班杜拉将观察学习分为直接的观察学习、抽象性观察学习和创造性观察学习。并将观察学习的过程分为四个具体过程：注意过程，保持过程，复制过程，动机过程。

（3）自我调节理论。班杜拉认为自我调节是个人的内在强化过程，是个体通过将自己对行为的计划和预期与行为的现实成果加以对比和评价，来调节自己行为的过程。自我调节由自我观察、自我判断和自我反应三个过程组成，经过这三个过程，个体完成内在因素对行为的调节。

（4）自我效能理论。自我效能感是指个体对自己是否有能力完成某一行为所进行的推测与判断，班杜拉指出自我效能感的影响因素主要包括个体自身行为的成败经验、替代性经验、言语劝说、情绪唤醒以及情境条件。

【示例】

1. 简述班杜拉社会学习理论的主要观点。
2. 班杜拉的社会认知理论认为（ A ）。
A. 儿童通过观察和模仿身边人的行为学会分享
B. 操作性条件反射是儿童学会分享的重要学习形式
C. 儿童能够学会分享是因为儿童天性本善
D. 儿童学会分享是因为成人采取了有效的奖惩措施

14. 瑞吉欧学前教育体系

20世纪60年代，在意大利北部由马拉古兹发起和领导，在政府、社区民众的大力支持下，经过专业人员多年的艰苦努力推出的一个颇具特色并具有世界影响力的学前教育体系，即瑞吉欧学前教育体系。

瑞吉欧学前教育体系

（1）设计理念：一是摒弃绝对的以儿童为中心，忽视教师作用的放任式教育，构建师生共生的教育模式；二是创造一种儿童文化，为幼儿提供自主、自由的氛围，这种氛围是结合他们的主观经验，同时依据客观环境而形成的时空环境，让孩子可以在相互合作的社会化氛围中获得各种主客观经验；三是倡导他们运用多种语言进行认知、表达和沟通，从而获得更加完整的感觉经验。

（2）实施特点：一是弹性计划，依据孩子的经验随时调整教学目标；二是合作教学，强调师生合作对某一问题的研究；三是档案支持，对教育过程及师生共同工作结果进行记录存档,不仅有文字的记载,还有图片、录像等记录方式的使用;四是小组工作,该体系的项目活动一般采取小组工作的方式,但要求小组成员的发展水平既要有所不同,又不能差距过大;五是深入研究,瑞吉欧的项目活动不是匆匆地走个过场,而是深入且富有时效性的学习;六是图像语言,鼓励儿童运用他们的自然语言和表达风格自由地表达和交流,其中符号性的视觉表征活动在该项目中被称为图像语言。

15. 多元智能理论

霍华德·加德纳(1943—),哈佛大学心理学教授,被誉为"多元智能理论"之父。在1983年提出该理论,在美国教育教学改革中产生了深远的影响。

按加德纳观点,智能有下列几种类型:① 言语—语言智力;② 音乐—节奏智力;③ 逻辑—数理智力;④ 视觉—空间智力;⑤ 身体—动觉智力;⑥ 自知—自省智力;⑦ 交往—交流智力;⑧ 自然观察智力。

加德纳认为:① 每一个体的智能各具特点。② 个体智能的发展方向和程度受环境和教育的影响和制约。③ 智能强调的是个体解决实际问题的能力及创造出社会需要的有效产品的能力。④ 多元智能理论重视的是多维地看待智能问题的视角。

【示例】
简述加德纳的多元智能理论的主要观点,智能种类及教育启示。

(二)国内学前教育家

1. 颜之推

魏晋南北朝时期,颜之推的《颜氏家训》是学前教育思想的代表著作之一,其《教子篇》中对学前儿童的家庭教育进行了详细的论述,他认为学前教育应注意胎教,所谓"古者圣王,有'胎教'之法",如"怀子三月,出居别宫,目不邪视,耳不妄听,音声滋味,以礼节之";待出生之后,就应从小对学前儿童进行教育,要求教授以"孝仁礼义",并要求父母作为教育者"威严而有慈",从而使学前儿童能因"畏慎而生孝"。[①]

2. 朱熹

南宋时期,朱熹就极其重视胎教对儿童发展的影响,《童蒙须知》和《小学》是其代表作。朱熹强调孕妇应注意自己的言行举止,以使其"一寝一坐,一言一念,一视一听"都能使胎儿能够健康地发育和成长;在孩子出生后,"乳母"的作用就显得尤为重要,所谓"乳母之教,所系尤切",他认为乳母应"宽裕、慈、惠、温、良、恭、敬",主张利用实际发生在学前儿童生活中的事情对其进行教育,使之"从小便养成德行"。[②]

---

① 颜之推. 颜氏家训[M]. 段干木明, 译注. 合肥: 黄山书社, 2002: 6.
② 徐梓, 王雪梅编. 蒙学须知[M]. 太原: 山西教育出版社, 1991: 20.

3. 陶行知

陶行知（1891—1946），我国著名的人民教育家，我国平民幼稚教育理论的首创者和实践的开拓者，主要著作有《创造的儿童教育》《创设乡村幼稚园宣言》《幼稚园之新大陆》。

陶行知主要的教育思想如下：① 特别重视学前教育的重要性，认为凡人生之态度、习惯、倾向，皆可在幼稚时代建立适当基础。② 幼儿教育应面向普通大众，指出当时的幼儿教育有"外国病""花钱病""富贵病"。③ 主张解放儿童的创造力，即"六大解放"：解放儿童的头脑，使之能思；解放儿童的双手，使之能干；解放儿童的眼睛，使之能看；解放儿童的嘴，使之能讲；解放儿童的空间，使之能接触大自然和社会；解放儿童的时间，不逼迫他们赶考，使之能学习自己渴望的东西。④ 主张教学做合一，倡导因材施教，根据生活的需要而教，通过生活实践去教学，强调以做为中心。

【示例】

1. 陶行知的生活教育理论注重"教学做"合一，强调（ A ）。

A. 做是中心　　　　　　　　　　B. 学是中心

C. 教与学是中心　　　　　　　　D. 教是中心

2. 陶行知提出的"六大解放"指向的是（ D ）。

A. 解放儿童的观察力　　　　　　B. 解放儿童的体力

C. 解放儿童的智力　　　　　　　D. 解放儿童的创造力

4. 陈鹤琴

陈鹤琴（1892—1982）是我国现代著名教育家、儿童心理学的奠基人。1923年创办了我国最早的幼儿教育实验中心——南京鼓楼幼稚园；抗战时期，又创建了我国第一所公立幼稚师范学校——江西实验幼稚师范学校。他建立并完善了中国化、科学化的现代儿童教育理论体系，构建了完整的中国儿童教育结构体系，被誉为"中国的福禄贝尔"和"中国幼教之父"。他慈祥和蔼，热爱学生，被学生们亲切地称为"妈妈""外婆"；他天性活泼开朗，热爱儿童，终身实践着自己"一切为了儿童"的思想，一生致力于探索幼儿教育的中国化、平民化、科学化。主要著作有《儿童心理之研究》《家庭教育》《活教育理论与实践》。

陈鹤琴的主要教育思想：① 认为幼稚教育是一切教育的基础，重视幼稚教育的重要性；② 强调"做"为主，在做中教，做中学，做中求进步；③ 根据当时幼稚园各科教学相互孤立、相互脱节而提出了"整个教学法"（所谓"整个教学法"就是把儿童所应该学的东西结合在一起，完整地、有系统地教授儿童）；④ 反对埋没人性的、读死书的死教育，提出"活教育"思想，指出"大自然，大社会，都是活教材"，"活教育的课程是把大

自然、大社会作为出发点，让学生在自然和社会中学习"；⑤ 创造性地提出了课程结构的"五指活动"理论，五指活动包括：健康活动、社会活动、科学活动、艺术活动、文学活动。这五个方面相互联系，就像人的五个手指，共同构成了具有整体功能的手掌；⑥ 反对以教师为中心或儿童为中心的倾向，强调教师对幼儿的指导作用；⑦ 提倡适合国情的幼儿教育，反对照搬外国教材、教法；⑧ 指出儿童教育是幼稚园与家庭共同的责任，提倡家庭与幼稚园的配合。

【示例】

1. 创建"活教育"体系的教育家是（ A ）。
   A.陈鹤琴　　　　　B.福禄贝尔　　　　　C.杜威　　　　　D.蒙台梭利
2. 陈鹤琴提出的五指活动指的是（ A ）。
   A.健康活动、社会活动、科学活动、艺术活动、文学活动
   B.语言活动、社会活动、科学活动、美术活动、音乐活动
   C.常识活动、社会活动、科学活动、艺术活动、文学活动
   D.体育活动、语言活动、科学活动、艺术活动、文学活动

5. 张雪门

中国学前教育基本理论——张雪门

张雪门（1891—1973），我国著名学前教育家，1918年创立宁波星荫幼稚园。20世纪30年代，与陈鹤琴先生有"南陈北张"之称。

张雪门的教育思想：① 认为儿童身心的发展与环境密不可分，儿童身心并不能自己单独发展，主要依靠周围环境；② 提出幼稚园行为课程，主张课程是经验，不应当把课程仅看作书本知识，而应当是把技能知识、兴趣、道德、风俗、礼节种种经验都包括在课程里；③ 课程植根于生活，它从生活中而来，从生活中开展，也从生活中结束；④ 主张采取单元设计的方法，打破各种学科的界限；⑤ 根据儿童的能力、兴趣和需要组织教学。

> 学前教育家及其教育思想一节的重点是牢记教育家的姓名、代表作、历史地位及主要的教育思想，同时要特别注意其教育思想的现代价值。

本章小结

本章首先介绍教育基本知识，进而在教育大框架下讨论学前教育问题，最后概述学前教育的历史发展。学前教育具有公益性、保教性和奠基性，在人一生中占据极为重要的地位。学前教育是正规教育的奠基阶段，有着自身的规律和操作原则，只有遵循这些原则才能取得良好的效果。这些原则是历史上学前教育家们的经验总结，因此，只有

熟谙教育大师们的教育智慧,并结合当前的现实,才能更好地理解和解决实践中遇到的问题。

📅 知识结构

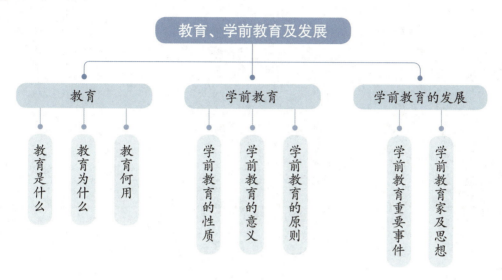

第二章
学前教育与儿童发展

◎ **学习目标**

※ 准确理解人的发展与学前儿童发展的含义；
※ 牢记学前儿童发展的基本规律，并能用于实际问题的分析与解释；
※ 知道影响学前儿童发展的因素及其各自的地位，特别是家庭在学前教育中的作用；
※ 理解学前教育在学前儿童发展中的价值。

◎ **学习重点**

本章讨论学前教育与儿童发展的关系，具体分析三个问题：儿童发展的内涵、发展规律、影响因素。其中，五大规律和四个影响因素是核心。因此，在学习时特别要注意五条规律的内涵与具体运用、四个影响因素各自的地位与作用。特别注意家庭在儿童健康成长中的作用。

◎ **学习导引**

本章内容以儿童发展为中心展开，学习时首先要抓住"发展"这个关键点，然后根据发展规律、影响因素依次展开。影响因素维度按遗传、环境、教育、个人因素展开逐个总结，梳理它们在儿童发展中的地位与作用。学习时，先要明晰相关概念，而后结合实际理解并分析学前教育在学前儿童发展中的地位，明确学前教育的主导作用。最后，结合案例理解遗传、环境、教育、个体因素在学前儿童发展中的功能与作用。

本章导入

碎堆里的笑容

　　游戏开始的时候，每个孩子都拿到了一张报纸。结果还没等我们开口，有几个孩子就已经撕起了报纸，其他孩子一看，也纷纷仿效撕了起来。不一会儿，厚厚的一沓报纸就被孩子们撕完了。从孩子们脸上洋溢的灿烂笑容，能发现他们是真的喜欢并享受这个过程。

　　看着满地的碎纸，孩子们更兴奋了，尖叫着、大笑着、跳跃着……

　　这时，康康将一筐拼插区的玩具倒进了碎纸堆里。孩子们发现，康康倒玩具时，老师并没有阻止，他们像得到了某种"通行许可"，又将几筐玩具倒了进去。一时间，分不清哪是报纸，哪是玩具。

　　奇怪的是，坐在纸堆里玩玩具的孩子们出奇地和谐，没有抢玩具的争吵声，没有大声说话的声音，他们"咿呀呀"地交流着。如果要交换玩具，孩子们就连比带画地表达自己的想法。作为旁观者的我们，只见不停比画来比画去的手，却不明白他们想表达什么，但是孩子们明白彼此，并且顺利地完成了玩具的交换。

　　看着孩子们沉浸在游戏的世界中，我们也不忍心打扰他们，但午餐时间快到了。当收玩具的音乐响起时，孩子们自觉地收起了碎纸和玩具。小北从地上捡起比较大块的报纸递给我说："这个报纸还可以再撕，收起来吧，我们下次还可以玩，不然太浪费了。"

　　孩子们用1分钟将教室变得一片"狼藉"，又用10分钟将教室里的东西全部归位，收拾得干干净净。[①]

　　这个游戏活动完全可以说是一次意外——不是老师所预设的，而是孩子们所生成的。整个活动基本上是孩子们随心所欲的过程，老师几乎没有干预，结果孩子们却兴奋不已：尖叫着、大笑着、跳跃着……孩子们不仅沉浸在游戏世界中，而且学会表达与交流，甚至是交换，并知道不能"浪费"，最后还自觉地将教室收拾干净。这是什么道理？如果老师发现几个孩子撕报纸时就立即阻止，那么就不可能有其他孩子们的仿效；如果康康将玩具倒进碎纸堆时，老师就进行阻止，那么就不可能产生孩子们坐在纸堆里和谐地玩玩具的场景……因为孩子们有自己的世界，有自己的快乐规则，也有自己的意愿和需求。正因为

[①] 王钰诗. 你允许孩子们在教室里玩撕纸的游戏吗［J］. 幼儿100（教师版），2020（12）：5-6. 收录时略有改动，标题为作者所修改。

老师顺应了孩子们的意愿与需求，因此他们才玩得"出奇地和谐"：没有争吵，没有大声说话，只有"咿呀呀"的交流与玩具的交换。孩子的身心发展有着自身的规律，只有顺应规律进行适当的引导才能取得良好的效果。如果说孩子们是脚，那么教育就是鞋，教育者就是造鞋人，教育者只有明确脚的大小与形状，才能制造出合脚的鞋子。教育的真谛在于"引导"而不是"强加"，因此必须首先研究孩子、认识孩子。那么，孩子是一个怎样的存在，他们有哪些发展规律，影响他们发展的因素有哪些，幼儿园教育在他们的发展中处于怎样的地位？通过本章的学习，相信你会对这一切有一个深入的了解。

第一节　学前儿童发展及规律

每个儿童都是这个世界的唯一，都是一个独立的存在。尽管儿童的身心发展具有个别差异，但依然呈现出某种普遍的规律性，了解儿童发展的基本规律才能有效地促进儿童的发展。

一、人的发展

发展是指事物连续不断地由低级向高级、由旧质到新质的有规律的变化运动过程。而人的发展是指作为复杂整体的个人在从生命开始到生命结束的全部人生中，不断发生的身心两方面的整体的、积极的变化过程。这里的"身"指的是人的身体发展，具体指机体的各种组织系统，如骨骼、肌肉、心脏、神经系统、呼吸系统等正常发育及其体质的增强，它是人的生理方面的发展；这里的"心"指的是人的心理发展，如感觉、知觉、注意、记忆、思维、想象、情感、意志、性格等方面的发展，它是人的精神方面的发展。

人的身体发展和心理发展是相互影响、相互作用的，它们是不可分割的统一体。一方面，身体的发展，特别是神经系统的发展，制约着心理的发展。如果人的身体有缺陷，如大脑发育不正常，那么人的认知、性格、能力等都会受到影响；另一方面，身体的发展也受到人的认知、情感、意志等心理过程和特征的影响。据一项研究资料显示，对于正在成长发育期的少年儿童来说，如果长期处于心理压抑和没有温暖的家庭环境中，其身高会低于遗传身高2厘米左右。

人的发展是一个过程，具有下列特点：① 社会性。马克思曾得出结论，指出人是"一切社会关系的总和"。[①] 因此，在人的发展过程中，个体的发展必然离不开社会。② 能动性。人和动物最大的区别就是人是理性的动物，每个人都有主观意志，可以根据自己的需要发展自己。③ 动态性。在人的发展过程中，影响人的发展的因素很多，各种因素对人的发展也产生着动态的变化。④ 活动性。人的发展是在活动中实现的，通过活动把人

---

① 马克思，恩格斯.马克思恩格斯全集（第3卷）[M].北京：人民出版社，1960：5.

的潜在素质变成现实素质。

需要区别的是，人的"发展""生长""成长""成熟"等概念是不同的。"发展"是指人在生命过程中所发生的一系列生理、心理和社会适应的变化过程；"生长"主要指身体方面的发展，如身高体重、骨骼构造等机体方面的发育过程；"成长"主要指身体和心理的共同动态变化；"成熟"则是指身体和心理发展的一种状态和程度。

二、学前儿童发展

学前教育阶段的儿童通常指的是6周岁以前的婴幼儿。学前儿童发展包括婴幼儿的生理发展和心理发展。生理发展指的是婴幼儿的身体的正常发育和体质增强，即婴幼儿的大脑和身体在形态、结构及功能上的生长发育过程，包括大脑的发育，身高和体重的变化，骨骼和肌肉的发展。心理发展主要指婴幼儿的心理过程和个性心理方面的发展：婴幼儿的心理过程包括认知过程、情绪情感过程和意志过程；个性心理包括个性心理倾向性和个性心理特征两个方面。要准确理解学前儿童发展的概念，必须理解下列几个重要的概念。

（一）转折期或危机期

在儿童心理发展的两个阶段之间，有时会出现心理发展在短时期内急剧变化的情况，称为儿童心理发展的转折期。

儿童在心理发展的转折期，往往容易产生强烈的情绪表现，也可能出现儿童和成人关系的突然恶化。3岁儿童常常表现出反抗行为或执拗现象，常常对成人的任何指令都说"不""偏不"，以示反对。

由于儿童心理发展的转折期常常出现对成人的反抗行为，或各种不符合社会行为准则的表现。因此，也有人把转折期称为危机期。

儿童心理发展的转折期，并非一定出现"危机"。转折期是儿童心理发展过程中必然出现的，但"危机"却不是必然出现的。"危机"往往是由于儿童心理发展迅速而导致的心理发展上的不适应。如果成人在掌握儿童心理发展规律的情况下，正确引导儿童心理的发展，化解其一时产生的尖锐矛盾，"危机"便会在不知不觉中度过，或者说，"危机期"可以不出现。

【示例】

最近小明小朋友经常与妈妈对着干。妈妈叫他去吃饭，他说"不吃"；叫他去睡觉，他说"不睡"。据此判断，小明处在（ A ）。

A.转折期　　　　　B.关键期　　　　　C.敏感期　　　　　D.最近发展期

（二）关键期

关键期这一概念最早是从动物心理的试验研究中提出的。著名的生态学家劳伦兹在研究小动物发育的过程中发现刚出壳的小鹅（或其他幼雏）会把它们出壳时几小时内看到的活动对象（人或其他东西）当作是母鹅一样紧紧尾随（尾随反应）。这种现象仅在极为短暂的关键期内发生，错过了这个时刻，尾随反应则不能发生，劳伦兹把这段时间称为"关键期"。

儿童心理发展的关键期是指儿童在某个时期最容易学习某种知识技能或形成某种心理特征，但过了这个时期，发展的障碍就难以弥补。儿童心理发展的关键期主要表现在语言发展和感知觉方面。研究发现，1—3岁是儿童学习语言的关键期，其中语言以电报句为主；2—3岁是个体口头语言和自我意识发展的关键期。

【示例】

1. 儿童学习语言的关键期是（ B ）。
A. 0—1岁　　　　B. 1—3岁　　　　C. 3—6岁　　　　D. 5—6岁

2. 1.5—2岁的儿童使用的句子主要是（ B ）。
A. 单词句　　　　B. 电报句　　　　C. 完整句　　　　D. 复合句

3. 一岁半的儿童想给妈妈吃饼干时，会说"妈妈""饼""吃"，并把饼干递过去，这表明这阶段儿童语言发展的一个主要特点是（ A ）。
A. 电报句　　　　B. 完整句　　　　C. 单词句　　　　D. 简单句

（三）敏感期或最佳期

敏感期或最佳期是指儿童学习某种知识和行为比较容易、儿童心理某个方面发展最为迅速的时期。其与关键期的不同在于，错过了敏感期或最佳期，不是不可以学习或形成某种知识或能力，只是与在敏感期或最佳期学习比起来，较为困难或发展比较缓慢。如从初生至一岁半，是嘴的敏感期，孩子会见到什么都往嘴里塞；10个月至2岁多，是腿的敏感期，即使不会走路，孩子也会想方设法做腿部运动；4—6岁是儿童对图像的视觉辨认、形状知觉形成的最佳期；5—5岁半是掌握数概念、数数和简单计算的最佳年龄；5—6岁是儿童掌握词汇、概念能力发展最快的时期，其中词汇掌握顺序为名词、动词、形容词。同时，学前期还是人的好奇心、求知欲、想象力、创造性等重要的非智力品质形成的关键时期。整体来说，学前期是儿童心理发展的敏感期或最佳期。

【示例】

1. 科学活动中，教师观察到某幼儿能用数字、图表整理自己观察到的现象，该幼儿最可能的年龄是（ A ）。
A. 6岁　　　　B. 5岁　　　　C. 4岁　　　　D. 3岁

2. 2—6岁的儿童掌握的词汇数量迅速增加，词类范围不断扩大，该时期儿童掌握词汇的先后顺序是（ C ）。
A. 动词、名称、形容词　　　　　　B. 动词、形容词、名词
C. 名词、动词、形容词　　　　　　D. 形容词、动词、名词

（四）最近发展区

维果茨基认为，儿童能够独立表现出来的心理发展水平，和儿童在成人指导下所能够表现出来的心理发展水平之间的差距，称为最近发展区。儿童能够独立表现出来的心理发展水平，一般都低于他在成人指导下所能够表现出来的水平。

最近发展区是儿童心理发展潜能的主要标志，也是儿童可以接受教育程度的重要标志。查明儿童心理发展的最近发展区，可以向其提出稍高的，但是力所能及的任务，促进他达到新的发展水平。最近发展区是儿童心理发展每一时刻都存在的，同时，又是每一时刻都在发生变化的。最近发展区因人而异。家长、教师如果时时关注每个儿童，把握好他心理发展的最近发展区，并利用之，就可以有效地促进儿童心理的发展。

【示例】

1. 教师拟定教育活动目标时，以幼儿现有发展水平与可以达到水平之间的距离为依据，这种做法体现的是（ A ）

A. 维果茨基的最近发展区理论　　B. 班杜拉的观察学习理论

C. 皮亚杰的认知发展理论　　　　D. 布鲁纳的发展教学法

2. "道而弗牵，强而弗抑，开而弗达"。这里的"强而弗抑"反映了（ D ）。

A. 因材施教原则　　　　　　　　B. 启发式原则

C. 儿童为本理论　　　　　　　　D. 最近发展区理论

三、学前儿童发展的基本规律

2010年，92岁高龄的日本著名教育家大田尧在清华大学（招生办）给中国教育同行做了一个精彩的演讲。他一开头就讲了一个故事：他的一位农民朋友给他切开一个苹果，指着苹果核中的种子说，每颗种子都有自己的设计图，我的工作就是培土、施肥、浇水，使它按照自己的设计图长成一个优质的苹果。这个故事告诉我们，苹果成长是有规律的，不能随便去改变它。苹果生长是这样，学前儿童的发展更是有规律的，我们不能改变规律，但可以利用规律，使教育达到良好的效果。

（一）顺序性

学前儿童发展的顺序性是指儿童的身心发展朝着一定的方向，按照从低级到高级、由简单到复杂的固定顺序进行。在生理发展方面，儿童的躯体的发展遵循"从上到下、从中心到边缘"的原则，即先从头部开始，然后逐渐延伸到下肢，即"头尾律"。当人体直立行走后，发展规律又逐渐从"头尾律"过渡到向中心躯干发展的规律（"向心律"）。根据这一规律，任何一个幼儿的发展总是沿着"抬头—翻身—坐—爬行—站立—行走"的顺序，接着出现绘画、写字、揉捏等精细动作。在心理发展方面，学前儿童的心理过程也有自己的发展顺序，一般从直观行动思维到具体形象思维，到抽象逻辑思维，最后是辩证思维；记忆的发展是从机械记忆到意义记忆，注意从无意注意到有意注意等。这种发展顺序在儿童身心发展过程中是固定不变的，从而使幼儿身心发展成为一种连续、不可逆转的过程。所以，在教育中，必须遵循人的发展的顺序性，不可揠苗助长。否则，不但得不到应有的效果，还将严重影响人的身心健康。

【示例】

下列符合儿童动作发展规律的是（ C ）。

A. 从局部动作发展到整体动作

B. 从边缘部分动作发展到中央部分动作

C. 从粗大动作发展到精细动作

D. 从下部动作发展到上部动作

（二）阶段性

学前儿童发展的阶段性指的是不同年龄阶段的儿童会表现出身心发展的一般特征或共同特征，即年龄特征。根据生理和心理特点进行划分，学前儿童可以分为新生儿期（0—1月）、乳儿期（1个月—1岁）、婴儿期（1—3岁）；幼儿早期，也叫先学前期（1—3岁）；学前期，也称幼儿期（3—6、7岁）。其中幼儿期，又可以分为幼儿初期、中期和晚期。3—6个月开始出现认声现象，2岁左右思维开始形成，3—6、7岁是思维开始发展的时期，其思维表现为具体形象思维，在幼儿期末，抽象思维开始萌芽。而这一时期的情绪具有易激动性（易于爆发激情）、易感性（情绪易于为周围事物所左右）和易表现性（内心体验和外部表现的一致性）等特点。教育就是要根据各个年龄阶段的特征展开，针对不同年龄阶段的特点，提出不同的具体任务，采用不同的教育内容与方法，从而更好地发挥教育的主导作用。

幼儿期（3—6岁）的年龄特征

【示例】

1. 在商场，4—5岁的幼儿看到自己喜爱的玩具时，已不像2—3岁时那样吵着要买，他能听从成人的要求并用语言安慰自己："家里有许多玩具了，我不买了。"对以上现象合理的解释是（ B ）。

A. 4—5岁幼儿形成了节约的概念

B. 4—5岁幼儿的情绪控制能力进一步发展

C. 4—5岁幼儿能理解玩其他玩具同样快乐

D. 4—5岁幼儿自我安慰的手段有了进一步发展

2. 婴幼儿的"认声"现象通常出现在（ A ）。

A. 3—6个月　　　　B. 6—12个月　　　　C. 1—2岁　　　　D. 2—3岁

（三）不平衡性

学前儿童发展的不平衡性主要是针对同一个体而言。具体表现在两个方面：① 不同年龄阶段身心发展的不平衡，有的阶段发展快，有的阶段发展慢。如大脑发展最迅速的时期是出生后1个月，到5—6岁出现第一个加速期；再如身高体重的增长也是不均衡的，在出生后1年和青春期特别迅速，会出现质的飞跃。② 生理和心理发展不平衡。有的儿童在较早的年龄阶段就达到了较高的发展水平，甚至接近成熟，而有的则要到较晚的阶段才能达到较为成熟的状态。

正是由于人的身心发展的不均衡性，教育一定要遵循人的这一身心发展规律。当代许多心理学家和教育家都十分重视研究不同阶段儿童智力发展的速度，探明智力发展的关键期。他们认为，在智力发展的关键期内，一年的环境和教育对智力发展产生的影响，会超过其他时期8—10年的效果。因此，教师要了解学前儿童发展的关键期，并抓住时机，加强教育力度。

（四）个别差异性

学前儿童发展的个别差异性是指不同的儿童由于先天素质、内在机能、总体环境及自身的主观能动性的不同，在发展中存在着差别的现象。这种差异性表现在下列几个方面。

1. 不同的人发展速度与水平不同

由于受教育者、遗传、个体等因素的影响，人的发展表现出明显的个体差异性。这种差异性具体表现为同一方面的发展速度和水平是不同的。有的天资聪颖，有的大器晚成；有的活泼，有的内向；有的音乐素质高，有的逻辑思维能力强等。

2. 同一个人在不同方面的发展水平与速度不同

不仅不同的人在同一方面的发展速度和水平不同，即使同一个人在不同方面的发展水平和速度也是不同的。如有的人第一信号系统比第二信号系统占优势，他们的绘画能力已达到了相当的程度，而他们的识字能力则可能达不到一般的要求。

3. 不同的人个性心理倾向不同

不同的人个性心理倾向各不相同。如有的学前儿童具有艺术能力，有的学前儿童具有组织才能，还有的学前儿童具有体育才能；有的学前儿童性格沉稳，情绪不易外露，有的学前儿童性格好激动，情绪表现较为明显；有的学前儿童意志力很强，有的则很差等。

【示例】

1. 教师要依据幼儿的个体差异进行教育。下列现象，不属于幼儿个体差异表现的是（ A ）。

A. 某幼儿往常吃饭很慢，今天为了得到教师的表扬，吃得很快

B. 有的幼儿吃饭快，有的幼儿吃饭慢

C. 某幼儿动手能力很强，但语言能力弱于同龄儿童

D. 男孩通常比女孩表现出更多的身体攻击性行为

2. 有的幼儿擅长绘画，有的善于动手操作，还有的很会讲故事。这体现的是幼儿（ A ）。

A. 能力类型的差异　　　　　　　　B. 能力发展早晚的差异
C. 能力水平的差异　　　　　　　　D. 能力发展速度的差异

（五）稳定性和可变性

学前儿童的稳定性是指在发展过程中，儿童心理发展的年龄特征具有相对的稳定性。几百年前和几十年前儿童心理学所揭示的儿童心理发展年龄特征的基本点，至今仍然适用于当代儿童。但是由于儿童心理发展的年龄特征是在一定的社会和教育条件下形成的，不同的社会和教育条件会使儿童心理发展的特征有所变化，这又构成了儿童心理年龄特征的可变性。从儿童个体的角度看，儿童的个性心理特征中有些因素较为稳定，如气质，但有些方面却在不断变化，如需要、动机等。

【示例】

阅读材料，回答问题：

孩子的一百种语言（节选）

孩子是由一百种组成的
孩子有一百种语言
一百双手
一百个想法
一百种思考、游戏、说话的方式
一百种倾听、惊奇、爱的方式
一百种歌唱与了解的喜悦
一百种世界等着孩子们去发掘
一百种世界等着孩子们去创造
一百种世界等着孩子们去梦想

问题：

（1）你能从诗中读到幼儿心理发展的什么特点？
（2）依据这些特点，教师应该怎么对待幼儿？

发展包括生理和心理两个方面，要准确地理解学前儿童发展的内涵，必须充分理解转折期、关键期、敏感期和最近发展区几个基本概念。学前儿童发展有顺序性、阶段性、不平衡性、个别差异性、稳定性和可变性五大规律。注意牢记上述概念，并结合实例去理解和运用五大规律。

第二节　影响儿童身心发展的因素

儿童身心发展主要受遗传因素、环境、教育和个体自身的因素等影响,其中遗传因素、环境因素和教育因素属于影响儿童身心发展的外在条件,而个体自身的因素属于影响儿童身心发展的内部条件。

一、遗传因素

影响儿童身心发展的因素——遗传

遗传是人类发展的生物学前提,主要指从上代继承下来的生理解剖上的特点,是由于染色体中基因的组成部分及其排列组合特点所形成的。这些遗传物质为学前儿童的身心发展提供了可能,同时也是造成学前儿童身心方面各种差异的基本原因之一。如人机体构造、形态、感官和神经系统的特征等,以及出生后不久的新生儿,在惊跳反应的类型上、条件反射的形成上、睡眠清醒的周期上,都表现出明显的个别差异。遗传对学前儿童身心发展的作用表现在以下方面。

(一)遗传素质提供身心发展的前提条件和物质基础

遗传素质提供了儿童身心发展的前提条件,儿童发展总要以从遗传那儿获得的生理结构为其前提,特别是神经系统的解剖特点,如失明或者色盲的学前儿童很难成为画家,而那些对声音辨别比较敏感的孩子则易于发展他们的音乐才能。其次,遗传素质决定了学前儿童身心发展的基本过程。每个阶段的儿童具有该阶段的年龄特征。如动作的发展,总是先学会坐立,再学会爬,然后学会站立、走和跑、跳。①

【示例】
生活在不同环境中的同卵双胞胎的智商测试分数很接近,这说明(C)。
A. 遗传和后天环境对儿童的影响是平行的
B. 后天环境对智商的影响较大
C. 遗传对智商的影响较大
D. 遗传和后天环境对智商的影响相当

(二)遗传素质决定了儿童的个别差异

遗传素质的差异是客观存在的。由于遗传基因的不同组合,造成了人先天方面的差

---

① 黄人颂.学前教育学[M].北京:人民教育出版社,2009:66—67.

异，使人在生理结构和技能上具有差别，构成了发展的不同前提。在生理上，典型的是各种族表现出的身高、肤色、面孔等的不同。在心理上，个性也存在着与生俱来的不同。例如，有的学前儿童生来好动，有的生性安静；有的智力发展较快，有的智力发展迟缓。现代科学研究也证明了这种差异的存在，如脱氧核酸是储存遗传信息或密码的单位，它通过一定的过程控制着蛋白质的合成，从而决定生物和人千差万别的性状。所以，人的个性差异在一定程度上受先天遗传因素的影响。

【示例】

材料：

奇奇是这样一个孩子：他胆子小，上课不主动发言，即便发言，小脸也涨得通红，声音很小，特别害怕失败与挫折，也不爱与同伴交往，老师和小朋友邀请他时，总是把头摇得像拨浪鼓似的……

问题：

（1）造成奇奇性格胆小的可能因素有哪些？

（2）你觉得该怎样帮助奇奇。

（三）遗传素质制约着儿童的发展阶段和过程

遗传素质的成熟程度制约着学前儿童的发展阶段和过程。据研究，人的思维发展和脑的重量发展是密切相关的，人脑平均重量发展的趋势是：新生儿390克，8—9个月的婴儿为660克，2—3岁的幼儿为990克至1 011克，6—7岁的儿童为1 280克。可见，遗传素质的成熟程度制约着人的发展阶段和过程，只有当遗传素质的成熟达到一定的水平，才能为相应的学习提供可能。

（四）遗传素质不能决定人的最终发展

遗传素质在人的发展中具有很大的作用，但不决定人的最终发展结果。因为，首先遗传素质为人的发展提供的是可能性，而不是现实性；其次，遗传素质随着环境和人类实践活动的改变而改变；最后，遗传素质具有可塑性，能够随着环境、教育和实践活动的作用，逐渐地发生变化。所以，遗传素质在儿童身心发展中的作用具有一定的局限性。

二、环境因素

环境在人的身心发展中的作用是巨大的。主要指儿童生活的周围客观世界，包括自然环境和社会环境。自然环境提供幼儿生存所需要的物质条件，如空气、阳光、水分等。社会环境是指儿童的社会生活条件，从大处讲，指国家制度、社会关系以及儿童所处的地位等；从小处讲，主要指儿童生活的家庭环境，所在的托儿所或幼儿园环境、幼儿生活的社区环境等。

影响儿童身心发展的因素——环境

学前儿童在与环境发生相互作用的过程中不断发展,并随社会条件的变化不断发生变化。

(一)环境在学前儿童发展中的作用

1. 环境为学前儿童的发展提供了条件

人生活在不同的环境中,这些环境为人的发展提供了不同的条件,对人的发展起着制约作用。如19世纪初,德国巴登大公国王子卡斯·豪瑟出生后,被争夺王位的宫廷阴谋家将他同普通的婴儿对换,三四岁被关进黑暗而低矮的地牢里,他可以找到面包和水,但从未见过人,直到17岁时,才被放出来。经检查,他的身高只有144厘米,膝盖已经严重变形,走路如同婴儿学步,目光呆滞、怕光,但在黑暗中视觉特别灵敏,他能看到180步以外的马匹,听觉和嗅觉也比较灵敏,但不会说话,智力如同幼儿。22岁时,遇刺身亡。可见,即使遗传素质为人的发展提供了可能,但如果缺乏后天的环境,人的发展照样会受到严重影响。

2. 环境影响学前儿童的发展差异

遗传素质为人的发展只是提供了可能的条件,而不是必然的条件。就大多数处于常态的人来说,个体之间遗传素质的差异并不明显。相对于遗传素质来说,后天的环境对人的发展更具有决定性意义。从大环境来说,生活在不同时代、不同国家和民族、不同区域的个体,其身心发展的差异性就非常明显。即使对于同一国家同一代人来说,他们所处的大环境基本一致,然而其小环境还是千差万别的。因此,世界上找不出两片完全相同的树叶,世界上也找不出两个完全相同的人。

3. 环境影响学前儿童的发展方向和水平

人是社会关系的总和。人一生下来就必然与周围的人发生各种交往,周围人的思想、观念、习惯、风俗等必然对其产生着潜移默化的影响。因此,在不同的社会生活条件下,学前儿童的发展方向和水平均不相同,存在着很大的个体差异。例如,在家庭这一重要的环境因素中,家长的抚养方式对儿童的个性品质等方面的形成具有重要作用。日本心理学家认为,父母如果对儿童采取保护、非干涉性、合理、民主及宽容的态度,儿童就显示出具有领导的能力、积极的情绪、态度友好等个性品质;相反,儿童则显示出适应能力差、依赖、情绪不安等个性品质。而幼儿园作为另一种重要的环境因素,通过制定相应的教育目标,选择特定的教育内容,借助有效的教育方法,为幼儿发展创造良好的后天教养环境,从而能够有效促进幼儿身心获得发展。

4. 环境对学前儿童发展的影响有积极与消极之分

环境的复杂性决定了环境中的各种因素作用的方向和力量是不同的。对于教育者而言,要分析、综合利用环境因素中的积极方面,抵制消极方面的影响。要在教育活动中不断研究如何既保持幼儿园小环境的有利条件,又要积极加强与社会大环境的联系,充分利用社会环境中的有利因素来促进教育的发展。具有较高道德水准与文明程度的社区,容易培养儿童互相谦让、互相帮助、共同分享的良好行为,以及讲文明、讲礼貌、讲卫生的好习惯；相反如果幼儿生活的社区环境道德水准较低，则难以培养幼儿良好的道德言行。

尽管环境对儿童的发展具有很大的作用，但是环境不能决定儿童的一切。学前儿童能根据已有的知识、经验、兴趣、需要等对环境做出反应，个人对环境的态度不一样，其发展结果也就不同。因此不能片面夸大环境的作用，那些"环境决定一切"的观点明显存在偏颇。

（二）家庭在学前儿童发展中的作用

1. 家庭在学前教育中的地位

家庭是幼儿的第一所学校，父母是幼儿的首任教师，幼儿就是从家庭开始踏上人生旅程的。幼儿有一半以上的时间待在家里，与家人建立了极其亲密的关系。因此，家庭对幼儿能产生直接影响。

（1）家庭是学前儿童成长最自然的生态环境。家庭是社会的基本单位，是特殊的社会群体，是人类最基本的社会生活组织形式，也是学前儿童成长最自然的生态环境，担负着养育子女的重大责任。家庭在人的成长中起着不可替代的作用，尤其对于学前儿童来说，他们大部分时间都是在家庭这一环境中度过的，他们需要与父母共同生活，从家庭中获取最初的生理需求和安全需求的满足。

（2）家庭是学前儿童成长的第一所学校。学前儿童进幼儿园之前的生活主要在家庭中度过，家庭是他们成长与发展的第一所学校，家长是他们的第一任教师。他们在家庭中学习做人、做事，从家庭生活中获得各种经验，形成自己的行为习惯等，父母的态度直接影响到学前儿童对社会的态度，进而影响着他们入园后的教育。也就是说，幼儿园教育是在家庭教育的基础上进行的，两者之间相互联系、相互制约、相互促进。

（3）家长是幼儿园重要的教育力量。家长与自己的孩子朝夕相处，这种天然的联系使得他们具有别人难以代替的优势，没有谁比他们更加了解自己孩子的脾气秉性，所以家长是一支不可缺少的教育力量，也是幼儿教师了解幼儿的最好的信息来源。这主要体现在：① 家长本身是宝贵的教育资源；② 家长的参与有利于学前儿童的发展；③ 家长的配合是幼儿园各项工作开展的保证。

【示例】

幼儿教师了解幼儿最好的信息来源是（ C ）。

A. 同龄人　　　　　B. 社区人士　　　　　C. 家长　　　　　D. 教养员

2. 家长的陪伴对学前儿童成长的意义

（1）有利于儿童的认知发展。根据皮亚杰的认知发展理论，学前期的儿童在进行判断时以自我为中心，不能从他人立场出发考虑问题。如果有父母的陪伴，那么就能够更好地交流和沟通，并对儿童的自我中心进行引导，从而使儿童形成与他人分享、换位思考等良好的认知品质。

（2）有利于发挥游戏的指导性。游戏是儿童的天性，也是儿童的生活方式。在儿童眼中，一切都是游戏。儿童通过游戏认识世界，理解规则，知道做人的道理。在父母陪伴下的儿童游戏能够更好地发挥游戏的指导价值。

（3）有利于良好亲子关系的建立。良好的亲子关系是通过活动来完成的，在父母的陪伴过程中，孩子感受到被爱、被需要、被欣赏、被接受，学会理解与宽容、合作与责任等，奠定了良好的亲子关系的基础。当然，父母不同的教养方式会导致不同的结果。民主型家庭：父母与子女关系融洽，孩子的独立性、主动性、自主自控、信心、探索性等方面发展较好；专制型家庭：孩子比较顺从和缺乏生气，或自我中心和胆大妄为；放任型家庭：往往好吃懒做，生活不能自理，但也可能使孩子发展自主、少依赖、创造性强等性格特点。

【示例】

儿童有不知足、不安全、忧虑、退缩、怀疑、不喜欢与同伴交往等特点。据此可以推断该儿童家庭的教养方式最有可能的是（ B ）。

A. 放纵型　　　　B. 专制型　　　　C. 民主型　　　　D. 自由型

（4）有利于良好行为习惯的养成。对学前儿童而言，良好的行为习惯的养成是至关重要的，这将影响一个人的终身。如果父母经常陪伴孩子，对孩子的一言一行都比较了解，就可以随时纠正一些不良的行为取向，使之与社会规则相一致。

（5）安全的依恋有助于儿童积极的探索以及与同伴关系的发展。父母陪伴有助于孩子形成安全的依恋，进而给孩子一种安全感。这样孩子就会主动与他人交往，主动去探索未知的世界，并使自己与他人、与自然和谐相处。

【示例】

在陌生环境实验中，妈妈在婴儿身边时，婴儿一般能安心玩耍，对陌生人的反应也比较积极，儿童对妈妈的依恋属于（ C ）。

A. 回避型　　　　B. 无依恋型　　　　C. 安全型　　　　D. 反抗型

三、教育因素

影响儿童身心发展的因素——教育

教育，特别是学校教育，是有目的、有计划地影响人的一项活动，它在人的发展中的作用，前辈先哲们都有所论述。如康德所言："人只有通过教育才能成为一个人。人是教育的产物。"① 在洛克看来，学前儿童"是一张白纸或一块蜡，是可以随心所欲地做成任何样式的"。② 这从某个角度可以看出教育在学前儿童发展中的价值。在影响人的发展的多种因素中，教

---

① 库恩著. 康德传［M］. 黄添盛，译. 北京：商务印书馆，1981：86.
② 洛克. 教育漫话［M］. 北京：人民教育出版社，1979：4.

育对学前儿童的发展起着主导作用，基本理由如下。

（一）教育具有目的性，规定着儿童发展的方向

教育是有目的、有计划、有组织地对儿童的身心施加教育影响，促进其向预期的方向发展的活动。幼儿园作为学前教育的重要机构，承担着培养人的重要责任，它的一切活动都是围绕有目的地培养人而展开，都是围绕着培养人的质量规格而进行的。这种目的性表现在保教内容的确定、教育活动的组织、教学方法的选择等都有一致的方向和目的。一致的方向和目的保证了幼儿园教育内部各方面教育影响的协调性，幼儿园外部教育力量诸如家庭教育、社会教育与幼儿园教育的一致，从而保证教育目的一致性，使学前儿童朝着预设的方向前进。

（二）教育具有系统性，对儿童产生全面、系统和深刻的影响

教育活动的系统性表现在三方面：一是制度的系统性。与家庭教育、社会教育相比，幼儿园教育是在各种严格的规章制度的制约下进行的，把学前儿童的发展所需要的一切时间和空间全部纳入到可控的程序之内，保证了保育教育活动顺利而有秩序地进行。二是学习内容的系统性。幼儿园保育教育活动的内容既考虑了社会政治经济对人才规格的需要，又考虑了知识的逻辑顺序和学前儿童的年龄特点与接受能力，这样保证了人才培养的高质量与高效率。三是活动过程的系统性。幼儿园的保育教育活动的各个环节都是经过科学安排的，如每一阶段的培养目标，每一活动的教育任务都有很强的计划性，同时幼儿园保育教育活动中相应的教学安排、教学方法都有很强的计划性，从而保证将系统而完整的知识传授给学前儿童并获得相应的能力。

（三）教育具有选择性，为儿童发展营造良好的环境

影响学前儿童的因素复杂多样。从场所来讲，有幼儿园内的也有幼儿园外的；从影响性质来讲，有积极的，也有消极的。幼儿园教育可从保育教育目的出发，通过对活动内容、活动环境和活动方法、方式及手段的选择和整理，趋利避害，尽可能地为学前儿童的成长发展营造良好的环境，选取合适的内容和方法，使幼儿园教育达到应有的目的和效果。

（四）教育具有专门性，为儿童发展提供科学的引导

幼儿园是社会机构中专门培养人的场所，是学前教育实施的重要载体。为履行培养人这一重要职能，幼儿园配备经过专门训练的具备专业知识和能力的教师来具体实施。教师受国家和社会的委托来教育学前儿童，他们全面关心学前儿童的思想、学业、身体等方面的发展，同时又熟悉保育教育内容，了解学前儿童心理，懂得教育规律和方法，能够自觉地、科学地指导学前儿童朝着预定的方向发展。

（五）教育具有可控性，能协调影响儿童发展的各种因素

影响学前儿童发展的因素主要有遗传、环境、教育和个体的主观能动性，这几种因素

只有相互协调才能发挥出最大的效能。而幼儿园教育能够从一定程度上对这些要素进行协调与控制。如可以发挥遗传素质中的优质部分，以弥补其不足部分；控制并优化环境，使其按照一定的方向去影响学前儿童；通过鼓励等措施激发学前儿童的主观能动性等。总之，学前教育可以排除和控制一些不良因素的影响，给学前儿童以更多的正面教育，使其按照特定的方向发展，促进学前儿童健康地成长。

四、个体因素

影响儿童身心发展的因素——个体因素

个体因素在人的身心发展中起着决定作用。个体因素主要指个体在后天生活中形成的人生态度、价值理念、道德品质、知识结构、身体素质、个体特征等。个体因素的核心是人生态度和价值理念，教育学中的个体因素主要是指人的主观能动性和实践活动。

（一）主观能动性与学前儿童的发展

人的主观能动性是人类特有的意识，是人的主观意识对客观世界的反映与能动作用。所以，人从来都不是被动地适应环境，而是人在适应环境的同时，对环境又进行着改造与选择。正是由于人的这种主观能动性，历史上出现了许多逆境出人才的事例。

（二）实践活动与学前儿童的发展

人主观能动性的发挥是通过实践活动完成的。个体的实践活动是个体发展的基本途径，正是通过活动，人的发展才能实现由潜在性因素向现实性因素的转变。如人参加体育活动促进了身体素质的发展，参加学习活动促进智力的发展等。如果离开了实践活动，这些影响都只是一种可能，不可能对人的发展产生实际影响。同时，活动过程又是一个内化和外化的过程。个体通过活动可以不断接受外部的要求，不断产生新的需要，从而推进自身不断地发展。因此，活动是个体各种潜能和需要展开、生成的动力。

（三）个体因素在学前儿童的发展中起着最终的决定作用

遗传、环境、教育等只是为个体的发展提供了一定的条件，但这些条件能否发挥作用，以及在多大程度上发挥作用，最终完全在于个体本身。例如在美国的一对双胞胎兄弟，从小家境贫寒，父亲在他们很小的时候就因为盗窃被判刑，由母亲艰难地抚养兄弟俩。他们从小学到中学都在一个班里学习，但哥哥勤奋好学，一直读到博士毕业后有了自己的公司；相反，弟弟中学没毕业，一直游手好闲，整天偷鸡摸狗。当记者询问他们原因时，他们回答如出一辙："因为我有一个偷盗的父亲。"因此，在人的发展过程中，如果忽视个体因素的作用，则会造成个体发展的异化，最终阻碍个体的发展。

总而言之，影响学前儿童发展的各种因素相互作用、相互影响，它们是一个整体系统，不能孤立地、片面地分析任何一个单一因素对学前儿童发展的作用。它们之间性质的差异、力量的强弱、不同的组合、不断的发展变化，致使学前儿童的发展具有不同的水平和特色。所以，应以系统论的观点，从动态上来研究和把握各因素与人的发展的关系。

> 学前儿童发展受遗传、环境和教育（外因）和个体因素（内因）的影响，其中遗传是物质前提，环境起着重要作用，教育起主导作用，个体因素起决定作用。要特别留意家庭在儿童健康成长中的作用。

第三节　学前教育与儿童发展的关系

学前教育是一种社会实践活动，它的教育对象是学前儿童。学前儿童身心发展的规律是教育的依据，所以我们必须研究学前教育与儿童发展的关系。学前教育与儿童发展是一个复杂的相互作用、相互制约的过程，从总体上来说，学前教育在儿童发展中占主导地位，主要表现为促进个体个性化和个体社会化。

一、学前教育促进个体个性化

个性是人性在个人身上的具体表现。从广义上看，个性是由生理、心理、社会诸方面的一系列稳定的特点构成的。从狭义上看，它仅仅指心理特点，是以世界观为核心的一系列个性特征的结合，具有独特性、稳定性和整体性的特点。儿童出生时只是一个生物个体，无所谓个性，婴儿的心理活动还是片段的、无系统的、易变的，仅有自我意识和社会性的萌芽。个性的初步形成是从幼儿期开始的。在个体个性化的形成过程中，学前教育的作用不言而喻。学前教育会根据学前儿童个人的生理、心理、年龄特点等展开个性化的教育，帮助个体形成发展的自主能力，使个体的发展由"自发"走向"自觉"，从而使个体成为自己发展的主体。

【示例】
幼儿意识到自己和他人一样都有情感、有动机、有想法，这反映幼儿（ A ）。
A. 个性的发展　　　　　　　　B. 情感的发展
C. 社会认知的发展　　　　　　D. 感觉的发展

1. **学前教育促进人的主体意识的提升**

人的主体意识指的是面对客观世界的主观能动性，具体表现为人的自主性、主动性、积极性和创造性，具有主体意识的人是力求主宰自己的人，不盲目受环境的控制也不盲目顺从他人，总是对自己、对社会充满信心和希望。

儿童在他们的成长过程中，当开始具有自我意识和较强的独立性时，对自尊心的需求也就有了。教育对人的主体意识的提升起着重要的促进作用。人要从出生时的生物体转变为认识和实践的主体，必须获得相应的知识和能力，把握外部对象世界的客观规律，从而主动地、积极地、创造性地作用于外部世界。而教育正是通过对人的道德、智力、能力等各方面的培养，从而提高人的自我意识和自身素质，不断增强人的自身能力。对个体的人而言，教育的过程就是一个不断提升自我的过程，也是激发并张扬人的主体意识的过程。人通过教育，不断地获得自尊、自强、自立等自主性品质的个性。

【示例】

1. 2岁半的豆豆还不会自己吃饭，可偏要自己吃；不会穿衣，偏要自己穿。这反映了幼儿（ C ）。

　　A.情绪的发展　　　B.动作的发展　　　C.自我意识的发展　　　D.认知的发展

2. 渴望同伴接纳自己，希望自己得到老师的表扬，这种表现反映了幼儿（ B ）。

　　A.自信心的发展　　　　　　　　B.自尊心的发展

　　C.自制力的发展　　　　　　　　D.移情的发展

3. 让脸上抹有红点的婴儿站在镜子前，观察其行为表现，这个实验测试的是婴儿哪方面的发展？（ A ）

　　A.自我意识　　　B.防御意识　　　C.性别意识　　　D.道德意识

2. 学前教育促进人的个体特征的发展

人的个体特征是指人的身心发展的个体差异性，如个人兴趣、爱好、智能结构、性格、气质等方面的特征。因此，教育应帮助个体开发内在潜力并充分地发展自己的特长。意大利人文主义教育家维多利诺就非常强调教育要尊重人的天性和个别差异，他说："我们并不希望每个儿童要表现同样的天才嗜好；无论怎样，儿童总可以有他自己的所好；我们承认我们必须跟随儿童的自然本性前进。"学前教育促进人的个体特征的发展，主要通过保教内容的组织、活动模式和教学方法的选择，尽可能地做到因材施教，从而培养出富有独特个性魅力的人。

3. 学前教育促进人的个体价值的实现

任何人生活在世上，都是有价值的，不仅人类有价值，个体的人也有价值。但是，人的价值尤其是个体人的价值并不是一下子就能发现和认识的。很多时候我们往往看不到人的地位和作用。教育使人成为有道德、有知识、有能力的人。通过教育，不仅使人认识到自身的价值，而且能促进自身价值的实现。教育让人意识到人不仅要为自己活着，也应该成为对他人、对社会有益的人。教育能促使人意识到生命的存在并努力追求生命的价值与意义。

【示例】

1. 中班幼儿告状现象频繁，这主要是因为幼儿（ A ）。
A. 道德感的发展　　B. 羞愧感的发展　　C. 美感的发展　　D. 理智感的发展
2. 幼儿看见同伴欺负别人会生气，看见同伴帮助别人会赞同，这种体验是（ B ）。
A. 理智感　　　　　B. 道德感　　　　　C. 美感　　　　　D. 自主感

二、学前教育促进个体社会化

个体社会化是指人类个体在与他人交往的过程中，通过学习知识、技能和各种社会规范，使个体行为符合社会要求，掌握社会生活的本领，进而取得社会成员的资格，充当适当的社会角色，发展和完善个人的过程。从生物学意义上的个体的人转化为社会学意义上的人的过程，也就是个体社会化的过程。由于幼儿园是个体社会化的场所，主要通过人际交往途径来进行个体社会化培养，所以学前教育过程就是个体社会化的过程，其具体表现为下面几个方面。

【示例】

幼儿园促进幼儿社会性发展的主要途径是（ A ）。
A. 人际交往　　　　B. 操作练习　　　　C. 教师讲解　　　　D. 集体教学

1. 学前教育促进个体思想意识的社会化

人的行为是一种有意识的行为，思想意识成为支配人行为的内在力量。意识虽然为个人所具有，但它不是个体思维的产物，而是社会的产物，个体意识必须反映并符合社会的规范和要求。所以，个体的思想意识本质上是社会价值规范在个体头脑中的反映。

教育代表一定社会的要求，传播社会中的主流文化和价值观念，受这种文化和价值观念的影响，学前儿童就易于形成与主流社会文化要求一致的思想意识，从而认可并自觉维持现存社会的种种关系。而且，由于教育所传播的文化价值观念的系统性和深刻性，及教育活动组织的计划性和严密性、教育形式的活泼性和多样性，就易于使学前儿童接受这种价值观念，并形成完整的思想观念体系。教育促使思想意识的社会化，特别表现为个体的政治化。

2. 学前教育促进情绪调控能力的提升

情绪调控能力是情绪能力的重要品质之一，它能及时使人摆脱不良情绪，保持积极的心境。学前期是情感教育的重要时期，帮助学前儿童形成初步的情感调控能力是儿童情感教育的目标之一，也是儿童情感教育的重要内容。学前儿童的情绪调控能力是比较薄弱的，主要表现为学前儿童情绪的易激动性（易于爆发激情）、易感性（情绪易于为周围事物所左右）和易表现性（内心体验和外部表现的一致性）。情绪调控作为学前儿童社会性发展的重要内容，并不一定随年龄增长而提高，其发展更多是教育培养、教育环境影响的结果。情绪调控同知识系统与认知能力一样,是种必须通过学习才能掌握的知识与技术,而它的学习又不同于认知教育,它更多地强调感受、感知、体验、理解和反应,强调情感经验的积累。因此说,学前儿童周围情境的气氛与教育都会对其情绪能力的发展产生影响。①

【示例】

材料:

在一项行为实验中,老师把一个大盒子放在幼儿面前,对幼儿说:"这里面有一个很好玩的玩具,一会我们一起玩,现在我要出去一下,你等我回来,我回来前,你不能打开盒子看,好吗?"幼儿回答:"好的!"老师把幼儿单独留在房间里,下面是两名幼儿在接下来的两分钟里的不同表现。

幼儿一:眼睛一会看墙角,一会看地上,尽量让自己不看前面的盒子,小手也一直放在腿上,教师再次进来问:"你有没打开盒子?"幼儿说:"没有。"

幼儿二:忍了一会儿,禁不住打开盒子偷偷看了一眼,教师再次进来问:"你有没有打开盒子?"幼儿说:"没有,这个玩具不好玩。"

问题:

请分析上述材料中两名幼儿各自表现出的行为特点。

3. 学前教育促进个体行为的社会化

人的行为要符合所属群体或社会的要求,这个要求就是社会规范。教育通过社会规范的传递,使人们认识社会规范的意义和内容,认识到应该干什么,不应该干什么,从而规范人的行为,防止个体行为偏离社会的轨道。在日常生活中,教育还具有生活指导的功能。它授予人在社会生活中必需的知识技能,如处理人际关系的技能,帮助人们学会协调理想和现实之间的冲突,使人们首先学会生活、适应生活。

4. 学前教育促进个体角色的社会化

幼儿园阶段的角色社会化属于初始社会化,即通过学前儿童传授语言与其他认知技能,并借助各种保育教育活动使学前儿童初步理解社会文化规范与道德价值标准,以及社会对各种角色的期望与要求,明确不同身份角色的标准与责任,为下一步预期社会化做好准备。

总之,个体的个性化与社会化是相互关联的,没有社会化就不可能有个性化,个性化是更高层次的社会化。而在个体个性化和个体社会化过程中,幼儿园教育起着关键性的作用。它在人自然生长的基础上强调人的社会性发展,同时在促进人的社会性发展的同时又创造着人的丰富多彩的个性。

---

① 舒仙桃.家庭教育与幼儿情绪智力[J].学前教育研究,2002(3):18—20.

学前教育与儿童发展的关系主要体现为促进个体个性化和促进个体社会化。前者表现为促进人的主体意识的提升，促进人的个体特征的发展，促进人的个体价值的实现；后者表现为促进个体思想意识的社会化，促进情绪调控能力的提升，促进个体行为的社会化，促进个体角色的社会化。

本章小结

学前教育在儿童发展中占据极为重要的位置，它为人的终身发展奠定基础。为了有效地对学前儿童实施学前教育，必须充分了解学前儿童发展的基本含义，明晰学前儿童的发展规律，并依据规律开展教育活动。另外，儿童发展受遗传、环境、教育和个体等主客观因素的影响，在实施教育时必须充分考虑各自的功能与价值，将各种因素综合协调，使之处于最佳状态。

知识结构

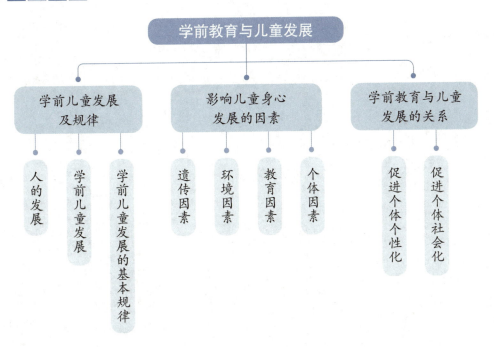

第三章
幼儿园教育

◎ **学习目标**

※ 知道幼儿园教育的目标、任务和特点；
※ 了解幼儿园班级管理的内容、原则与方法；
※ 理解偶发事件处理的原则与方法，并能结合实际运用；
※ 熟悉幼儿园工作评价的内容、类型与方法；
※ 了解幼儿园教育相关政策文件，牢记五大领域的目标、内容要求与指导要点。

◎ **学习重点**

本章重点在于牢记五大领域的目标与指导要求；熟知班级管理的内容与方法，特别是偶发事件的处理；了解幼儿园评价的方法；明确政策文件中对幼儿园教育的规定与要求，并结合实际进行理解与分析。

◎ **学习导引**

本章由三节构成，首先介绍幼儿园教育的目标、任务与特点，然后讨论幼儿园班级管理和评价工作，最后简介幼儿园教育的三大文件。涉及的知识点比较多，学习时可以先按标题对知识点进行梳理，做成知识树；然后根据学习重点牢记相关内容，并结合示例自己尝试命题（选择题、简答题和论述题）；进而结合实际分析如何有效地进行班级管理和依据政策文件实施幼儿园教育。

本章导入

爱，从一个微笑开始

还记得我刚上班时，班级里一个叫子浩的小朋友，经常让我"无可奈何"，他聪明、机灵，却调皮好动，经常不按常理出牌。起初，我还"晓之以理、动之以情"，但"软硬兼施"后却总是收效甚微。直到有一天，子浩把雷雷小朋友的手弄破了，我"忍无可忍"地把子浩的"恶行"告诉了他的奶奶。谁知他脾气暴躁的奶奶当时就狠狠地揍了他，让原本只是想着让奶奶配合一起教育子浩的我顿时感到非常后悔。

我开始怀疑自己的想法是不是已经偏离了我的初心？我有没有真正地对子浩做出过正确的引导？是不是我的态度已经到了不耐烦的境地？我想了很久，也开始从各方面反思自己，努力改进自己的教育方法。

为了提高子浩及其他小朋友的学习兴趣和注意力，我在教学活动中设计了一些好玩的游戏，不停地用眼神去引导和鼓励子浩。终于，他被其他小朋友的行为所吸引，开始跟着小朋友一起活动起来。可是很快问题又来了，子浩玩得太兴奋了，又开始忘乎所以地大喊："老师，你看我，老师，你看我！"这时，我没有像平时那样大声制止他，而是给了他一个小点声的手势，并小声说："嘘，小点声，会影响到别的小朋友的，老师一直都看着你呢。"子浩很开心地点点头，表示同意。虽然他很快又会恢复原样，但总的来说这是一个好的开始和改变。在以后的活动中，我没有像要求别的小朋友一样要求他，而是适当放宽了标准，给予他进步的空间。每天一点进步，每次一点鼓励，他开始对我笑了，我也笑了。①

子浩聪明、机灵，调皮而且不按常理出牌，"晓之以理、动之以情"，无效；"软硬兼施"，无效……面对子浩这样的孩子应该如何进行正确引导？为了提高子浩的学习兴趣和注意力，老师"不停地用眼神去引导和鼓励"子浩，最终子浩"开始对我笑了，我也笑了"。可见，正确的引导需要理解孩子的想法和诉求，发掘孩子身上的闪光点，并及时加以反馈强化。幼儿园教育工作不仅要求老师有爱心、细心、耐心，而且要有反思的头脑和解决问题的智慧。不管面对多么棘手的问题，都要让自己微笑面对，才能圆满完成教育任务。那么，幼儿园教育的目标与任务是什么？幼儿教师如何有效地进行班级管理与工作评

---

① 李丽君. 爱，从一个微笑开始 [J]. 家教世界·现代幼教，2022（4）：1.

价？国家对幼儿园教育又有哪些政策规定？本章将对这些问题进行探讨。

第一节　幼儿园教育的目标、任务与特点

一、幼儿园教育的目标

教育目的是指人们根据社会发展的要求和人自身发展需要，以观念或理念形式体现出来的指导教育实践活动的关于受教育者素质总体发展规格的预期设想或规定。但由于社会所需要的人是多层次、多规格的，教育对象的身心发展水平不同且各有特点，所以国家对各级各类教育提出了特殊的具体的要求，即各级各类教育的目标。幼儿园教育目标是教育目的在幼儿园教育这一阶段的具体化，是国家对幼儿园提出的培养人的规格和要求，是全国各类型幼儿园教育机构统一的指导思想。

学前教育的目的与目标

（一）幼儿园教育目标的制定依据

1. 教育方针与教育目的

教育方针与教育目的是教育目标的上位概念，它规定了我国教育发展的总方向，因而它必然是教育目标制定的前提与指南。幼儿园教育目标是根据幼儿园教育的特点与任务，以及幼儿发展的客观规律，依据我国的教育方针与教育目的而制定的。如我国的教育方针要求培养德智体美劳全面发展的人，因而幼儿园教育的目标追求促进幼儿的全面发展，为进入下一阶段学习奠定基础。

幼儿园体智德美全面发展人的具体目标、学前教育目标的特点

2. 社会发展的要求

幼儿园教育是一种培养人的社会活动，社会对未来人才的要求自然应作为制定教育目标时必须考虑的因素之一。社会的发展不断地对各级各类教育提出新的要求，幼儿园教育是教育体系中的基础环节，自然要直接或间接地反映社会发展的需求，为培养合格的社会成员做出应有的贡献。

3. 儿童身心发展规律

教育从根本上说就是培养人，所以幼儿园教育目标的制定必须根据幼儿身心发展的客观规律，必须符合幼儿身心发展的水平。如果对幼儿提出过高、过难或过低、过易的要求，都不可能最大限度地促进儿童的发展。此外，幼儿园教育目标还要符合儿童身心发展的时代特点，不同时代的儿童身心发展具有其独特性，这种独特性在教育目标中应有所体现，这样才能跟上时代发展的需要。

（二）幼儿园教育目标的内容

学前教育目标的纵向和横向结构

幼儿园教育目标体系由总目标、领域目标、活动目标等组成。总目标规定了幼儿园教育目标的总方向；领域目标具体规定了健康、语言、社会、科学、艺术五大领域的具体目标；活动目标是领域目标的细化，可以更细化为课时目标。

1. 幼儿园教育总目标

《幼儿园工作规程》中明确规定幼儿园的教育目标是：实行保育和教育相结合的原则，对幼儿实施体、智、德、美诸方面全面发展的教育，促进其身心和谐发展。具体目标如下：

（1）促进幼儿身体正常发育和技能的协调发展，增强体质，培养良好的生活习惯、卫生习惯和参加体育活动的兴趣；

（2）发展幼儿智力，培养正确运用感官和运用语言交往的基本能力，增强对环境的认识，培养有益的兴趣和求知欲望，培养初步的动手能力；

（3）萌发幼儿爱家乡、爱集体、爱劳动、爱科学的情感，培养诚实、自信、好问、有爱、勇敢、爱护公物、克服困难、讲礼貌、守纪律等良好的品德行为和习惯，以及活泼、开朗的性格；

（4）培养幼儿初步的感受美和表现美的情趣和能力。

概括而言，就是对幼儿实施体、智、德、美等方面全面发展的教育，其实施途径大致如下：

◎ 体育活动

（1）结合日常活动实施幼儿园体育教育；

（2）组织专门的教育活动实施幼儿园体育教育；

（3）结合其他各领域教育活动开展幼儿园体育教育；

（4）争取家庭配合和社会支持共同推进幼儿园体育教育。

◎ 智育活动

（1）组织多种形式的教育活动，如游戏、动手操作活动、日常生活活动等，发展幼儿智力；

（2）创设宽松、自由的环境，让幼儿自主活动；

（3）利用一日生活中的各种场景引导幼儿学习和思考。

◎ 德育活动

（1）通过幼儿的日常生活实施幼儿园德育，这也是德育实施的最基本途径；

（2）通过专门性的活动实施幼儿园德育；

（3）通过游戏、劳动与教学活动实施幼儿园德育。

◎ 美育活动

（1）通过各科教学和课外文艺活动实施美育；

(2)通过大自然实施美育;

(3)通过社会日常生活实施美育。

【示例】

1. 幼儿园对幼儿实施的教育包括(C)。

A.德、智、体、美、劳诸方面　　　　B.智、德、体、心诸方面

C.体、智、德、美诸方面　　　　　　D.美、心、体、智诸方面

2. 实施幼儿园德育最基本的途径是(D)。

A.教学活动　　　　B.亲子活动　　　　C.阅读活动　　　　D.日常生活

2. 领域目标

幼儿园教育的内容分为健康、语言、社会、科学、艺术五个领域。各领域的内容各有侧重,但又相互渗透,从不同角度促进幼儿的情感、态度、能力、知识、技能等方面的发展。《幼儿园教育指导纲要(试行)》明确规定了五大领域的具体目标。

【示例】

幼儿园的教育内容是全面的、启蒙的,各领域的内容相互渗透,从不同角度促进幼儿(B)等方面的发展。

A.知识、技能、能力、情感、态度

B.情感、态度、能力、知识、技能

C.能力、情感、态度、知识、技能

D.情感、态度、知识、技能、能力

● 健康

生命的健康存在是幼儿一切发展的基础和前提。健康教育是促幼儿正常生长发育的重要保证,能增强幼儿的体质,提高幼儿身体素质,同时为幼儿的心理发展提供物质基础。因此,促进幼儿身心健康发展是幼儿园教育的根本目标和终极目标。具体目标如下:

(1)身体健康,在集体生活中情绪安定、愉快;

(2)生活、卫生习惯良好,有基本的生活自理能力;

(3)知道必要的安全保健常识,学习保护好自己;

(4)喜欢参加体育活动,动作协调、灵活。

要求:把保护幼儿的生命和促进幼儿的健康放在首要位置;坚持保护和锻炼并重;注重健康行为的形成。

● 语言

语言是人与人交往的重要工具。幼儿获得语言就等于开始掌握社会交往和思维的工具,慢慢学会运用语言了解世界,与人交往并不断地调整自己的行为。具体目标如下:

(1)乐意与人交谈,讲话礼貌;

（2）注意倾听对方讲话，能理解日常用语；

（3）能清楚地说出自己想说的事；

（4）喜欢听故事、看图书；

（5）能听懂和会说普通话。

要求：给幼儿提供一个积极的语言应答环境，让幼儿的语言能力在运用中发展起来；应将语言学习渗透到各个领域的学习中，给幼儿创造促进语言发展的条件，多开展丰富多彩的活动增加幼儿的实践经验；应尊重幼儿语言学习的个别化特点，特别是对有语言障碍的幼儿给予特别的关注。

【示例】

下列属于幼儿园语言教育目标的是（ B ）。

A. 能认读拼音字母　　　　　　　　　B. 能清楚地说出自己想说的事

C. 能认读一定量的汉字　　　　　　　D. 能正确书写常用汉字

- 社会

幼儿作为社会成员，在幼儿园教育阶段所受到的教育是为了其成长为合格的社会成员做准备。具体的目标如下：

（1）能主动地参与各项活动，有自信心；

（2）乐意与人交往、学习互助、合作和分享，有同情心；

（3）理解并遵守日常生活中基本的社会行为规则；

（4）能努力做好力所能及的事，不怕困难，有初步的责任感；

（5）爱父母长辈、老师和同伴，爱集体、爱家乡、爱祖国。

要求：给幼儿提供一个积极的环境，在这种环境中幼儿能在多种活动和一日生活的各个环节之中形成良好的社会性行为；为幼儿提供人际间相互交往和共同活动的机会和条件，并加以指导；需要幼儿园、家庭和社会密切合作，协调一致，共同促进幼儿良好的社会性品质的形成。

- 科学

科学是社会进步的动力，幼儿是社会未来的希望。只有从小将科学融入到幼儿的教育当中，打好科学的基础，未来才能更好地将科学运用于实践当中，促进社会的发展。科学领域的具体目标如下：

（1）对周围的事物、现象感兴趣，有好奇心和求知欲；

（2）能运用各种感官，动手动脑，探究问题；

（3）能用适当的方式表达和交流探索的过程和结果；

（4）能从生活和游戏中感受事物的数量关系并体验到数学的重要；

（5）爱护植物，关心周围环境，亲近大自然，珍惜自然资源，有初步的环保意识。

要求：不再注重静态知识的传递，而是注重幼儿的情感态度和探究解决问题的能力，和他人及环境进行积极交流与和谐相处的能力；尽量创造条件让幼儿"亲身经历真实的研究过程"，让幼儿能真正地"做科学"，并引导幼儿在做的过程中了解科学探究的过程和方法。

- 艺术

艺术是情感启迪、情感交流、情感表达的良好手段，是对幼儿进行情感教育的最佳工具。艺术给人最充分、最完美的享受，最能陶冶幼儿的情感。具体目标如下：

（1）能初步感受并喜爱环境、生活和艺术中的美；
（2）喜欢参加艺术活动，并能大胆地表现自己的情感和体验；
（3）能用自己喜欢的方式进行艺术表现活动。

要求：艺术教育不仅仅局限在艺术活动当中，而且要贯穿在幼儿的整个生活中，与幼儿的生活密切结合在一起，让幼儿发现、认识周围生活中平凡的人、事、物的美；艺术教育要针对每个幼儿不同的兴趣和需要，培养每一个幼儿的情感和美的心灵，让他们得到应有的发展；幼儿的自由想象力和创造力是艺术教育的灵魂，必须培养幼儿艺术创造的主动性，让幼儿用自己喜欢的表达方式来表现自己。

【示例】

《幼儿园教育指导纲要（试行）》中的教育目标较多使用"体验"、"感受"、"喜欢"、"乐意"等词汇，这表明幼儿园教育强调（ B ）。

A.知识取向　　　　　　　　　　B.情感态度取向
C.能力取向　　　　　　　　　　D.技能取向

> 幼儿园教育目标根据教育方针、社会要求与幼儿身心发展规律制定，总目标是促进幼儿体智德美全面发展，具体通过健康、语言、社会、科学、艺术五大领域目标加以呈现。学习时特别注意领域目标的记忆与理解。

二、幼儿园教育的任务

幼儿园教育的任务主要包括三个方面：促进儿童发展、方便家长工作、做好小学入学工作。

（一）对幼儿实施保育和教育

《幼儿园教育指导纲要（试行）》规定幼儿园教育的任务是为幼儿一生的发展打好基础。《关于幼儿教育改革与发展的指导意见》指出，幼儿园教育要促进幼儿身心全面发展。由此可见，幼儿园教育的根本目标是促进幼儿身心和谐发展，而保育与教育是实现幼儿身心发展的基本途径，所以保育与教育是幼儿园教育的基本任务也是首要任务。

首先，做好幼儿的保育工作。也就是说，将幼儿身体健康的保护、日常生活的照料放在幼儿园教育的重要位置。具体包括合理安排饮食起居、帮助幼儿养成良好的卫生习惯、传播安全知识与技能、提高幼儿的免疫能力等。

其次，开展初步的体智德美等方面的教育。大致包括身体素质、行为习惯、学习兴趣、基本生活知识和初步技能等方面的教育与训练。当然这些教育是初步的，是为幼儿未来的发展做准备的。

（二）为家长工作学习提供方便

幼儿园教育机构不仅是一个教育机构，也是一个社会服务机构。1979年《城市幼儿园工作条例》中指出，幼儿园教育"减轻家长在教育孩子方面的负担，使他们能够安心生产、工作和学习"。因此，幼儿园教育负有为家长参加工作、学习提供方便的任务。

家长们通过自身的工作、生活实践，深刻地体会到现在的社会是以知识、信息为主要生产动力的时代，并由此产生了生活及就业方面的压力。因而迫切希望有时间进修，提高自己的文化科学水平，但更希望自己的子女能受到良好的教育。因此，幼儿园教育机构不仅满足了他们希望自己的子女接受理想教育的期望，同时，当幼儿进入幼儿园之后，保育、教育幼儿的部分工作责任就转移到幼儿园教育机构，家长至少能够从白天看护幼儿的负担中解放出来，有了从事工作、学习的时间和精力。

（三）为进入小学学习打好基础

《幼儿园工作规程》明确规定：幼儿园教育是"基础教育的有机组成部分，是学校教育制度的基础阶段"，"幼儿园与小学应密切联系，互相配合，注意两个阶段的相互衔接"。这就决定了幼儿园教育的任务之一是为幼儿进入正规学校学习做好准备。

> 幼儿园教育是基础教育的有机组成部分，其任务有三：① 对幼儿实施保育和教育；② 为家长工作学习提供方便；③ 为儿童进入小学打好基础。记忆时可以根据儿童、家庭、学校的逻辑进行。

三、幼儿园教育的特点

幼儿园教育是教育的组成部分，具有教育的一般特点。教育所具有的历史性、民族性、迟效性、育人为本等特点，也体现在幼儿园教育领域。除此之外，由于幼儿园教育活动各组成要素的独特性，幼儿园教育还彰显出其他重要特征。

（一）保教结合

幼儿期是儿童生长发育十分迅速而旺盛的阶段，也是身体各种器官、各个系统的技能还没有发育成熟和完善的时期。在生理上，幼儿骨化还没有完成，特别脆弱；在心理上，生活经验少，自我控制能力和生活自理能力较差，对成人的依赖性很强，需要通过和别人交往来建立起关系，需要成人或年长的儿童带领他们进入社会，获取经验；在法律上，幼儿虽然具有同成人一样的权利，但他们无法具有相应的行为能力和责任能力。因此，对幼儿的教育要特别强调保育和教育相结合，一切教育活动都是在保育的前提下进行的。

【示例】
幼儿园（ D ）的双重任务是我国幼儿园的一大特色，也是我国幼儿园的社会使命。
A. 发挥一日活动整体教育功能　　　　B. 以游戏为基本活动
C. 教育的活动性和活动的多样性　　　D. 保育和教育

（二）基础性

幼儿园教育的基础性指的是幼儿园教育在整个学制中处于基础阶段，为儿童的发展奠定基础。首先，幼儿园教育是个人发展的基础。从个人发展来看，学前期是个人成长的必经阶段，任何人都不能超越；而儿童要生长、发育、增长知识和经验，就离不开适宜的保育和教育。其次，幼儿园教育是整个教育体系的基础。教育体系由幼儿园教育、初等教育、中等教育以及高等教育组成。幼儿园教育位于教育链条的起点，是整个教育体系的基础。

（三）启蒙性

首先，幼儿园教育的责任就是对幼儿进行启蒙教育。幼儿园教育的主要功能是开启个人发展之门，而不是将幼儿培养成通才。其次，幼儿园教育的内容是启蒙的。健康、社会、语言等领域的教育，都需要注重幼儿的兴趣培养。同时幼儿园教育的内容必须与儿童的生活相结合。最后，幼儿园教育的方法是启蒙性的。幼儿自由地游戏玩耍，甚至进餐、午睡、穿衣都需要结合他们在幼儿园教育机构的生活来安排，都具有启蒙性。

（四）非义务性

与义务教育不同的是，我国法律并未强制规定儿童去幼儿园教育机构接受教育，因此家长完全可以根据孩子和自己的各方面的情况进行综合考虑，是否需要送自己的孩子进幼儿园教育机构，以及送孩子进入哪个幼儿园教育机构接受教育。但是需要强调的是，非义务性并不是说幼儿园教育是不需要的，它作为启蒙教育具有不可替代性。与幼儿园教育机构中的专业教师相比，家长在教育能力方面还是较弱的，而幼儿园教育恰好能补其不足，更好地促进儿童的全面发展。

（五）游戏性

游戏是幼儿园教育的基本活动。游戏具有内在动机、积极情绪体验等特点，其特性符合儿童身心发展的特点，最能在各个方面满足儿童的需要，所以具有其他活动所不能替代的教育价值。对于幼儿来说，游戏是基本权利，也是一种更重要、更适宜的学习。幼儿园教育要充分发挥游戏对儿童发展的作用，保证游戏的时间和空间，提供丰富的游戏材料，使儿童充分自主、愉快地游戏，通过游戏促进身心发展。

【示例】

简述幼儿园教育的基本特点。

> 幼儿园教育的特点除了教育所具有的历史性、民族性、迟效性、育人为本的一般特点之外，还包括五个特点：保教结合、基础性、启蒙性、非义务性、游戏性。

第二节 幼儿园班级管理与工作评价

幼儿园班级管理和工作评价是幼儿园工作的重要组成部分，其根本目的是实现保育教育目标，促使幼儿的全面发展。

一、幼儿园班级管理

班级是幼儿园的基层组织，在幼儿园管理中具有独特的地位与作用，有效地管理班级是实现幼儿园管理科学化、系统化、最优化的前提。

（一）幼儿园班级与班级管理

1. 幼儿园班级

班级是幼儿园教育的细胞，是幼儿园教育的基本组织形式和基本单位。根据年龄，幼儿园分为大班、中班、小班和托班四个层次。对于班级人数，《幼儿园工作规程》规定：小学附设的学前班最多不超过40人，大班（5—6岁）35人，中班（4—5岁）30人，小班（3—4岁）25人，混合班30人，托班不超过20人。

2. 幼儿园班级管理

幼儿园班级管理是指保教人员根据幼儿园的培养目标，运用其被赋予的权利，按一定的计划，通过组织、指导、协调、控制等，协调班级内外的人、财、物、时间、空间，为幼儿发展创造良好的环境和条件的服务过程。班级管理大致包括四个环节：计划制定、组织实施、检查调整、总结评价。

（1）计划制定。计划包括管理目标、管理内容、管理手段、管理人员和成果评价几个方面。计划既是预先确定的目标和实现目标的手段，也是管理行动的纲领和指南。

（2）组织实施。计划制定后关键是组织与实施。幼儿园班级工作的组织与实施是指对班级中的教师、幼儿、材料、物品、时空等要素进行合理安排，使之具有一定的系统性和整体性，并根据一定的程序加以实行，以确保幼儿园保教目标的实现。

（3）检查调整。检查是对幼儿园班级管理计划实施情况的监督，可以分成综合和专项检查两种类型，其目的是了解工作计划的完成程度，发现不足，以便及时加以改进。

（4）总结评价。总结评价是班级管理的最终环节，一般在学期末进行。总结评估的过程是对以往工作进行全面检查、分析和研究的过程。

3. 幼儿园教职工配备

《幼儿园教职工配备标准（暂行）》规定，为满足幼儿在园生活、游戏和学习的需要，确保幼儿接受基本的、有质量的幼儿园教育，促进幼儿健康成长，需要科学配备幼儿园教职工。

（1）教职工与幼儿比。幼儿园教职工包括专任教师、保育员、卫生保健人员、行政人员、教辅人员、工勤人员。幼儿园保教人员包括专任教师和保育员。不同类型幼儿园教职工与幼儿的配备比例见表3-1。

表3-1 不同服务类型幼儿园教职工与幼儿的配备比例

服务类型	全园教职工与幼儿比	全园保教人员与幼儿比
全日制	1∶5～1∶7	1∶7～1∶9
半日制	1∶8～1∶10	1∶11～1∶13

（2）专任教师和保育员配备。全日制幼儿园每班配备2名专任教师和1名保育员，或配备3名专任教师；半日制幼儿园每班配备2名专任教师，有条件的可配备1名保育员。寄宿制幼儿园至少应在全日制幼儿园基础上每班增配1名专任教师和1名保育员。单班幼儿园教育机构，如村幼儿园教育教学点、幼儿班等，一般应配备2名专任教师，有条件的可配备1名保育员。不同服务类型幼儿园各年龄班和混龄班班级规模、专任教师和保育员的配备标准见表3-2。

表3-2 幼儿园班级规模及专任教师和保育员配备标准

年龄班	班级规模（人）	全日制		半日制	
		专任教师	保育员	专任教师	保育员
小班（3～4岁）	20～25	2	1	2	有条件的应配备1名保育员
中班（4～5岁）	25～30	2	1	2	
大班（5～6岁）	30～35	2	1	2	
混龄班	<30	2	1	2～3	

【示例】

在目前条件下,全日制幼儿园比较合适的专任教师与小班幼儿之间的比例是(A)。

A. 1∶10—15　　　　B. 1∶20—25　　　　C. 1∶25—3　　　　D. 1∶30—35

(二)幼儿园班级管理的内容

1. 生活管理

生活管理是为了保证幼儿的身心健康发展,保教人员围绕着儿童在园内的饮食、起居等一日生活的需要而从事的管理工作。具体来说,生活管理一般包括幼儿的饮水与盥洗、进餐与点心、卫生习惯等方面的管理。

2. 日常管理

幼儿园日常管理主要包括:① 每日根据儿童生活程序履行管理职责;② 每日做好幼儿来园和离园的交接记录;③ 每日保管好儿童的生活用品;④ 每日做好清洁、消毒以及安全检查的工作;⑤ 每周检查儿童生活管理计划的落实情况;⑥ 做好儿童每日生活、疾病等情况的登记分析工作。日常管理还包括人际关系管理、时间管理、安全管理等。

3. 保育教育管理

保育教育活动管理是幼儿园班级管理的核心内容,具体包括生活活动管理、游戏活动管理、教学活动管理、区域活动管理、亲子活动管理、外出活动管理、节日活动管理等。

4. 环境管理

幼儿园班级环境管理具体包括物理环境管理和心理环境管理。物理环境管理主要体现在教室的安排轮换、教室的布置以及教室的保洁这几个方面。心理环境管理主要包括班级心理气氛、学习风气、人际关系、班级组织特性、班级文化等方面。

5. 班级交流管理

幼儿园班级之间的交流管理一般包括园内运动会、班际之间的联谊会、节日园庆活动等的组织与管理。

6. 学习管理

幼儿园班级管理的主要内容包括学习兴趣的培养、学习习惯的养成、学习意志的锻炼、学习技能的习得等几方面。学习不良的管理也属于学习管理的内容。

7. 家庭教育管理

幼儿园家庭教育管理一般包括与家长沟通获得相关信息、了解家庭教育情况并给予指导、宣传科学保育教育知识、建立家园联系平台等内容。

8. 社区活动管理

幼儿园有时会组织幼儿参加社区活动,因此,社区活动管理也是幼儿园班级管理的内容之一。

【示例】
幼儿园班级管理的内容包括哪些方面?

(三)班级管理的原则

1. 主体性原则

主体性原则是指,在幼儿园班级管理中,教师应以充分尊重幼儿作为生活、学习、游戏的主体地位为基础,充分发挥幼儿的主人翁精神,自主、创造和主动地开展班级管理工作。运用时注意:① 树立幼儿作为班级管理主体之一的意识;② 提高幼儿参与班级管理的积极性;③ 正确处理师幼关系。

2. 整体性原则

整体性原则是指班级管理应面向全体幼儿,同时还要涉及班内所有的管理要素。运用时注意:① 集体管理与个体管理相结合;② 发挥班集体的熏陶、约束作用;③ 注意对多种因素的有效管理。

3. 方向性原则

方向性原则是指幼儿园班级管理工作必须坚持正确的方向,并在此方向的引导下,将这一方向进行分解和具体化,使其具有清晰和具体的操作目标,并且这个目标应该具有相对稳定性。运用时注意:① 长远目标与短期目标的结合;② 遵循幼儿的身心发展规律。

4. 民主性原则

民主性原则是指在班级管理中,教师要充分发扬民主作风,与儿童相互尊重,畅所欲言,调动班级幼儿、家长参与班级管理的积极性与创造性,通过集体的智慧来做好班级管理工作。运用时注意:① 保证幼儿在班级管理中的地位和权利;② 发挥班级管理的民主作风;③ 坚持严格要求与尊重爱护相结合。

5. 参与性原则

参与性原则是指教师管理幼儿的过程要以多种形式参与到幼儿的活动中,同时要引导幼儿这一主体参与到管理中来。运用时需注意:① 教师要灵活地转化角色;② 教师的参与以不干扰幼儿为前提。

6. 高效性原则

高效性原则是指教师在进行班级管理时,要尽可能将有限的人力、物力以及时间等因素发挥最大的作用,尽量使幼儿获得更多、更全面、更好的发展,使班级管理达到高效。落实高效性原则需注意:① 班级管理要保证目标的合理性及计划的科学性;② 班级管理要注意严格与灵活相结合;③ 班级管理方式要恰当并重视信息反馈。

7. 保教结合原则

保教结合的原则指的是保教人员从幼儿身心发展的特点出发，将对幼儿生活的照顾、保护与对他们实施全面有效的教育相互结合、相互渗透，促进幼儿能真正健康、全面地发展。落实时要注意：① 在日常生活中贯彻保教结合；② 在教学活动中贯彻保教结合；③ 在游戏活动中贯彻保教结合。①

（四）班级管理的方法

1. 班级管理的基本方法

（1）规则引导法。指用简单易行的规则引导幼儿行为，使其与集体活动要求保持一致。规则引导法是班级管理中最直接、最常用的方法。运用时注意：① 规则内容需明确且简单易行；② 让幼儿在实践活动中掌握规则；③ 保持规则的一贯性。

（2）情感沟通法。指通过激发和利用教师与幼儿之间的情感，以达到陶冶情操，并影响行为的方法。情感沟通法的基础是教师对幼儿的理解和爱。运用时应注意：① 细心观察；② 用心沟通；③ 和蔼可亲。

（3）目标指引法。目标指引法是指教师从幼儿行为的预期结果出发，制定行为目标，引导幼儿识别行为正误，规范幼儿积极行为方式的一种管理方法。运用时注意：① 目标明确具体；② 目标切实可行；③ 目标与行为的关联性；④ 个人目标与集体目标的结合。

（4）说服教育法。教师在班级管理中对幼儿摆事实、讲道理，使幼儿明白道理，明辨是非，提高思想认识的方法。运用时注意：① 有针对性；② 情理结合；③ 把握时机。

（7）家园合作法。家园合作法是为了共同的教育教学目标，本着互相信任、尊重、自由的原则，幼儿园与幼儿家长共同进行班级管理的方法。实施中注意：① 提高家长的教育水平；② 促进家园的多元化交流。

2. 偶发事件的处理

偶发事件是指班级生活中遇到的难以预料、出现频率低，但是需要教师迅速做出处理的事件。偶发事件事出突然，需要教师在短时间内进行处理。因此，对偶发事件的处理直接反映了教师班级管理的水平。

（1）偶发事件的特点：

① 成因不稳定性。偶发事件成因主要有人际关系紧张、意外事故、恶作剧等，往往很难在发生之前预料到，教师对此要做好充分的心理准备。

② 出现的突然性。偶发事件通常事出突然，毫无征兆。例如，游戏活动中摔倒、儿童之间的吵闹等。

③ 后果严重性。偶发事件总是在正常的学习生活中突然爆发，其成因复杂，难以预料，留给教师仔细思考处理的时间很短。如果处理不当或不及时很容易造成不良的后果。

---

① 陈光华. 谈幼儿教育中如何落实"保教结合"原则[J]. 山东教育科研，2002：59.

④ 处理的紧迫性。偶发事件要求教师要当机立断，在最短的时间内找到最佳处理的方法，这样才不会造成严重的后果。

（2）偶发事件的类型：

一般来说，偶发事件的类型主要可以分为以下几种：

① 人际关系紧张类。班级是一个小型的社会，不同成员之间的交往自然会存在各种分歧，导致各种人际关系紧张的局面，其中最常见的就是同伴之间、师幼之间关系紧张。

② 暴力冲突。暴力冲突包括言语冲突和非言语冲突两种。言语冲突表现为有些儿童对其他儿童用侮辱性的语言进行攻击、诽谤；非言语冲突一般指儿童之间的斗殴、打架等。

③ 厌学。刚进入幼儿园时由于环境的陌生以及不习惯幼儿园的规矩，因而会产生害怕上学甚至厌学的情绪，如果不妥善处理，便很容易造成儿童的早期厌学。

④ 恶作剧。恶作剧是班级中发生的一些始料未及的现象。例如，有的儿童会在教师背后模仿教师言行，或者给教师、他人起绰号等。

⑤ 财物丢失。幼儿身心发展不成熟，因此会经常出现财物丢失的现象。财物丢失容易造成他们缺乏安全感，以及对周围同学产生不信任感。

（3）偶发事件的处理原则：

一般而言，处理偶发事件需要遵循以下几个原则。

① 教育性原则。教育性原则指教师要以科学的态度应对偶发事件，要以教育幼儿、促进幼儿发展为根本目的，这是处理班级偶发事件的基本要求。落实时注意：教师要做到以理服人，坚持摆事实、讲道理，而非用教师的权威去压制儿童；要注意感情渗透，寓情于理，增强说服的感染力；要考虑幼儿的发展性与可塑性。幼儿年龄尚小，不能因为一次或几次的不良事件而对其全面否定，要正确看待每一位幼儿。

② 主体性原则。主体性原则是指在处理偶发事件时，教师要尊重幼儿的独立人格，不伤害幼儿的自尊心。这就要求教师要以人为本，承认幼儿的独立人格和尊严，同时积极调动幼儿的主动性和创造性，让其参与班级偶发事件的处理，体现班级的民主氛围，这样才能让偶发事件处理得当，并使所有的幼儿都得到不同程度的教育。

③ 公正性原则。公正性原则是指教师在处理偶发事件时要公平公正地对待当事者，不偏袒任何一方。在处理偶发事件时要给予幼儿机会陈述，并综合各方面的情况进行合理的处理。

④ 针对性原则。针对性原则是指教师在处理偶发事件时要根据不同性质的事件以及不同性格的幼儿采取恰当的方式来处理，做到具体问题具体分析。例如对性格内向、心思细密的幼儿要耐心疏导，做好思想工作等。

⑤ 预防重于治疗原则。预防重于治疗原则是指教师要细心观察幼儿的言行举止，当他们的行为出现异常时，就要当机立断地给予处理，把不良行为扼杀在摇篮里。例如，当

发现幼儿的行为出现偏差时，教师要及时沟通，防止更加严重的行为偏差的出现。

（4）偶发事件的处理方法：

一般说来，对偶发事件的处理有以下五种常见的方法。

① 降温处理法。降温处理法就是教师对于某些偶发事件采取暂时搁置的态度，不急于处理，而是先让幼儿情绪稳定后，再行处理的方法。

② 因势利导法。因势利导法就是抓住偶发事件的积极因素，化不利为有利，化被动为主动，使之成为教育幼儿的内容和良好的契机。

③ 幽默化解法。幽默化解法是指遇上偶发事件时，急中生智，用乐观幽默的方式巧妙化解冲突的方法。幼儿情绪变化得很快，一个幽默的玩笑往往就能很快让他们"阴转晴"，快速地解决问题。

④ 以退为进法。以退为进法就是在遇到偶发事件时，选择暂时遗忘，把问题巧妙地转移给幼儿，同时为自己争取思考解决问题的方法和策略的时间。

⑤ 移花接木法。移花接木法是指教师根据幼儿注意力容易转移的特点，利用他们身上的某个闪光点，巧妙地把偶发事件转移到另一件事情上。例如，在商店游戏中，果果与甜甜由于争着做售货员而发生争吵，到吃中饭的时间也不肯去吃饭。王老师知道甜甜平时最喜欢帮老师做事情，就对她说："甜甜，今天你帮老师给小朋友装饭好不好？"甜甜看了看很开心地跑过去帮老师分饭菜了，而且那天她吃饭也特别快，饭后还继续帮老师收拾。

> 班级是幼儿园的基层组织，班级管理是幼儿园管理的重要组成部分。学习时要熟记班级管理的环节、内容、原则与方法。特别注意偶发事件的处理原则与方法。在原则与方法的学习时务请结合案例进行深入的分析与理解。

二、幼儿园工作评价

幼儿园教育评价就是根据一定的教育价值观，运用科学的手段系统地收集信息、科学地分析解释，并对与幼儿园教育活动有关的各方面进行科学的价值判断，从而不断促进幼儿、教师、幼儿园的发展。

（一）幼儿园教育评价的目的

教育评价是幼儿园教育的重要组成部分，它对幼儿园教育具有导向性的作用，其意义具体包括以下几个方面。

1. 为教育决策提供依据

评价是一种反馈—矫正系统，它通过不断地判断、分析和比较，明确教育现实的优势与缺陷，为选择更为合理的教育活动提供信息，并为幼儿园的教育决策提供科学的依据。

2. 促进幼儿园教育的改革

改革是幼儿园发展的必要条件，教育评价能够为改革提供客观的信息，发现幼儿园教育中存在的问题与不足，继而进行必要的改进。

3. 提高幼儿园保教质量

通过评价可以获取保教的基本信息，了解保教目标、内容、活动组织、方式方法等方面的实际情况，并借此判断保教的质量高低，进而提出相应的对策，提高幼儿园保教质量。

4. 提高幼儿园教育管理效率

教育评价是幼儿园管理的基本环节，也是提高幼儿园管理水平的基本手段。科学合理的评价和考核系统，使教师有一个明确的努力方向，使保教工作朝着一个共同的目标前进，最终提高幼儿园教育管理的效率。

5. 促进教师专业发展

科学的评价有利于激发幼儿园教师的工作热情，促进幼儿园教师的专业发展。首先，教职工可以更好地了解幼儿园的各项工作，明确自己的职责。其次，发现自己的优势与缺陷，寻找不断改进工作的途径和方法。

6. 促进幼儿发展

幼儿园所做工作的根本目的在于促进幼儿的健康、全面的发展，通过对幼儿园各种工作的科学评价，尤其是对幼儿发展的评价，幼教工作者能够及时地发现问题，改善工作方案，改良工作行为，保证幼儿获得健康、全面的发展。

【示例】

对幼儿发展状况评估的目的是（ D ）。

A.筛选、排队　　　　　　　　　B.教师反思性成长

C.提高保教质量　　　　　　　　D.了解幼儿的发展需要

（二）幼儿园教育评价的内容

幼儿园教育评价的内容是多方面的，主要包括以下三个方面：幼儿发展评价、教师发展评价、幼儿园工作评价。

1. 幼儿发展评价

2012年国家教育部颁布的《3—6岁儿童学习与发展指南》中详细规定了幼儿发展评价的内容。主要包括以下内容：

（1）健康领域——身心状况、动作发展、生活习惯、生活能力；

对幼儿发展的评价

（2）语言领域——倾听与表达、阅读与书写准备；

（3）社会领域——人际交往、社会适应；

（4）科学领域——科学探究、数学认知；

（5）艺术领域——感受与欣赏、表现与创造。

2. 教师发展评价

中华人民共和国教育部2012年颁布的《幼儿园教师专业标准（试行）》对幼儿园教师的专业标准做出了详细的规定，其中的相关内容也是幼儿园教师发展评价的主要内容。

（1）专业理念与师德——职业理解与认知、对幼儿的态度与行为、幼儿保教的态度与行为、个人培养与行为；

（2）专业知识——幼儿发展知识、幼儿保教知识、通识性知识；

（3）专业能力——环境的创造与利用、一日生活的组织与保育、游戏活动的支持与引导、计划与实施、激励与评价、沟通与合作、反思与发展。

3. 幼儿园工作评价

1996年颁布的《幼儿园工作规程》详细规定了幼儿园工作评价的内容，具体包括：幼儿园入园与编班、幼儿园的卫生保健、幼儿园教育、幼儿园的园舍和设施、幼儿园工作人员、幼儿园经费、幼儿园与家庭、幼儿园与社区和幼儿园的管理等。

（三）幼儿园教育评价的功能与类型

1. 功能

（1）诊断功能。诊断功能是指确定被评价者的优势与缺陷、矛盾和问题、解决的策略与方法等。

（2）导向功能。导向功能是指幼儿园教育评价的目标体系、内容体系、操作体系和评价结果对幼儿园的各项工作具有引导和指向作用。

（3）监督功能。教育评价将评价对象与评价目标相比较，检查其是否达到目标，以及达到目标的程度，督促被评价对象朝着评价目标努力。

（4）调节功能。教育评价的调节功能是指教育评价对评价对象的教育教学或学习等活动进行调节的功效和能力。

（5）激励功能。教育评价的激励功能是指评价能够激发和维持评价对象的内在动力，调动被评价者的内部潜力，提高其工作的积极性和创造性，从而达到教育管理的目的。

（6）鉴定功能。通过评价认定、判断评价对象合格与否、优劣程度、水平高低等。一般有三种类型：水平鉴定、评优鉴定、资格鉴定。

2. 类型

（1）按评价基准划分。按照评价的基准可以分成相对评价、绝对评价与个体内差异评价三类。

相对评价是指在某一类评价对象中选取一个或若干个作为标准，将该类对象与标准相比较，判断其是否达到标准所具有的特征及程度；绝对评价是指在被评价对象范围内，确定一个客观标准，将各个评价对象与所确定的客观标准进行比较，判断其达到客观标准的程度；个体内差异评价是把评价对象中的每一个个体的过去和现在进行比较，或者同一个评价对象的若干侧面相互比较。

学前教育评价的分类

（2）按评价功能划分。按功能分可以分成诊断性评价、形成性评价和总结性评价。

诊断性评价是指在保教活动开始前，为使计划更加有效地实施而进行的预测性、摸底性的评价。形成性评价又叫过程性评价或即时评价，是一种在计划实施过程中不断进行的动态评价，目的在于及时了解教育活动过程的情况，以便适时调节控制。总结性评价又叫终结性评价、效果评价，是指在教育活动结束后关于教育效果的判断，目的是了解这项活动达到预期目标的情况以及它的最终效果和效益。

（3）按评价主体划分。按评价主体可分为自我评价和他人评价两种。

自我评价是指被评价者通过自我认知与分析，对照一定的评价目的与要求，对自己的工作、学习状况与成就做出判断。他人评价是指除自身以外的任何人或组织对该对象所进行的评价。例如幼儿园教师对幼儿的评价、园长对幼儿园教师的评价、专家团体对幼儿园的评价等。

（4）按评价方法划分。按方法角度可分成定量评价和定性评价。

定量评价是将评价对象进行数量化的分析与计算，并运用数量显示对象的性质或功能，由此判断它的价值。定性评价是将评价对象做概念、程度上的规定，然后进行分析评定，以说明评价对象的性质或程度，也就是整个评价过程中排除一切的数量，只用语言或文字进行描述。在操作上，定性评价比定量评价更为简单、易行、全面、周到，但是评价时会掺和较多的主观因素。

【示例】

幼儿园教育工作评价应当（ C ）。

A. 以行政人员评价为主，专家等参与评价为辅

B. 以园长自评为主，教师等参与评价为辅

C. 以教师自评为主，园长等参与评价为辅

D. 以家长评价为主，幼儿等参与评价为辅

（四）幼儿园教育评价的原则与方法

1. 原则

（1）方向性原则。所谓方向性原则是指教育评价必须坚持引导教育工作更好地贯

彻国家的教育方针，满足社会和个体发展的需要，保证幼儿、教师、幼儿园的各项工作都能沿着良性、健康的方向发展。贯彻时要注意：根据幼儿园保教目标确定评价目的与评价标准；以国家的教育目标为基本依据，保证幼儿、教师和幼儿园发展的正确方向。

（2）客观性原则。在进行幼儿园工作评价时，必须采取客观的、实事求是的态度，不能主观臆断。贯彻时要注意：在进行评价之前需要搜集充足的相关资料作为评价的依据；评价需符合一定的标准，做到科学严谨。

（3）可行性原则。指评价方案在实施时要畅通无阻，评价指标和标准符合实际、具体可行，并能被评价者所理解和接受。贯彻时要注意：评价指标体系即评价内容简单易行；评价结果不能要求太高，达到相对合理即可；评价要在自己的能力范围之内。

（4）目的性原则。在进行幼儿园教育评价时必须要有明确的目的，不能为评价而评价。贯彻时要注意：评价目的明确，不可含糊其词；根据目的制定评价标准、选择评价方法等。

（5）发展性原则。评价要促进评价者和被评价者的成长和发展，它贯穿于评价的全过程。贯彻时要注意：充分尊重和信任评价对象；充分发挥评价的激励作用；正确地处理评价结果，对结果进行积极、全面的解释和慎重的利用。

2. 方法

（1）测验法。按照规定的法则运用特定的量表对研究对象某一方面的特征进行度量的方法，一般采用量表或测量工具来完成。①

（2）观察法。评价者根据信息采集的目的和方案，在自然状态下或是条件控制情况下，对评价对象进行系统的、零散的或间断的观察，并做出准确、具体和详实的记录。②

【示例】

1. 评估幼儿发展的最佳方式是（ A ）。

A. 平时观察　　　　　　　　　　B. 期末检测

C. 问卷调查　　　　　　　　　　D. 家长访谈

2. 为了解幼儿同伴交往特点，研究者深入幼儿所在的班级，详细记录其交往过程的语言和动作等。这一研究方法属于（ C ）。

A. 访谈法　　　B. 实验法　　　C. 观察法　　　D. 作品分析法

（3）调查法。评价者依据评价目的，拟定调查项目，通过访谈、发放问卷等方式采集评价信息的方法。一般包括访谈、问卷调查等。

（4）作品分析法。通过对被评价者的作品的分析，了解被评价者的心理特点或某方面

---

① 陶西平. 教育评价词典［Z］. 北京：北京师范大学出版社，1998：139.
② 王德清，欧本谷. 教育测量与评价学［M］. 重庆：西南师范大学出版社，2000：170.

能力水平的一种方法。幼儿的作品包括绘画、手工制品等。

（5）档案袋评价法。档案袋评价法是一种以过程为主的评价方法，是指在教育过程中为达成教育目的而收集的幼儿的学习成果并有组织地呈现，通过这些真实的材料，可以评价事件的进展过程或个人的成长经历。

【示例】
教师根据幼儿的图画来评价幼儿发展的方法属于（ B ）。
A. 观察法　　　　　　　　　　B. 作品分析法
C. 档案袋评价法　　　　　　　D. 实验法

> 幼儿园工作评价部分的学习可以根据目的、内容、功能、类型、原则与方法的逻辑展开，熟记上述知识点，并结合幼儿园的现实进行理解与运用。

第三节　幼儿园教育政策与文件

为保证我国的幼儿园教育沿着科学、合理的方向有序行进，我国教育相关部门制定了一系列的政策文件，对幼儿园教育的目标、实施、幼小衔接等方面进行说明和规定，使我国的幼儿园教育更好地发展。本节摘要部分文件内容进行介绍，帮助学习者了解相关知识。

一、《幼儿园教育指导纲要（试行）》

《幼儿园教育指导纲要（试行）》（以下简称《指导纲要》）是遵循我国宪法和教育基本法的精神，根据党的教育方针和《幼儿园工作规程》而制定的对全国幼儿园教育进行宏观管理和指导的单行法规文件。主要由四个部分组成：总则、教育内容与要求、组织与实施、教育评价。

（一）总则

（1）幼儿教育是基础教育的有机组成部分，是学校教育制度和终身教育的奠基阶段。幼儿园教育应为每一个幼儿的近期和终身发展奠定良好的素质基础。

（2）幼儿园应与家庭、社会密切配合，共同为幼儿创造一个良好的成长环境。

（3）幼儿园是幼儿生活和学习的重要场所。幼儿园教育应丰富幼儿的生活，满足他们身心发展的需要，帮助他们度过快乐而有意义的童年。

（4）幼儿园教育应充分尊重幼儿作为学习主体的经验和体验，尊重他们身心发展的规律和学习特点，以游戏为基本活动，引导他们在与环境的积极相互作用中得到发展。

（5）幼儿园教育应充分照顾幼儿的个体差异，为每一个幼儿提供发挥潜能的机会，促使他们在已有水平上得到应有的发展。

（二）教育内容与要求

《指导纲要》的第二部分将幼儿学习的范畴按学习领域相对划分成健康、语言、社会、科学、艺术五个领域，每个领域由目标、内容与要求和指导要点三部分组成。

● 健康——增强幼儿的体质，培养健康生活的态度和行为习惯

1. 目标（见前文p.55）

2. 内容与要求

（1）建立良好的师生、同伴关系，让幼儿在集体生活中感到温暖，心情愉快，形成安全感、信赖感。

（2）与家长配合，根据幼儿的需要建立科学的生活常规，培养幼儿良好的饮食、睡眠、盥洗、排泄等生活习惯和生活自理能力。

（3）教育幼儿爱清洁、讲卫生，注意保持个人和生活场所的整洁和卫生。

（4）密切结合幼儿的生活进行安全、营养和保健教育，提高幼儿的自我保护意识和能力。

（5）开展丰富多彩的户外游戏和体育活动，培养幼儿参加体育活动的兴趣和习惯，增强体质，提高对环境的适应能力。

（6）用幼儿感兴趣的方式训练基本动作，提高动作的协调性、灵活性。

（7）在体育活动中，培养幼儿坚强、勇敢、不怕困难的意志品质和主动、乐观、合作的态度。

3. 指导要点

（1）幼儿园必须把保护幼儿的生命和促进幼儿的健康放在工作的首位。树立正确的健康观念，在重视幼儿身体健康的同时，还要高度重视幼儿的心理健康。

（2）既要高度重视和满足幼儿受保护、受照顾的需要，又要尊重和满足他们不断增长的独立要求，避免过度保护和包办代替，鼓励并指导幼儿自理、自立的尝试。

（3）健康领域的活动要充分尊重幼儿生长发育的规律，严禁以任何名义进行有损幼儿健康的比赛、表演或训练等。

（4）培养幼儿对体育活动的兴趣是幼儿园体育的重要目标，要根据幼儿的特点组织生动有趣、形式多样的体育活动，吸引幼儿主动参与。

【示例】

1. 根据《幼儿园教育指导纲要（试行）》规定，幼儿园体育的重要目标是（ C ）。

A. 培养运动人才　　　　　　　　B. 获得比赛奖项

C. 培养幼儿对体育的兴趣　　　　　D. 训练技能

2. 幼儿体育过程中最主要的环节是（ C ）。

A. 激发幼儿活动兴趣阶段　　　　　B. 身体准备阶段

C. 掌握动作技能阶段　　　　　　　D. 结束阶段

- 语言——提高幼儿运用语言交往的积极性，发展语言能力

1. 目标（见前文 p.55-56）

2. 内容与要求

（1）创造一个自由、宽松的语言交往环境，支持、鼓励、吸引幼儿与教师、同伴或其他人交谈，体验语言交流的乐趣，学习使用适当的、礼貌的语言。

（2）培养幼儿注意倾听的习惯，发展语言理解能力。

（3）鼓励幼儿大胆、清楚地表达自己的想法和感受，尝试说明，描述简单的事物或过程，发展语言表达能力和思维能力。

（4）引导幼儿接触优秀的儿童文学作品，使之感受语言的丰富和优美，并通过多种活动帮助幼儿加深对作品的体验和理解。

（5）培养幼儿对生活中常见的简单标记和文字符号的兴趣。

（6）利用图书、绘画和其他多种方式，引发幼儿对书籍、阅读和书写的兴趣，培养前阅读和前书写技能。

（7）提供普通话的语言环境，帮助幼儿熟悉、听懂并学说普通话。少数民族地区还应帮助幼儿学习本民族语言。

3. 指导要点

（1）语言能力是在运用的过程中发展起来的，发展幼儿语言的关键是创设一个能使他们想说、敢说、喜欢说、有机会说并能得到积极应答的环境。

（2）幼儿语言的发展与其情感、经验、思维、社会交往能力等其他方面的发展密切相关，因此，发展幼儿语言的重要途径是通过互相渗透的各领域的教育，在丰富多彩的活动中去扩展幼儿的经验，提供促进语言发展的条件。

（3）幼儿的语言学习具有个别化的特点，教师与幼儿的个别交流、幼儿之间的自由交谈等，对幼儿语言发展具有特殊意义。

（4）对有语言障碍的儿童要给予特别关注，要与家长和有关方面密切配合，积极地帮助他们提高语言能力。

【示例】

简述《幼儿园教育指导纲要（试行）》中语言教育的指导要点。

- 社会——增强自信，培养幼儿乐群、友好的态度和行为

1. 目标（见前文 p.56）

2. 内容与要求

（1）引导幼儿参加各种集体活动，体验与教师、同伴等共同生活的乐趣，帮助他们正确认识自己和他人，养成对他人、社会亲近、合作的态度，学习初步的人际交往技能。

（2）为每个幼儿提供表现自己长处和获得成功的机会，增强其自尊心和自信心。

（3）提供自由活动的机会，支持幼儿自主地选择、计划活动，鼓励他们通过多方面的努力解决问题，不轻易放弃克服困难的尝试。

（4）在共同的生活和活动中，以多种方式引导幼儿认识、体验并理解基本的社会行为规则，学习自律和尊重他人。

（5）教育幼儿爱护玩具和其他物品，爱护公物和公共环境。

（6）与家庭、社区合作，引导幼儿了解自己的亲人以及与自己生活有关的各行各业人们的劳动，培养其对劳动者的热爱和对劳动成果的尊重。

（7）充分利用社会资源，引导幼儿实际感受祖国文化的丰富与优秀，感受家乡的变化和发展，激发幼儿爱家乡、爱祖国的情感。

（8）适当向幼儿介绍我国各民族和世界其他国家、民族的文化，使其感知人类文化的多样性和差异性，培养理解、尊重、平等的态度。

3. 指导要点

（1）社会领域的教育具有潜移默化的特点。幼儿社会态度和社会情感的培养尤应渗透在多种活动和一日生活的各个环节之中，要创设一个能使幼儿感受到接纳、关爱和支持的良好环境，避免单一、呆板的言语说教。

（2）幼儿与成人、同伴之间的共同生活、交往、探索、游戏等，是其社会学习的重要途径。应为幼儿提供人际间相互交往和共同活动的机会和条件，并加以指导。

（3）社会学习是一个漫长的积累过程，需要幼儿园、家庭和社会密切合作，协调一致，共同促进幼儿良好社会性品质的形成。

【示例】

1. 简述幼儿社会学习的指导要点。

2. 试论述如何在一日生活中实现社会领域的教育目标。

- 科学——激发幼儿的好奇心和探究欲望，发展认知能力

1. 目标（见前文 p.56-57）

2. 内容与要求

（1）引导幼儿对身边常见事物和现象的特点、变化规律产生兴趣和探究的欲望。

（2）为幼儿的探究活动创造宽松的环境，让每个幼儿都有机会参与尝试，支持、鼓励

他们大胆提出问题，发表不同意见，学会尊重别人的观点和经验。

（3）提供丰富的可操作的材料，为每个幼儿都能运用多种感官、多种方式进行探索提供活动的条件。

（4）通过引导幼儿积极参加小组讨论、探索等方式，培养幼儿合作学习的意识和能力，学习用多种方式表现、交流、分享探索的过程和结果。

（5）引导幼儿对周围环境中的数、量、形、时间和空间等现象产生兴趣，建构初步的数学概念，并学习用简单的数学方法解决生活和游戏中某些简单的问题。

（6）从生活或媒体中幼儿熟悉的科技成果入手，引导幼儿感受科学技术对生活的影响，培养他们对科学的兴趣和对科学家的崇敬。

（7）在幼儿生活经验的基础上，帮助幼儿了解自然、环境与人类生活的关系。从身边的小事入手，培养初步的环保意识和行为。

3. 指导要点

（1）幼儿的科学教育是科学启蒙教育，重在激发幼儿的认识兴趣和探究欲望。

（2）要尽量创造条件让幼儿实际参加探究活动，使他们感受科学探究的过程和方法，体验发现的乐趣。

（3）科学教育应密切联系幼儿的实际生活进行，利用身边的事物与现象作为科学探索的对象。

- 艺术——丰富幼儿的情感，培养初步的感受美、表现美的情趣和能力

1. 目标（见前文 p.57）

2. 内容与要求

（1）引导幼儿接触周围环境和生活中美好的人、事、物，丰富他们的感性经验和审美情趣，激发他们表现美、创造美的情趣。

（2）在艺术活动中面向全体幼儿，要针对他们的不同特点和需要，让每个幼儿都得到美的熏陶和培养。对有艺术天赋的幼儿要注意发展他们的艺术潜能。

（3）提供自由表现的机会，鼓励幼儿用不同艺术形式大胆地表达自己的情感、理解和想象，尊重每个幼儿的想法和创造，肯定和接纳他们独特的审美感受和表现方式，分享他们创造的快乐。

（4）在支持、鼓励幼儿积极参加各种艺术活动并大胆表现的同时，帮助他们提高表现的技能和能力。

（5）指导幼儿利用身边的物品或废旧材料制作玩具、手工艺品等来美化自己的生活或开展其他活动。

（6）为幼儿创设展示自己作品的条件，引导幼儿相互交流、相互欣赏、共同提高。

3. 指导要点

（1）艺术是实施美育的主要途径，应充分发挥艺术的情感教育功能，促进幼儿健全人

格的形成。要避免仅仅重视表现技能或艺术活动的结果，而忽视幼儿在活动过程中的情感体验和态度的倾向。

（2）幼儿的创作过程和作品是他们表达自己的认识和情感的重要方式，应支持幼儿富有个性和创造性的表达，克服过分强调技能技巧和标准化要求的偏向。

（3）幼儿艺术活动的能力是在大胆表现的过程中逐渐发展起来的，教师的作用应主要在于激发幼儿感受美、表现美的情趣，丰富他们的审美经验，使之体验自由表达和创造的快乐。在此基础上，根据幼儿的发展状况和需要，对表现方式和技能技巧给予适时、适当的指导。

【示例】

1.《幼儿园教育指导纲要（试行）》中提到的五个领域，每个领域都可以提炼出一个关键的能力，艺术是（ C ）。
   A.感受能力　　　　B.表现能力　　　　C.创造能力　　　　D.思维能力

2. 幼儿教师选择教育教学内容最主要依据是（ A ）。
   A.幼儿发展　　　　B.社会需求　　　　C.学科知识　　　　D.教师特长

3. 观察下面的三幅画，回答下面问题。

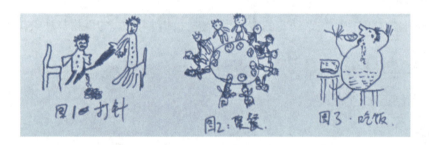

问题：

（1）上述三幅画各反映出幼儿绘画的哪种表现形式？（6分）

（2）怎样理解幼儿的绘画？（4分）

（3）评价幼儿画时应注意什么问题？（10分）

（三）组织与实施

《指导纲要》的组织与实施部分主要强调：

（1）明确幼儿园教师的角色——是儿童学习活动的引导者、支持者、合作者。它要求教师要尊重儿童的权利、发展规律、特点、水平以及个体差异等；教师要以关怀、接纳、尊重的态度与儿童交往。要耐心倾听，尽量理解儿童的想法，支持、鼓励儿童大胆探索与表达。

（2）幼儿园教育的互动性、开放性和灵活性。教师要善于发现幼儿的兴趣，在游戏和活动中发现隐含的教育价值，适时教育、积极引导。在活动中关注儿童的表现和反映，明白幼儿的需要，及时以适当的方式给予回应，使幼儿在互动中学习。

（3）教师要科学合理地安排、组织儿童的一日活动，建立良好的常规要求，逐步引导儿童学会自我管理。教师要尽量争取家长的理解与支持，并鼓励家长加入幼儿教育，充分利用自然环境和社区的教育资源，促进儿童身心的全面发展。教师的态度和管理方式要有助于形成安全、温馨的心理环境，言谈举止应当成为儿童学习的榜样等。

（4）教师在施教过程中，要保证儿童游戏、自由和自发的活动时间。同时，强调幼儿园教育的生活性，要"引导幼儿实际感受祖国文化的丰富与优秀，感受家乡的变化和发展，激发幼儿热爱家乡、爱祖国的情感"，要"能从生活和感受事物的数量关系中体验到数学的重要和有趣"。

（四）教育评价

《指导纲要》的第四部分围绕幼儿园教育评价，明确指出：

（1）教育评价是幼儿园教育工作的重要组成部分，是促进幼儿发展，提高教育质量的必要手段。

（2）评价的目的是了解幼儿的发展需要，以便提供更加适宜的帮助和指导，是为了教师反思成长和提高教育质量。

（3）评价幼教工作质量和评价幼儿发展状况的重要方面和注意事项。教育评价要"在日常活动与教育教学过程中采用自然的方法进行"，强调教育应当关注儿童的生命意识和生命进行状态；强调儿童是在生活中学习，在学习中生活；重视教育评价中潜在的文化决定性和内含的人文关怀等。

> 《指导纲要》由总则、教育内容与要求、组织与实施、教育评价四个部分组成。学习时把重点放在内容与要求部分，熟记其中的相关要点，并结合实例进行理解与运用。

二、《3—6岁儿童学习与发展指南》

《3—6岁儿童学习与发展指南》（以下简称《发展指南》）是为深入贯彻《国家中长期教育改革和发展规划纲要（2010—2020年）》和《国务院关于当前发展学前教育的若干意见》，指导幼儿园和家庭实施科学的保育和教育，促进幼儿身心全面和谐发展而制定的。分别从健康、语言、社会、科学、艺术五个领域描述幼儿的学习与发展。下面将对《发展指南》中的内容进行大致的介绍。

（一）领域发展目标

1. 健康

（1）身心状况：

目标1：具有健康的体态。

目标 2：情绪安定愉快。

目标 3：具有一定的适应能力。

（2）动作发展：

目标 1：具有一定的平衡能力，动作协调、灵敏。

目标 2：具有一定的力量和耐力。

目标 3：手的动作灵活协调。

（3）生活习惯与生活能力：

目标 1：具有良好的生活与卫生习惯。

目标 2：具有基本的生活自理能力。

目标 3：具备基本的安全知识和自我保护能力。

2. 语言

（1）倾听与表达：

目标 1：认真听并能听懂常用语言。

目标 2：愿意讲话并能清楚地表达。

目标 3：具有文明的语言习惯。

（2）阅读与书写准备：

目标 1：喜欢听故事，看图书。

目标 2：具有初步的阅读理解能力。

目标 3：具有书面表达的愿望和初步技能。

3. 社会

（1）人际交往：

目标 1：愿意与人交往。

目标 2：能与同伴友好相处。

目标 3：具有自尊、自信、自主的表现。

目标 4：关心尊重他人。

（2）社会适应：

目标 1：喜欢并适应群体生活。

目标 2：遵守基本的行为规范。

目标 3：具有初步的归属感。

4. 科学

（1）科学探究：

目标 1：亲近自然，喜欢探究。

目标 2：具有初步的探究能力。

目标 3：在探究中认识周围事物和现象。

（2）数学认知：

目标1：初步感知生活中数学的有用和有趣。

目标2：感知和理解数、量及数量关系。

目标3：感知形状与空间关系。

5. 艺术

（1）感受与欣赏：

目标1：喜欢自然界与生活中美的事物。

目标2：喜欢欣赏多种多样的艺术形式和作品。

（2）表现与创造：

目标1：喜欢进行艺术活动并大胆表现。

目标2：具有初步的艺术表现与创造能力。

（二）基本原则

1. 关注儿童学习与发展的整体性

儿童的发展是一个整体，要注重领域之间、目标之间的相互渗透和整合，促进儿童身心全面协调发展，而不应片面追求某一方面或几方面的发展。

2. 尊重儿童发展的个体差异

儿童发展是一个持续、渐进的过程，同时也表现出一定的阶段性特征。每个儿童在沿着相似进程进行发展的过程中，各自的发展速度和到达某一水平的时间不完全相同。因此，要充分理解和尊重儿童发展进程中的个别差异，支持和引导他们从原有水平向更高水平发展，按照自身的速度和方式到达《发展指南》所呈现的发展"阶梯"，切忌用一把"尺子"衡量所有儿童。

【示例】

为什么不能把《3—6岁儿童学习与发展指南》作为一把"尺子"来衡量所有的幼儿？请说明理由。

3. 理解儿童的学习方式和特点

儿童的学习是以直接经验为基础的，在游戏和日常生活中进行的。要珍视游戏和生活的独特价值，创设丰富的教育环境，合理安排一日生活，最大限度地支持和满足儿童通过直接感知、实际操作和亲身体验获取经验的需要，严禁"拔苗助长"式的超前教育和强化训练。

【示例】

下列哪一种不属于《3—6岁儿童学习与发展指南》倡导的幼儿学习方式？（ A ）

A. 强化练习　　　　B. 直接感知　　　　C. 实际操作　　　　D. 亲身体验

4. 重视儿童的学习品质

儿童在活动过程中表现出的积极态度和良好行为倾向是终身学习与发展所必需的宝贵品质。要充分尊重和保护儿童的好奇心和学习兴趣，帮助儿童逐步养成积极主动、认真专注、不怕困难、敢于探究和尝试、乐于想象和创造等良好的学习品质。忽视儿童学习品质培养，单纯追求知识技能学习的做法是短视而有害的。

> 《发展指南》分领域提供了儿童发展的基本标准，学习时要牢记各领域的基本目标，同时牢记《发展指南》提出的教育原则并能运用于实践。

三、《国务院关于当前发展学前教育的若干意见》

2010年11月颁布的《国务院关于当前发展学前教育的若干意见》（以下简称《若干意见》），指明了学前教育发展的方向。主要内容有：

（1）把发展学前教育摆在更加重要的位置，坚持学前教育的公益性和普惠性。

（2）多种形式扩大学前教育资源，加大学前教育投入。大力发展公办幼儿园，提供"广覆盖、保基本"的学前教育公共服务。

（3）多种途径加强幼儿教师队伍建设。加快建设一支师德高尚、热爱儿童、业务精良、结构合理的幼儿教师队伍。

（4）加强幼儿园的安全监管和收费管理。健全各项安全管理制度和安全责任制度，严防事故发生。加强收费监管，坚决查处乱收费现象。

（5）完善工作机制，加强组织领导。教育部门要完善政策，制定标准，充实管理、教研力量，加强学前教育的监督管理和科学指导。

> 《若干意见》是主要针对当前幼儿园教育的一系列问题而制定的文件。可以从性质、经费投入、教师队伍建设、幼儿园管理、组织领导几个维度去思考与记忆。

本章小结

幼儿园教育作为整个教育体系的奠基工程，对人的一生的发展都具有重要的影响，因此做好幼儿园教育工作显得尤为重要。做好幼儿园教育工作首先要明确幼儿园教育的目标、任务与特点，然后才能据此进行保育教育工作。幼儿园班级管理与工作评价是幼儿园教育工作的具体落实，而幼儿园教育政策与文件则是有效开展教育工作的政策保证。

知识结构

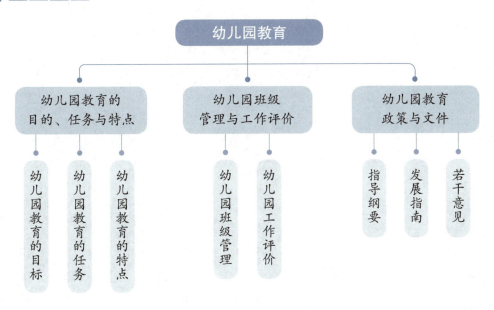

第四章
生活指导

◎ 学习目标

※ 牢记幼儿园一日生活的基本环节,理解一日生活的教育意义;
※ 知道幼儿生活常规教育的内容与要求,以及培养良好卫生习惯的方法;
※ 了解幼儿卫生保健常识、疾病预防、营养等方面的基础知识;
※ 了解幼儿园常见的安全问题和处理方法,了解突发事件的应急处理方法。

◎ 学习重点

本章的重点是牢记幼儿园一日生活的基本环节,理解生活教育的意义,以及在各环节中幼儿应达到的标准;熟记卫生保健和疾病预防常识;了解基本的安全常识和意外事故处理方法。

◎ 学习导引

本章由三节组成,依次是幼儿园一日生活常规、幼儿卫生保健与疾病预防、安全教育。学习时要注意将卫生保健、安全教育与一日生活常规相结合,在生活常规的学习中交叉卫生保健与安全教育。特别注意生活常规的内容与标准,幼儿常见疾病的预防与处理和意外事故的急救措施。

本章导入

> **"听话"的纽扣**
>
> 　　幼儿园大班的孩子们都喜欢玩纽扣,小小的纽扣被玩出了大大的花样。孩子们有的用纽扣拼出了花朵、房子;有的用纽扣玩排序游戏;有的则是用纽扣做数学练习。但是,老师观察到孩子们每次玩完游戏,收纽扣的时候总是一片混乱,教室里纽扣掉落的声音此起彼伏,不时有孩子趴在地上捡纽扣。因此,为了培养孩子们的整理能力,老师想了一个办法。
>
> 　　一天,老师拿了纸盒子让孩子们试着用它来收纳纽扣。老师首先将纸盒交给了小明,只见小明把纸盒的窄边靠着桌子,然后用手把纽扣推进了盒子,但是进展得非常慢。孩子们一下就指出了"短边"的关键所在。接着老师又把纸盒给了小兰,她把纸盒的长边对着桌边,但是纸盒的边总是跑来跑去,不能和桌边对齐,她的收纽扣之路总是被打断,于是只能一遍遍调整纸盒的位置。那么,到底该怎样固定纸盒呢?孩子们在探索中想出了把纸盒卡在桌子下方的好主意。于是,老师把纸盒交给小峰来试试。小峰把纸盒固定好,把手努力地伸向对面的纽扣,吃力地把它们扒向盒子。"太远了,应该绕过去收。"就这样,经过孩子们的讨论,得出了收纽扣的三大定律:纸盒固定住;距离把握好;方向看准确。①

整理物品看似是生活中一件微不足道的小事,但孩子们在学习整理的过程中却能逐渐学会独立处理事务,锻炼耐心和责任感。案例中的孩子们在老师帮助下一步步总结归纳出快速收好纽扣的规律,这不仅提高了孩子们的动手操作能力,更有助于他们良好生活习惯的养成。那么,幼儿园中一日生活都有哪些环节?如何培养幼儿良好的生活习惯?在幼儿园中孩子们可能遇到哪些疾病,如何预防?如何进行幼儿保健活动?面对幼儿园中常见安全问题和突发事件该如何处理?学完本章,你将会知道答案。

第一节　幼儿园一日生活常规与养成

　　常规的建立对于幼儿来说具有积极的意义,它有利于幼儿个体的发展,能使幼儿终身得益于从小形成的良好行为规范;有利于幼儿在集体环境中形成共同认知,体现了常规的

---

① 段晓蕊."听话"的纽扣[J].家教世界·现代幼教,2021(8):1.有改编.

社会意义；有利于幼儿园活动的开展，使幼儿园的生活有秩序，幼儿的生活有规律。

一、幼儿园一日生活的意义与环节

（一）幼儿园一日生活的意义

1. 培养幼儿良好的生活与卫生习惯

幼儿期不仅是幼儿身体发育的重要阶段，也是形成良好行为习惯的关键时期。幼儿园一日生活包括来园、离园、进餐、睡眠、盥洗、散步、自由活动等。在这些活动中，不仅培养了儿童的组织性和纪律性，而且还培养了儿童良好的生活与卫生习惯。良好的生活与卫生习惯的养成，不仅有利于儿童形成文明的生活方式以及促进身体的健康发展，也是自我管理、自我保护意识及能力发展的体现。

幼儿园生活活动及意义

【示例】

制定班级幼儿生活常规的主要目的是（ A ）。

A. 帮助幼儿学会自我管理　　　　B. 便于教师管理
C. 让幼儿学会服从　　　　　　　D. 维持纪律

2. 促进幼儿智力发展

幼儿处于具体形象思维为主的阶段，他们产生思维、发展思维往往要在活动过程中结合具体的事物进行。幼儿在生活活动中学习相关的知识，包括伙食营养、卫生保健等知识；掌握基本的技能，包括一切需要幼儿操作、生活自理方面的技能。在学习知识、发展动手能力的同时，也发展注意力、观察力、记忆力、思维和表达能力。

3. 实施品德教育的有效途径

由于幼儿年龄小，培养他们良好的道德意识、道德情感、道德行为必须结合最近的、最具体的甚至是与本人直接需要相关的事情进行才有效。因此，寓德育于一日活动之中是幼儿园德育的基本途径，而生活活动与幼儿的关系最直接、最密切，活动中反映的都是他们最基本的需要，因而他们的表现最真实，最便于有的放矢地进行教育，收到实在的教育效果。

4. 培养幼儿的自我服务能力和劳动观念

自我服务能力需要在日常的生活中反复实践才能转化成个人的生活能力。幼儿园的生活活动为幼儿提供了多种基本生存技能锻炼的机会，比如穿衣、进餐、盥洗以及收拾整理物品等。通过这些活动，幼儿不但掌握了照料自己生活起居的本领，还可以在这些活动中养成爱劳动的习惯，增强实际操作、克服困难的能力，树立为大家服务的良好意识。

5. 合理的一日生活安排有利于保育、卫生原则的贯彻和实施

保教并重是幼儿园教育的基本原则，生活作息制度的合理安排充分体现了保育卫生原则的落实，保育工作规范化、标准化、科学化是幼儿园保育质量的重要标志。一日生活中的保教结合，使教师和保育人员共同承担起对全体幼儿的指导和对个别特殊儿童的关注；保教人员积极有效的配合，使保教工作相互渗透自然融合，实现高质量的保教过程。

【示例】

有研究者对幼儿园园长、教师做了一个调查，调查题目是"要全面真实地了解你园的保教质量，你认为最好什么时间段到你园"，调查结果如下图所示。

请从幼儿一日生活的意义的角度，简述你对这一结果的看法。

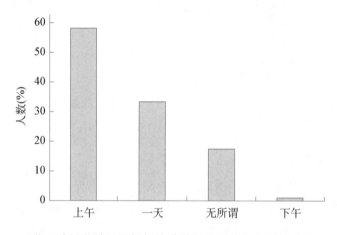

"什么时间段到园了解保教质量"的人数百分比显示图

（二）幼儿园生活活动的指导原则

1. 整合性原则

一日生活活动安排的要求

《指导纲要》指出："教育活动内容的组织应充分考虑幼儿的学习特点与认识规律，各领域的内容要有机联系，相互渗透，注重综合性、趣味性、活动性，寓教育于生活、游戏之中。"幼儿园应树立一日生活即课程的思想，认识到时时处处都有教育，将生活的过程作为教育的过程，有意识地寓教育于生活之中，不能人为地割裂生活与教育之间的关联。

2. 流畅性原则

幼儿园生活活动结构要紧凑，各环节转换要自然流畅，活动中和活动间隙要尽量避免拖沓，同时，要善于把幼儿等待的时间变为积极的活动过程。《指导纲要》指出幼儿园应科学、合理安排幼儿一日生活，"尽量减少不必要的集体行动和过渡环节，减少和消除消极等待现象"。在组织幼儿园生活活动时，我们应当多从幼儿发展的角度出发，而不能单

单只顾管理上的方便。

【示例】

活动区活动结束了，可是曼曼的"游乐园"还没搭完，他跟教师说："老师，我还差一点儿就完成了，再给我5分钟，好吗？"老师说："行，我等你。"一边说，一边指导其他幼儿收拾玩具……该教师的做法体现了幼儿园一日生活安排应该（ B ）。

A. 与幼儿积极互动　　　　　　　B. 根据幼儿活动的需求灵活调整
C. 按照作息时间表按部就班地进行　D. 随时关注幼儿的活动

3. 实践性原则

幼儿作为未成熟的个体，其身心发展的特点决定了动手操作、亲身经历才是适合他们的学习方式。良好的生活习惯、卫生习惯、行为习惯的形成，需要在生活活动中反复实践，因此在幼儿园的生活活动中，幼儿教师要多创造条件，给予幼儿充分的练习和学习的机会，不能一味地包办代替。

（三）幼儿园一日生活的基本环节

1. 晨间接待

晨间接待是一天工作的开始，教师的主要任务是热情接待幼儿、安定其情绪，为他们转入幼儿园集体生活做准备。这一环节的关键是做好晨检和接待两项工作。

2. 晨间活动

晨间活动是幼儿园一日活动中不可缺少的一个环节，教师可根据气候情况安排户外或室内的活动。晨间活动主要有自由活动、体育锻炼、早操等。

3. 集体教学活动

幼儿园集体教学活动是面向全体幼儿的、统一的集体活动，是幼儿园教学活动最普遍的组织形式，是教师有目的、有计划地组织进行有效学习的活动过程，也是幼儿一日活动中非常重要的一个环节。

4. 区域活动

区域活动，是幼儿以快乐和满足为目的，以操作、摆弄为途径的自主性学习活动，也是幼儿一日生活中日趋重要的环节之一。

5. 游戏活动与体育活动

游戏活动与体育活动时要保证器具的卫生与安全，在促进儿童身体健康的同时培养儿童的良好品德。

6. 饮水

幼儿园应为幼儿创造清洁卫生、自取便利的饮水环境。保证幼儿有个人专用水杯，并严格坚持每天洗净消毒，防止疾病的交叉感染。

7. 盥洗

盥洗活动包括大小便、洗手、洗脸、洗澡等。幼儿园应教会幼儿正确的洗手、洗脸方法，督促他们饭前便后、手脸弄脏后主动清洗，养成保持个人清洁卫生的习惯。

8. 进餐与点心

幼儿园应制订合理的饮食制度，开饭要准时，进餐要定量，进餐间隔时间应为3—4小时。教师应培养幼儿良好的进餐习惯，指导他们正确使用餐具，营造愉快的进餐氛围。

【示例】

小班赵老师发现幼儿进餐时存在各种问题：有的幼儿情绪不稳定，吃饭时哭着找妈妈；有的幼儿不会拿勺子吃，一定要老师喂；有的幼儿挑食，不吃这个，不吃那个；还有的幼儿吃一会儿，玩一会，饭凉了都还没吃完……

请设计一份解决上述问题的教育方案。（要求写出：对问题的分析、教育目标和解决问题的主要方法）

9. 餐前与餐后活动

餐前教师应指导值日生或小组长做餐前准备工作；餐中，可介绍饭菜，帮助他们获得相关知识，进行生活中的健康教育；餐后，提醒幼儿不宜剧烈活动。

10. 睡眠

睡前睡后，教师应指导幼儿正确有序地穿脱衣裤；睡眠过程中，教师要经常性巡回观察，发现异常及时处理，并注意声音、动作要轻。总体而言，要求教师为幼儿创设安静、舒适的睡眠环境，帮助他们养成良好的睡眠习惯。

11. 自我整理、离园活动

教师要提醒幼儿做好整理工作，包括活动室玩具、用具的整理，自己仪表的整理，带好回家的用品等，并尽可能及时与家长交换意见，使幼儿愉快地离开幼儿园。

【示例】

保教结合最紧密的幼儿园活动形式，既是对幼儿的保育过程，又是施教的机会。这种活动是（ B ）。

A. 游戏活动　　　　　　　　B. 日常生活活动
C. 教学活动　　　　　　　　D. 课堂教学活动

二、幼儿生活常规教育与习惯的养成

幼儿园的生活常规就是指幼儿园的规范，这包括了幼儿园工作的方方面面，包括幼儿园一日生活的安排，幼儿和保教人员的行为规范等。其目的是帮助幼儿学会遵守幼儿集体生活的常规，学会修正自己的行为，达到生活自理、健康成长的目的。

（一）幼儿园生活常规教育的内容

1. 入园环节常规

（1）喜欢教师和自己的同伴，愿意上幼儿园。
（2）衣着整洁，愉快地来园接受晨检，并懂得将身体不舒服的感觉告诉教师。
（3）能用普通话主动地、有礼貌地向老师、同伴问候，向家长说再见。
（4）不带危险品、零食入园，将自己的随身物品整齐地摆放在固定的地方。
（5）积极投入晨间活动。
（6）积极参与区域活动，能够自主游戏，能与同伴友好相处。
（7）喜欢参加体育锻炼，乐意与同伴交换或合作使用体育器具。
（8）热身后能知道脱去外套，并放在指定的位置。
（9）活动后能整理、摆放玩具、器具。
（10）愿意与同伴分享经验与感受，能独立完成任务，并逐渐提高任务意识。

2. 进餐环节常规

（1）用餐前认真洗手，方法正确，愿意与同伴一起进餐。
（2）安静进餐，保持桌面、地面和衣服整洁。
（3）正确使用餐具、口杯，掌握不同食物的吃法，逐步做到熟练进餐。
（4）不挑食，不剩饭菜，不过量进食，养成良好的进餐习惯。
（5）正确使用餐具。餐后漱口，用自己的餐巾擦嘴，将餐具放到指定地点。

3. 如厕、饮水环节常规

（1）学会定时、自理大小便。
（2）便后会用手纸自前向后擦屁股，穿好衣裤，用肥皂、流水洗手，整理服装，不在厕所逗留。
（3）排队轮流洗手，方法正确。不玩水，并用自己的小毛巾擦手。
（4）用自己的茶杯喝水。
（5）活动或口渴时随时喝水。
（6）自己接水排队不拥挤。
（7）杯子用后放回固定的地方。

4. 睡眠环节常规

（1）喜欢在幼儿园午睡，能自然、独立入睡。
（2）保持安静，不高声讲话或嬉笑喧闹，脚步放轻，进入午睡室。
（3）有顺序地穿脱衣裤，衣物放在指定的地方，能自己盖好被子。

（4）不带玩物上床，养成良好的睡姿与习惯。

（5）睡眠过程中有便意或身体不适时要及时告诉老师。

（6）按时起床，起床后自己学习叠被子，穿衣、裤、鞋，乐意帮助同伴。

5. 盥洗环节常规

（1）逐步养成饭前、便后和手脏时洗手的习惯。

（2）洗手前将衣袖卷起，洗手时能按顺序认真地洗。

（3）洗手时不玩水，学会擦肥皂，洗好后用自己的毛巾擦手。

（4）洗手后湿漉漉的毛巾不乱扔，不要把水溅到外面。

【示例】

新入园的小班幼儿在洗手时出现了许多问题：有的把袖子弄湿、不洗手背、冲不干净皂液，有的争抢或拥挤、玩水忘记洗手、擦手后毛巾乱放在架子上，有的握不住大块肥皂，有的因毛巾架离水池远，一路甩水把地面弄得很湿……

请针对上述问题，设计一份改进洗手环节的工作方案。要求写出对问题的分析，工作目标，解决各类问题的主要方法。

6. 离园环节常规

（1）愉快地离园回家，带好回家用品。

（2）收拾整理好玩具。

（3）穿戴好衣帽。

（4）在等待家长的期间内，能耐心地等待家长的到来。

（5）有礼貌地同老师、小朋友告别，不跟陌生人离园。

（二）幼儿习惯的养成

1. 幼儿习惯养成的策略

（1）保教结合，培养幼儿独立生活能力。

幼儿的独立生活能力较差，所以为了保证儿童能够健康、安全以及身心和谐发展，教师要对幼儿的生活给予全面、悉心的照顾。但照顾不等于"包办"，对于幼儿可以靠自己解决的问题要给他们空间，培养他们的独立能力。例如，饭前洗手是为了不让病菌进入到口中，虽然教师一定要督促幼儿洗手，但绝不是说教师要替他们洗。对于幼儿存在的问题，可以通过讲解、示范等途径帮助幼儿解决问题，从而让他们养成良好的习惯。

（2）悉心观察，挖掘潜在的教育功能。

生活活动是教师观察、发现和教育幼儿最经常、最自然、最容易的活动，教师应抓住生活中的教育契机，促进儿童的全面发展以及良好习惯的养成。在生活中幼儿会表现出各种行为问题，如争抢物品、不小心碰撞等，教师要利用这些时机跟幼儿分析对错，告诉他们如何才能合理地使用物品，不小心碰撞之后要相互道歉，如果是自己先攻击的更应该主动认错。幼儿要在这些不良行为得到改正之后能从中吸取教训，注意明辨是非，形成良好的行为习惯。

（3）优化环境，引发幼儿良好习惯的养成。

在幼儿的成长过程中，环境具有无言的沉默力量。环境不仅是教育的背景，也是教育的手段。因此，我们要重视对环境进行生活化的创设，更好地把教育渗透在环境中，让幼儿在"无声"的环境中受到启迪和感染，萌发他们内在的生命张力。比如可以运用图示标记：在盥洗室里为幼儿准备洗手的流程图，起到了环境暗示教育的作用，让孩子了解正确的洗手方法；物品柜由幼儿自己设计独特的标记，让他们自己管理，以此来增加他们在生活中的自理能力，增强他们的自主性和自信。

（4）家园共育，保持教育的一致性。

家园不一致的教育一般表现在两个方面：一方面在幼儿园幼儿能够自己穿衣、吃饭、按时睡觉、整理物品，可是到了家里衣来伸手、饭来张口的习惯又犯了；另一方面是在家让孩子养成了事事依靠大人的习惯，在幼儿园不愿意独立的恶习就很难改正了。作为教师，首先要理解家长的心情，悉心照料好每一个儿童，仔细观察、了解他们在集体生活中的表现与特点，经常向家长反馈，使家长信任你，进而支持你的教育工作；其次，要对儿童在幼儿园或在家的生活情况、能力、行为表现等与家长进行定期、经常的沟通，同时引导家长在家庭生活中支持孩子做力所能及的事情，让他们的自理行为和生活习惯能在一致的教育环境中养成。

2. 幼儿习惯养成的方法

（1）行为训练法。行为训练法是按照一定要求，有计划、有目的地训练幼儿的行为，使之形成符合目标要求的良好行为习惯的方法。运用时要注意：① 明确要求和具体指导相结合；② 激发兴趣和行为练习相结合；③ 外在约束与自我教育相结合；④ 巩固强化与疏导相结合。

一日生活活动的指导方法

（2）情景陶冶法。情景陶冶法是通过隐性或显性的教育环境潜移默化地培养幼儿良好行为习惯的方法。在家庭中，家长广泛而健康的兴趣爱好、谦和的说话态度、积极的工作作风，以及和睦温馨的家庭关系，都会使孩子养成彬彬有礼、举止文雅的行为习惯；反之，如果生长在父母经常吵架甚至大打出手的家庭环境中，幼儿就会产生野蛮的行为。所以家庭和幼儿园都应创设优良的环境以助益幼儿良好行为习惯的养成。

（3）实践锻炼法。好的习惯的获得只有通过实践锻炼才能得以强化，最终化为深刻的记忆。在幼儿园里，可以开展让幼儿做值日生、饲养动物、参与修缮物品等实践活动，在家可以让孩子自己洗脸、洗澡、洗衣服、洗碗、扫地、整理房间等。另外，还要让幼儿走出家庭和学校到艰苦的地方去体验生活，经受挫折的考验。当幼儿经历了真实的生活体验之后，他们对原有"小事"的认识态度就会发生改变，进而养成良好的行为习惯。

> 幼儿一日生活的基本环节与一日生活常规的具体内容务请牢记，侧重记忆与理解幼儿行为习惯养成的策略与具体方法。同时，理解幼儿园生活教育的意义与指导原则，并根据幼儿的不良习惯设计矫正方案。

第二节 幼儿卫生保健与疾病预防

一、幼儿的身体发育与卫生保健

儿童身体因处于不成熟状态和生长发育过程中，决定了他们各器官、系统在形态、结构和功能等方面有别于成年人。在进行保育指导时，要注意结合幼儿的年龄特点进行合理安排。生长发育的形态指标是指身体及其各部分在形态上可测出的各种量度，如身高、体重、坐高、肩宽、头围等，其中身高和体重是最重要和常用的形态指标。

（一）幼儿的生长发育规律与评价指标

1. 幼儿的生长发育规律

生长发育包括体格发育和心理精神发育两部分。幼儿具有如下一些共同的发展特征。
（1）生长发育既有连续性又有阶段性。
（2）各器官系统的发育呈现出不均衡性。
（3）生长发育按一定程序进行。
（4）每个幼儿的体格发育有各自不同的特点。
（5）生长发育的速度呈现螺旋式上升的特点。

2. 生长发育的评价指标

（1）形态指标。形态指标反映儿童身体外形的变化，也就是身体及其各部分在形态上可测出的各种量度，如身高、体重、坐高、肩宽、头围等，其中身高和体重是最重要和常用的形态指标。

（2）生理功能指标。体检常用的有血压、心率、脉搏、握力、肺活量、新陈代谢率、体温等。幼儿常用的为脉搏、体温。

（3）生化指标。该指标反映机体内代谢活动，幼儿常用的生化评价指标为血红蛋白、转氨酶、胆红素等。

（4）心理行为发育指标。这种指标反映的是儿童心理活动、个性特征、行为特点。主要采用量表对儿童心理综合发展水平或某一单项发展水平进行评价。常用的量表有斯坦福-比纳智力表、韦氏儿童智力量表、儿童行为量表、康奈尔多动症量表、感觉统合调查表、儿童心理健康与行为问题表等。

【示例】

评价幼儿生长发育最重要的指标是（ D ）。

A. 体重和头围　　　　B. 头围和胸围　　　　C. 身高和胸围　　　　D. 身高和体重

（二）幼儿身体的发育与保健

1. 运动系统的发育与保健

幼儿身体各个部分的骨骼发育速度和进程不尽相同，尤其是长骨的发育要经历20年的时间才能成熟、完善。关节发育的特点是活动性、灵活性较好，牢固性较差，容易发生脱位，因此要防止用力过猛产生脱位。幼儿的肌肉也比较柔软，肌纤维较细，肌肉中富含较多的水分，因此幼儿的肌肉收缩能力较差。大肌肉群发育得比较早，因此大动作会先发展；小肌肉群发育较晚，手部的精细动作到幼儿后期仍然不能很好地掌握。动作发展经过了全身性的、笼统的、散漫的过程，慢慢地才分化成局部的、准确的、专门化的动作。

卫生保健：

（1）培养正确的姿势，防止骨骼畸形。

（2）积极开展户外活动和体育活动，促进骨骼生长。

（3）合理安排膳食和生活，保证营养供给。

（4）注意安全，防止意外事故和意外伤害。

（5）保证衣服、鞋子的宽松、适当，避免过度束缚。

（6）合理安排幼儿的睡眠次数和睡眠时间。

【示例】

由于幼儿的肌肉中水分多，蛋白质及糖原少，不适合他们的运动项目是（ C ）。

A. 拍球　　　　B. 投掷　　　　C. 长跑　　　　D. 跳绳

2. 呼吸系统的发育与保健

幼儿的咽鼓管粗、短、直，呈水平位。当咳嗽、擤鼻涕时，容易受压力作用将口咽部的细菌、病毒通过咽鼓管推入中耳，引发中耳炎。呼吸系统的鼻、咽、喉、气管、支气管的防疫功能比较薄弱，易发生呼吸系统疾病；肺泡数量少，含气量少，肺容量小，组织的弹性比较差，易感染肺炎。年龄越小呼吸频率越快，呼吸节律不齐，这与呼吸中枢发育不完善有关。

卫生保健：

（1）养成用鼻呼吸的习惯，不要用嘴呼吸。

（2）教会正确擤鼻涕和打喷嚏的方法，先捂一侧鼻孔，再轻擤另一侧。

（3）保护嗓子，不大声喊叫。

（4）养成专心吃饭的好习惯，不边吃边说话。

（5）保持室内通风换气，开展户外活动和体育锻炼。

【示例】

教师引导幼儿擤鼻涕的正确方法是（ B ）。

A. 把鼻涕吸进鼻腔　　　　　　　　B. 先捂一侧鼻孔，再轻擤另一侧

C. 同时捏住鼻翼两侧擤　　　　　　D. 用手背擦鼻涕

3. 消化系统的发育与保健

幼儿消化系统的主要特征是牙齿逐渐长齐，消化功能逐渐增强。由于他们的生长发育快，代谢旺盛，对营养物质的需求多，而消化系统发育尚不成熟，容易发生消化功能紊乱和营养缺乏，应该注意对消化器官的保护。

卫生保健：

（1）做好幼儿牙齿的保护工作。定期检查牙齿，发现问题及时处理；教给幼儿正确的刷牙方法。

（2）建立合理的饮食制度，教育幼儿要细嚼慢咽，不暴饮暴食。

（3）培养幼儿定时排便的习惯。要让幼儿懂得多吃蔬菜和水果、多喝水、多运动的好处。

（4）教育幼儿要注意自己的饮食卫生，防止病菌从口而入。

（5）保教人员要为幼儿创设愉快的进餐环境，并加强餐桌礼仪教育，培养幼儿良好的饮食习惯。

4. 神经系统的发育与保健

（1）幼儿神经系统发育的特点：

① 脑量迅速增加。新生儿的脑量是350克，6个月时达到600克，1岁时达到900克，3岁时达到1 000克，6岁时达到1 200克，而成人的脑量为1 450克。可见学前期的儿童脑量增加极为迅速。

② 中枢神经系统的发育。中枢神经系统的发育顺序是先皮下，后皮质。新生儿出生时，脊髓和延髓的发育已经基本成熟，但小脑的发育很差；大脑皮质的发育随着年龄的增长而逐步成熟。

③ 高级神经活动的特点。兴奋过程占优势，条件反射建立少，第一信号系统发育早于第二信号系统发育。

④ 脑细胞的耗氧量大。神经系统的耗氧量大于其他系统；幼儿脑耗氧量为全身耗氧量的50%，而成人为20%；脑的血流量占心排血量的比重比较大；对缺氧十分敏感，对缺氧的耐受性差。

⑤ 可利用的能量来源单一。大脑工作的能量只有糖提供。

（2）卫生保健：

① 精心安排丰富、适宜的活动，刺激神经系统的发育。

② 保证充足的睡眠，促进神经系统发育的进一步完善。

③ 根据大脑活动的规律，合理制定生活制度，安排各项活动。

④ 合理的营养供应有利于神经系统的正常发育。

⑤ 注意用脑卫生，保持室内空气清新。

5. 感觉系统的发育与保健

（1）视觉器官的发育与保健：

① 3岁前是视觉发育的敏感期，提供适宜的视觉刺激，促进儿童视觉发展。

② 5岁以前有生理性远视。要经常远眺或看绿色植物，减少视觉疲劳。

③ 婴幼儿晶状体的弹性好，调节范围广。注意科学用眼，预防近视。

④ 对眼的保护要注意活动室的科学采光，光线要来自左上方，避免强光直射眼睛。

⑤ 保持正确的坐姿，座椅的尺寸要符合不同年龄班儿童的身体发育要求。

⑥ 定期视力检查以便及时发现眼部问题，及时进行干预。

（2）听觉器官的发育与保健：

婴幼儿的辨别能力不如成人精细，但其辨别能力随年龄增长而提高。听觉除了要求听见"声音"，还要求能辨别声音的差异。此外，人的平衡感、旋转能力的发展，也与耳的结构有密切关系。

① 洗头、洗澡时注意避免污水进入耳朵。

② 避免噪声对幼儿的危害。噪声不仅会对人的听觉造成不良刺激，甚至对人的神经系统也会造成不良刺激，使人感到不适、烦躁。

③ 加强听力练习，促进幼儿辨别声音的能力。

④ 加强平衡练习，提高幼儿的抗眩晕能力，比如：踩高跷。

【示例】

下列最能体现幼儿平衡能力发展的活动是（ D ）。

A. 跳远　　　　　B. 跑步　　　　　C. 投掷　　　　　D. 踩高跷

（3）皮肤的发育与保健：

幼儿的皮肤对温度变化敏感，散热和保温功能均不及成人，人体的皮肤有感觉、触觉、压觉、痛觉、温觉、冷觉等变化的能力，同时，它还有保护人体器官、调节体温、排泄（汗液、皮脂）吸收作用。

① 保持皮肤的清洁，让幼儿经常洗头、洗澡、剪指甲，尤其强调洗手是保持自己清洁卫生的重要方法。

② 保持皮肤的完整性。幼儿皮肤保护机能差，对外界的各种刺激（冷、热、光照、

化学物质、蚊虫叮咬等）敏感，易感染。

③ 要选择儿童专用护肤品，冬季要注意防裂、滋润。

④ 衣物的选择尽可能透气吸汗，经常更换衣服，保持清洁卫生。

⑤ 让幼儿知道多喝水、多运动可以促进皮肤的代谢，使皮肤保持弹性。

> 幼儿的身体发育主要体现在运动系统、呼吸系统、消化系统、神经系统以及感觉系统等方面。学习时首先要了解幼儿的身体发育特点，然后根据这些特点做好保育措施。

二、幼儿常见疾病及其预防护理

（一）常见疾病及其预防护理

1. 肺炎

肺炎是由细菌或病毒或某些疾病引起的肺部炎症，常见于冬春季。表现为发烧、咳嗽、气喘等症状。

预防及护理：① 加强体育锻炼，增强体质，是预防肺炎的重要措施。② 要保持室内空气新鲜，日照充足，温度、湿度适宜。③ 感冒流行季节，不频繁出入公共场所，若要出门需戴口罩。④ 为患儿提供清淡、营养、易消化的饮食；让患儿卧床休息，减少活动。

2. 佝偻病

佝偻病是指由于儿童体内缺乏维生素D，引起全身钙、磷代谢失常的一种慢性营养性疾病，是三岁以下儿童的常见疾病。佝偻病早期表现为神经兴奋性增高，易激怒、烦躁、多汗、夜惊、睡眠不安等；活动期出现骨骼改变，囟门闭合延迟等症状。

病因：① 接触日光不足；② 生长过快；③ 疾病的影响；④ 饮食不合理。

预防及护理：① 合理饮食，多食富含维生素D和钙质的食物，对乳儿应提倡母乳喂养；② 早产儿、低体重儿、双胞胎应在医生的指导下补充维生素D；③ 及时治疗易导致佝偻病的疾病。

【示例】

婴幼儿应多吃蛋、奶等食物，保证维生素D的摄入，以防止因维生素D缺乏而引起（ C ）。

A. 呆小症　　　　B. 异嗜癖　　　　C. 佝偻病　　　　D. 坏血病

3. 缺铁性贫血

缺铁性贫血是由于体内缺乏铁元素，致使血红蛋白合成减少而发生的贫血。症状表现：心慌、气促、头晕、耳鸣、精神不振、注意力不集中、易激动等。

病因：① 先天储铁不足；② 饮食中铁的摄入量不足；③ 生长发育过快；④ 疾病的影响。

预防及护理：① 注意孕妇的营养，多吃含铁丰富的食物；② 提倡母乳喂养，合理添加辅食；③ 合理安排幼儿饮食，培养良好的饮食习惯。多吃含铁丰富的食物，如蛋黄、猪肝、猪血、木耳、海带等；④ 及时治疗各种肠道疾病和寄生虫病。

4. 腹泻

腹泻俗称"拉肚子"，多发生于夏秋季节。症状表现：腹痛，可伴有发热。大便次数增多，易产生脱水。

病因：① 喂养不当；② 食物或食具被病菌污染；③ 某些疾病引起的消化功能紊乱；④ 气候变化因素等。

预防及护理：① 合理喂养。为幼儿提供卫生、清洁的食物和食具。② 鼓励幼儿进行适宜的锻炼，增强其抵抗能力。③ 及时治疗某些易引起消化功能紊乱的疾病。④ 口服补液盐，预防脱水。⑤ 为幼儿提供易消化、有营养、清淡的食物。⑥ 注意腹部保暖。每次腹泻后应清洗屁股。

5. 肥胖症

肥胖症是一种热能代谢障碍，是由于饮食过量或喂养不当、缺乏运动等引起的体重超过正常20%的一种慢性营养性疾病。肥胖症所带来的危害不可忽视，易出现呼吸不畅、易感疲乏；延续到成人期易导致高血压、心脏病、糖尿病等疾病。

病因：① 遗传因素；② 摄入食物过多，运动过少；③ 内分泌失调；④ 心理因素。心理异常或有精神创伤可能会出现食欲异常。

预防及护理：① 适当增加运动量；② 注意饮食结构。减少高脂肪、高热量食物的摄入，多食蔬菜、水果和豆类食物；③ 解除心理负担。应多关心幼儿，多和他们沟通交流，解除他们的心理负担；④ 定期进行体重监测。

6. 龋齿

龋齿是牙组织逐渐被破坏的一种疾病。它是幼儿最常见的牙病。

病因：① 牙齿结构的缺陷；② 食物残渣滞留；③ 口腔中细菌的破坏作用。

预防及护理：① 多晒太阳，注意营养。多晒太阳可以保证牙齿的正常钙化，增强牙齿的抗龋能力；② 氟化防龋：可以使用含氟牙膏来预防龋齿；③ 注意口腔卫生，早晚刷牙、饭后漱口、少吃甜食；④ 定期检查口腔。至少每半年检查一次牙齿。

（二）常见传染病及其预防护理

1. 流行性感冒

流感是由流行性感冒病毒感染引起的急性呼吸道传染病，流行性较强。传播途径主要为空气飞沫传播和接触传播。多发生于冬春季节，也可发生在夏季。

预防：① 接种流感病毒疫苗；② 注重户外活动和体育锻炼；③ 加强营养，提高抵抗疾病的能力；④ 流感流行期间，减少外出次数；⑤ 保持室内空气新鲜，光照充足，温度、湿度适宜。

2. 麻疹

麻疹是由麻疹病毒感染引起的急性出疹性传染病。主要是空气飞沫传播和直接接触传播。多见于冬春季节。

预防：① 接种麻疹病毒活性疫苗；② 对接触者检疫3周；③ 保持室内空气新鲜，光照充足，温度、湿度适宜；④ 饮食应清淡、易消化、有营养，多让患儿饮白开水。

【示例】

风疹病毒传播途径是（ B ）。

A. 肢体接触　　　　B. 空气泡沫　　　　C. 虫媒传播　　　　D. 实物传播

3. 水痘

水痘是由水痘病毒引起的急性传染病。主要传播途径为空气飞沫、接触、母婴传播。水痘的传染性极强，易感者接触后90%发病，多发生于冬春两季。

预防：① 开窗通风、保持室内空气新鲜；② 远离水痘患者；③ 若接触患者应进行检疫；④ 保持皮肤清洁，勤剪指甲，内衣要勤换洗。

4. 百日咳

百日咳是由百日咳杆菌引起的急性呼吸道传染病。其传播途径主要为空气飞沫、接触传播。该病多见于5岁以下的婴幼儿，以冬春季节为多。

预防：① 接种百日破三联疫苗；② 加强体育锻炼和户外活动，提高抵抗力；③ 注意对空气、物品进行消毒，消除病原体；④ 保持室内空气新鲜，阳光充足；⑤ 提供有营养的饮食，少食多餐，多喝水。

5. 流行性腮腺炎

流行性腮腺炎是由腮腺炎病毒引起的呼吸道传染病。传播途径主要为空气飞沫、接触传播，多见于冬春季，症状表现为腮腺肿大、肿胀部位疼痛、灼热，张口或咀嚼时痛感较为明显。

预防：① 对患儿进行隔离护理；② 可服板蓝根冲剂进行预防；③ 注意口腔清洁，常用淡盐水漱口；④ 饮食以流质、半流质为宜。

6. 猩红热

猩红热是由乙型溶血性链球菌感染引起的急性呼吸道传染病，主要为空气飞沫、接触传播。多见于冬春季节。

预防：① 注意休息，提高机体抵抗力；② 饮食宜清淡、稀软，多喝水；③ 注意口腔清洁，可用淡盐水漱口。

7. 手足口病

手足口病是由柯萨奇病毒感染引起的疱疹性传染。其传播途径主要为饮食传播、空气飞沫传播和接触传播。多见于夏季，5岁以下儿童多发。

预防：① 在手足口病流行期间，幼儿园要加强对幼儿的晨、午检；② 注意休息；③ 多饮水，多吃有营养、易消化的流质、半流质食物；④ 保持口腔清洁；⑤ 做好隔离消毒工作。

8. 甲型肝炎

典型病例发病初期常有乏力、厌食、恶心、呕吐等症状，随后出现黄疸，小便深黄，大便灰白，皮肤巩膜黄染，肝脾肿大，体温升高，甲肝病人还会出现腹泻，肌肉疼痛，咽炎等。

预防：① 传染源的管理。了解甲肝的症状，早期发现患者并予以隔离是最好的控制传染源的办法。② 切断传播途径并加强水源、饮食和粪便管理。水源污染是引起甲肝暴发流行的最主要原因，因此加强被甲肝患者污染的水源管理极为必要；另外，要加强甲肝患者的饮食和粪便管理。③ 保护易感人群。与甲肝患者有密切接触的成人、儿童以及其他的甲肝易感者应该及时注射人血丙种球蛋白或甲肝疫苗。

> 熟记幼儿常见疾病的名称、症状、产生原因和预防措施。

三、幼儿营养基本知识及饮食营养指导

幼儿阶段在幼儿的成长中是一个重要的时期，饮食营养在这个时期是影响生长发育的重要因素，为幼儿提供充足的营养物质不仅可以促进他们的身体发育，对促进大脑和智力的发展也有着不容忽视的作用。

（一）幼儿对营养素的需求

营养素是指食物中所含能够维持生命和健康并促进机体生长发育的化学物质。营养素按其功能和化学结构一般分为六大类，即蛋白质、脂类、碳水化合物、矿物质、维生素和水。其中，蛋白质、脂类和碳水化合物均可在体内产生热能，供给机体的能量需要，故又称为三大产热营养素。

1. 蛋白质

蛋白质具有构造新细胞、新组织，修补组织，调节生理，提供热能等四大功能。膳食中长期缺乏蛋白质，会影响儿童的生长发育和智力发展。蛋白质的来源广泛，各种动物性食物

如牛、羊、猪、兔等家畜肉，鸡、鸭、鹅等禽肉，鱼类等水产品，蛋类、奶产品及大豆均为蛋白质的良好来源，不仅蛋白质含量高，而且蛋白质的营养价值也高，属于优质蛋白质。

2. 脂类

脂类包括中性脂肪和类脂质两部分。一般所指的脂肪是指狭义的脂肪，即中性脂肪。脂类是人体的"热量仓库"，具有供给和储存能量；保护机体的内脏器官，维持体温；改善食物的感官性状和食品风味，增进食欲，增加饱腹感；促进溶性维生素的吸收和利用等作用。

3. 碳水化合物

碳水化合物是一类价廉物美的营养素，其所具有的功能价值独特。它是构成机体组织的重要成分，是人体最主要、最经济、最合理的热能来源，每日由碳水化合物供给热能应占总热能的50%以上。碳水化合物是神经系统的主要能量来源。碳水化合物具有解毒、保护蛋白质的作用。碳水化合物主要存在于面包、麦片、面条、马铃薯、稻米、玉米、谷物、水果以及蔬菜等食物中。主要的碳水化合物有淀粉、糖以及纤维素，纤维素本身不能被消化，但可帮助其他食物的消化。

4. 矿物质（无机盐）

人体所需的矿物质有几十种，包括钙、镁、钾、钠、磷、氯、硫、铁、锌、碘、铜、硒、氟等，它们主要参与机体的构成、调节体内代谢，是儿童生长发育所需的重要营养素。儿童容易缺乏的矿物质主要有钙、铁、锌、碘。

5. 维生素

维生素是维持人体正常生命活动所必需的营养素，在物质代谢中起着重要的作用。但维生素既不参与机体组织的构成，也不提供热能，人体需求量少（以微克为计量单位），大多不能在体内合成，必须从食物中获取。儿童容易缺乏的几种维生素：维生素A、维生素D、维生素B_1、维生素C。缺乏维生素A会引起夜盲症、眼干燥症和皮肤干燥；缺乏维生素D会患佝偻病；缺乏维生素B_1会得脚气病；缺乏维生素C会得坏血病等。

6. 水

水是构成身体组织细胞的主要成分；水是机体物质代谢所必不可少的溶液媒介，机体内一切化学变化必须有水参与才能进行；水是血液和尿液的主要成分，具有运输营养物质和排泄的功能；水是体腔、关节、眼球等器官良好的润滑剂。比如泪液可防止眼球表面干燥，关节滑液对关节起润滑作用，人体通过血液循环将体内代谢产生的热量运送到体表去散发，以保持体温的相对恒定。儿童对水的需要量相对比成人多。

（二）幼儿园的膳食管理

1. 合理安排幼儿膳食原则

（1）合理安排膳食时间。一般混合食物在胃中停留约为3.5小时，故两餐之间的间隔以3.5小时为宜。1岁半以后每日可进食4次，三餐及午后一次点心，每次进餐时间不应少于20—30分钟，要求孩子细嚼慢咽，专心吃饭不拖延。

【示例】

《幼儿园工作规程》指出，幼儿园应制订合理的幼儿一日生活作息制度，两餐间隔时间不少于（ D ）。

A. 2.5小时　　　　　B. 3小时　　　　　C. 2小时　　　　　D. 3.5小时

（2）注意膳食搭配。幼儿的膳食中，蛋白质所供热能应占总热能的12%—15%，脂肪所供热能占总热能的20%—30%，糖类所供热能占总热能的50%—60%。膳食中优质蛋白占蛋白质总量的1/3至1/2为好。配膳时要注意：粗细粮搭配，米面搭配，荤素搭配，谷类与豆类搭配，蔬菜五色搭配，干稀搭配。

（3）合理采用烹调方法。由于幼儿咀嚼能力尚弱，肠胃消化能力较差，食物宜碎、软、细、烂，不宜食粗硬的食物，且少吃油煎炸的食物。2岁以后可逐渐吃些耐嚼的食物，肉、菜可切成小丁、小片或细丝。3岁以前，吃的食物应去骨、去刺、去核，不宜吃刺激性强的食物，如酸、辣、麻的食品。

（4）食物的选择。食物选择要保证新鲜、优质，避免变质、被污染。平衡膳食选择四大类食物：含优质蛋白质的食物，如牛奶、鸡蛋、瘦肉、鱼、禽肉、豆制品等；富含维生素、无机盐和膳食纤维的食物，如蔬菜、水果；高热量食物，如粮食、薯类、白糖、油等；调味品，如盐、酱油、醋等。

2. 幼儿饮食行为习惯培养

（1）建立合理的饮食制度，培养幼儿认真吃正餐的习惯。保证幼儿在吃好正餐的前提下才去满足他们的零食要求，否则就要限制零食的供给。

（2）饮食要定时、定位、定量，食前有准备。要培养幼儿在座位上安静进餐的习惯，而不应该听凭幼儿边走边吃或边看电视边吃饭。

（3）要养成饮食多样化的习惯，不挑食、不偏食。

（4）要细嚼慢咽，不要狼吞虎咽。

（5）注意饮食卫生，讲究进餐礼仪。进餐前要做好准备（餐前洗手，帮忙擦桌子、摆碗筷）；不吃不干净的食物；咀嚼、喝汤时不发出大的声响，不在饭菜中挑挑拣拣，不浪费食物；吃饭时不大声说话、不玩闹；餐后要收拾好自己的碗筷并放在规定的地方，餐后提示他们擦嘴、漱口、洗手，不做剧烈运动。

> 人体需要的营养素有六大类，包括蛋白质、脂类、碳水化合物、维生素、矿物质和水，各类营养素有不同的营养价值。为保证幼儿园的营养，要遵守膳食配制的原则并养成幼儿良好的饮食习惯。重点注意膳食配制原则和幼儿饮食习惯的养成。

第三节 幼儿园安全教育

一、幼儿园安全问题的产生原因

（一）幼儿自身问题

（1）幼儿运动系统发育不成熟，运动机能不完善，运动时易发生安全问题。

（2）幼儿神经系统发育不完善。在走、跑、跳、上下台阶等方面，维持身体平衡协调的功能尚薄弱。

（3）幼儿活泼好动，对事物缺乏完整认知、理智与判断力，情绪易冲动易出现安全问题。

（4）幼儿安全意识薄弱，自救能力差，常常不能意识到事物、环境的危险性，如在玩滑梯时将小朋友推下滑梯。

（二）保教人员的安全意识和能力

（1）保教人员的安全意识薄弱。

（2）保教人员缺乏必要的安全知识。如当儿童头部摔伤时，头上"大包"不明显就认为没多大问题，殊不知这可能造成颅内损伤。

（3）保教人员缺乏必要的安全事故急救能力。

（三）幼儿园的物质环境

幼儿园如果不注重物质环境的安全性，安全措施不到位，很容易给儿童带来意外伤害。因此，幼儿园要定期检修房屋、门窗、地板、楼梯、栏杆等，以确保安全。玩具材料应无毒，外形光滑无锐角，宜洗涤。玻璃球、木珠等玩具不宜太小。电器应安放在儿童触摸不到的地方。对药品、有毒物品要妥善管理。消除接送过程中的安全隐患，做好门卫的安全保卫工作。

二、幼儿园安全教育内容

安全教育的目的是帮助幼儿树立安全防范意识，教给他们必要的安全常识，不断提高他们的自我保护能力。

（1）了解交通安全知识和规则。如走路靠右行，"红灯停、绿灯行"，过马路走人行道，不在马路上踢球、奔跑、游戏，不可将头、手伸出车窗外等。

（2）了解防火、防电、防水等知识。如决不能玩弄火柴、打火机和蜡烛，让幼儿知道玩火的危害性；不能摸电插座，不能触摸和玩弄正在运转的电风扇等电器产品；不能在湖、河边上乱跑、乱蹦等。

（3）食品安全方面的知识。如不随便食用或饮用不明物质，进食或喝水时不打闹，不能将硬币、玻璃球、黄豆等小物体含在口中，不乱吃药片等。

（4）不携带危险物品入园或午睡，如小刀、剪刀、针等。

（5）防走失、拐骗。如不擅自离开幼儿园，外出活动时不随意离开集体，不吃陌生人的东西，不跟陌生人走，熟记老师、家长的姓名、电话号码，以及家庭的详细住址等。

（6）遵守规则，如遵守运动规则和游戏规则等。

（7）安全地使用工具，掌握操作技能。如握剪刀时，以儿歌"小剪刀，向前伸，两个山洞竖起来，上面山洞爸爸钻，下面山洞妈妈姐姐钻进去，小剪刀和宝宝乐开花"（大拇指是爸爸，食指是妈妈，中指是姐姐）让幼儿很快掌握正确握剪刀的方法等。

（8）认识常见的安全标志，如禁止标志（禁止跳下、禁止通行、禁止靠近、禁止跨越等）、警告标志（如当心滑跌、当心触电、注意安全等）、指令标志（如系安全带、穿救生衣、必须洗手等）、提示标志（如紧急出口、避险处、急救点等）。

（9）认识各种自然灾害的危害，如地震、台风、沙尘暴等，了解各种自然灾害的防护措施。

（10）学会打求救电话，如119（火警电话）、110（报警电话）、120（医疗急救电话）、122（交通报警电话）。

三、幼儿常见的意外事故及应对方法

（一）外伤的急救措施

1. 擦伤

观察患儿伤口的深浅。若伤口较浅，可用凉开水冲洗伤口，除去污物；若伤口较深，应先用生理盐水或凉开水清洗伤口，再用酒精进行消毒；若伤势较严重且有大量出血，需及时送医治疗。

2. 切割伤

可用碘酒对伤口进行消毒。如果是碎玻璃割伤，须先清除碎玻璃片，再敷上无菌纱布进行包扎止血。

3. 挫伤

用凉水或冰块冷敷患处，切忌揉搓伤处。24小时后，用热毛巾敷患处，加速淤血消散；可用七厘散或活血止痛散敷患处；限制受伤部位活动。

【示例】

幼儿在户外运动中扭伤，出现充血、肿胀和疼痛，教师应对幼儿采取的措施是（ A ）。

A. 停止活动，冷敷扭伤处
B. 停止活动，热敷扭伤处
C. 按摩扭伤处，继续活动
D. 清洁扭伤处，继续活动

4. 烧（烫）伤

立即消除致伤因素。如立即用凉水浇灭孩子身上的火焰，再如轻轻拭去身上的热粥、热菜等；快速降温、冷疗；根据具体伤情进行救治。

5. 猫狗咬伤

立即用清水和肥皂反复冲洗伤口，并用手挤压伤口周围的组织将血挤出。马上用75%的酒精对伤口进行消毒，然后用碘酒消毒；送医院处理。

6. 蜂蜇伤

仔细检查受伤处，将蜂刺拔出；挤压被蜇伤处，将毒液排出并用肥皂水充分清洗受伤处；对伤口进行冷敷或冰敷，减轻肿胀和疼痛。如果伤口红肿严重或出现昏迷、休克等全身症状，要及时送往医院。

【示例】

被黄蜂蜇伤后，正确的处理方法是（ C ）。

A. 涂肥皂水 B. 用温水冲洗
C. 涂食用醋 D. 冷敷

（二）骨折的急救措施

当发生骨折或怀疑儿童有骨折时，不要随意搬动伤者，以防搬运过程中造成骨折断处周围组织（神经、血管、内脏）新的损伤。尤其是脊椎、胸椎、颈椎骨的骨折，处理要小心，以防因处理不当导致脊神经受伤，造成伤者瘫痪。

（三）异物入体的急救措施

如果一侧鼻腔异物进入，可让幼儿用手堵住无异物侧的鼻孔做擤鼻涕的动作，如无效应立即送医院处理；一旦发生气管异物，可用手指抠咽喉法、手掌背击法和腹部推压法；咽部进食中被鱼刺、骨刺卡住，可让幼儿张开嘴，如果能看见异物可用镊子夹出，若看不见可催吐，促使异物排出。但是如果这两种方法都不能排除，应立即送医院处理。

【示例】

幼儿突然出现剧烈呛咳，伴有呼吸困难，面色青紫，这种情况可能是（ B ）。

A. 急性肠胃炎 B. 异物落入气管
C. 急性喉炎 D. 支气管哮喘

（四）交通事故的急救措施

1. 保持镇定，紧急呼救

当幼儿发生车祸时，立即拨打求救电话120、110、122。

2. 在事故现场设立警示标志

立即在现场设立警示标志，夜间要亮起危险警告灯。

3. 搬动受伤幼儿

一般尽量少移动受伤幼儿，但是，如果现场处境会危及幼儿的生命，就要尽快想办法将幼儿转移到安全的地方。

4. 就地急救

实施先救命后治伤的原则，对呼吸、心跳停止的幼儿要立即进行人工呼吸和胸外心脏按压。迅速送往医院救治。

（五）煤气中毒的急救措施

关闭煤气，立即将门窗打开，禁止明火，禁止开关电源，禁止在现场打电话；将患儿移至空气新鲜处，同时注意保暖；松开患儿的衣扣裤带，清除口鼻中的污物，保持呼吸畅通；若患儿呼吸、心跳微弱或停止，应立即实施心肺复苏术，待呼吸、心跳恢复后迅速将患儿送医治疗。

（六）误服毒物的急救措施

1. 催吐

可用手指、筷子等刺激患儿咽部，引起呕吐。

2. 洗胃

让患儿吐后喝些温开水，再催吐，反复进行直至吐出物为清水。

3. 导泻

若儿童中毒2小时后精神尚好，可服用泻药，促使有毒物质尽快排出。

4. 补液

若患儿能饮水，让其多喝些盐水，以补充所丢失的水分和盐分。

5. 收集

收集残留食物或是呕吐物，以便医生了解毒物性质，尽快送医治疗。

（七）电击、溺水窒息的急救措施

电击的情况可选择一种合理的方法让触电儿童尽快脱离电源，如穿上胶底鞋、踩在干木板或塑料板上，拉下电闸。

溺水窒息的情况,将溺水儿童救上岸,快速疏通呼吸通道,将患儿头偏向一侧,清除口、鼻内的泥沙、污物、藻类;倒水,将患儿俯卧在膝盖或肩头上,头朝下脚朝上,按压其腹部和背部,使患儿呼吸道的水自然流出;做人工呼吸、胸外心脏按压。

(八)鼻出血的急救措施

救护者要保持镇静,让儿童安静地坐着;让儿童头略向前倾,张口呼吸,用手指按压患者鼻翼或捏紧两侧鼻翼10—15分钟,同时用湿毛巾冷敷前额、鼻部和后颈部位;出血较多时,可用脱脂棉卷塞入鼻腔,如果棉卷上能浸上1%—2%的黄麻素液,止血效果更佳;若鼻出血仍不止,应紧急送医院。

【示例】

幼儿鼻中隔易出血,该处出血后正确的处理方法是(B)。
A. 鼻根部涂紫药水然后安静休息
B. 让幼儿略低头冷敷前额鼻部
C. 止血后半小时内不剧烈运动
D. 让儿童仰卧休息

(九)地震的应急措施

震时就近躲避,震后迅速撤离到安全的地方;地震时,保教人员应该沉着冷静,组织儿童就近躲避,切勿让儿童到处乱跑或跳楼;地震一旦停止,应组织儿童快速、有序地沿安全通道撤离到空旷、安全的地方;如果被埋在废墟下,要想办法进行自救。

(十)台风的应急措施

台风来临前就应准备好手电筒、蜡烛、食物、饮水及常用药品,检查房屋是否坚固,以避免房屋倒塌造成人身伤害;台风来临时,尽量不要出门,应关紧窗户,将阳台上的花盆搬进室内;在台风中发生安全事故时,如头部被击伤、骨折、触电等,应立刻拨打120请求救助,并采取相应的自救策略。

(十一)火灾的应急措施

(1)火灾发生时,保教人员应沉着冷静,广播告知全园,切断电源,呼叫119、110、120。

(2)组织灭火行动组扑灭初起火源,关闭门窗,控制火势;其余保教人员引导儿童及时疏散;撤离时提醒儿童身体尽量贴近地面,沿墙角疏散,用折叠的毛巾或衣物掩捂口鼻,毛巾或衣物尽量用水浸湿,若无水,干毛巾或衣物也可。

(3)稳定儿童情绪。将儿童撤离到安全地带后,不得任意走动,更不能返回火灾区,要安抚儿童情绪。教师迅速清点人数,并汇报相关情况。

【示例】

1. 教师在户外体育活动中如何保障幼儿安全？
2. 以下面这组图设计一个大班安全防火教育活动，要求写出活动名称、活动目标、活动准备、活动过程及活动延伸。

大班安全防火教育活动"我是防火小能手"

> 幼儿园安全教育的目的是帮助幼儿树立自我保护意识，教给幼儿必要的安全常识，不断提高他们的自我保护意识。意外事故的急救原则：抢救生命；防止残疾；减少痛苦。重点注意意外事故的处理方法。

本章小结

一日生活常规的养成在幼儿园教育中占据极其重要的地位，幼儿在一日生活中养成良好的生活习惯、学习习惯，并发展各种能力。幼儿的身体发育与卫生保健对幼儿的身体健康起着重要的作用，为此，教师有必要了解幼儿常见的疾病症状及预防措施，对幼儿进行适宜的安全教育，以保证幼儿的健康成长。此外，作为幼儿园老师应具备常见的意外事故的处理能力。

知识结构

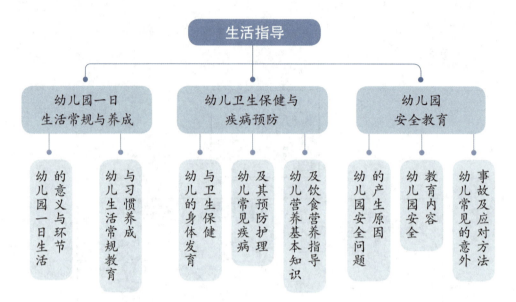

第五章
环境创设

◎ **学习目标**

※ 了解幼儿园环境的定义、特征和类别；
※ 熟记幼儿园环境创设的原则和方法；
※ 知道幼儿园各类活动区的创设原则与技术，并能在具体的场景下加以运用；
※ 了解幼儿园心理环境创设的原理与方法。

◎ **学习重点**

本章重点在于理解幼儿园环境创设的原则并能在实践中加以运用；熟知幼儿园物理环境的创设方法，特别是教学活动区的设置技术；了解幼儿园心理环境的重要性，特别是良好师幼关系、同伴关系的建立。

◎ **学习导引**

本章的学习可以按照环境的概念与特点、设计原则与方法、物理环境和心理环境设计这个逻辑展开。首先要熟记环境、物理环境、心理环境等核心概念，然后要结合实例深入理解各类环境的设计原则，最后要掌握各种活动区的设置技术。

本章导入

> **第三位老师**
>
> 环境是"一个可以支持社会互动、探索与学习的'容器'",空间是具有教育内涵的。在瑞吉欧,环境的意义远不止于美丽好看的贴画、随处可见的生机盎然的各样植物,以及让儿童乐此不疲的各种玩教具设施。瑞吉欧的每一处环境设置,都是其教育的重要组成部分,用瑞吉欧工作者的话来说,在瑞吉欧学校里,"没有一处无用的环境"。环境之于瑞吉欧教育是"第三位老师"。①

为什么瑞吉欧教育工作者把环境看成是"第三位老师"?因为环境具有和教师一样的作用,可以促进幼儿知识、情感、技能的养成和发展。同时,环境是可以改变的,即根据教育的需要进行设计。那么,环境对于幼儿的发展具有什么意义?又该如何创设一个具有教育意义的环境?这就是本章要回答的问题。

第一节 幼儿园环境创设概述

幼儿园环境作为一种重要的教育资源,在幼儿教育中承担着不可替代的作用。下面将简释环境的概念、类别,分析环境的特点,以期对环境有一个深入的理解。

一、幼儿园环境的概念

环境是相对于某个主体而言的,主体不同,环境的大小、内容等也就不同。环境是相对于某一事物来说的,是指围绕着某一事物并对该事物会产生某些影响的所有外界事物。简言之,环境是指相对并关于某项中心事物的周围事物。

环境不仅是人类赖以生存的基础,还是进行全部活动并在活动中获得发展的必要条件。人类的生存和发展受众多因素影响。如遗传、环境、个体实践活动等,其中环境的意义极为重大。幼儿园阶段是人类成长的一个特殊阶段,幼儿是在与环境中的人、事、物不

---

① 马拉古奇.孩子的一百种语言——意大利瑞吉欧方案教学报告书[M].张军红等,译.台北:光佑文化事业股份有限公司,1999.此处有改编。

断相互作用的过程中发展的,幼儿园环境作为一种重要的教育资源,在幼儿教育中承担着不可替代的作用。

幼儿园环境有广义和狭义之分。广义的幼儿园环境是指幼儿园教育赖以进行的一切条件的总和。它既包括幼儿园内部小环境,也包括与幼儿园教育有关的家庭、社会、自然、文化等大环境;狭义的幼儿园环境是指幼儿园中对幼儿身心发展产生影响的一切物质和精神要素的总和。它涵盖幼儿园的全体工作人员、幼儿、幼儿园房舍、设备设施、空间布局以及各种信息要素,并通过一定的教育制度与观念以及文化传统所组织、综合的一种动态的、有形与无形相结合的教育空间范围。我们使用的幼儿园环境概念属狭义范围。[1]

二、幼儿园环境的类别

幼儿园环境是一个非常复杂的体系,可以从多个维度分类:从幼儿活动的形式来分,幼儿园环境包括语言环境、运动环境、劳动环境和游戏环境;从幼儿园主要工作内容来分,可分为保育环境和教育环境;从幼儿的生活、安全、活动和交往的需求来分,幼儿园环境包括生存环境、安全环境、活动环境和交往环境;从幼儿园潜课程的结构及特征来分,幼儿园环境包括物质空间环境、组织制度环境和文化精神环境;从幼儿在园一日活动的类型来分,幼儿园环境可分为生活活动环境、游戏活动环境和学习活动环境。本书主要从幼儿园环境中构成的内容与性质差异维度进行分析。[2]

(一)物质环境

幼儿园的物质环境指幼儿园内各种物质要素的总和。包括基础设施、环境布置、屋里空间的设计与利用以及各种材料的选择和搭配等。幼儿园的物质环境又可分为自然物质环境和社会物质环境。自然物质环境指幼儿园中各种自然条件的总和,如花草、树木等都是幼儿园教育活动可以直接利用的教育资源;社会物质环境主要由幼儿园的活动室、户外活动场地、各种设备和活动材料、空间结构和环境布置等要素构成。

(二)精神环境

幼儿园的精神环境指幼儿园内对幼儿发展产生影响的一切精神因素的总和,具体指幼儿与教师、教师之间、幼儿之间的人际关系及幼儿园的班风、园风等精神氛围。与物质环境相比,精神环境是无形的、渗透的,它对幼儿的认知、情感与个性品质的形成、发展具有十分重要的作用。可以说,一所幼儿园能否成为真正的儿童乐园,主要取决于幼儿园的精神环境。

---

[1] 摘自《幼儿园教育指导纲要(试行)》.
[2] 袁爱玲.幼儿园环境创设[M].北京:高等教育出版社,2009:5.

（三）制度规范环境

幼儿园的制度规范环境是幼儿园个体与集体行为的准则或规范，主要包括与幼儿的教育和管理有关的各种规章制度和行为规范。幼儿园的制度规范可以分为两类：一是由国家立法机关和各级政府与相关教育行政部门统一制定的法规和章程。二是幼儿园根据国家与政府部门的相关法律法规并结合本园实际制定的有关保育教育、科研、管理等规章制度。制度规范环境为幼儿园的员工和幼儿提供了行为框架，使大家能和谐相处，保证保教工作有序、有效地进行。

【示例】

幼儿园环境分为物质环境和（ B ）。

A. 社会环境　　　　　　　　　　B. 精神环境
C. 城市环境　　　　　　　　　　D. 局部环境

三、幼儿园环境的特征

幼儿园环境及特点

（一）教育性

教育性是指教师根据幼儿园培养目标和幼儿的身心发展特点，在《幼儿园教育指导纲要（试行）》指导下有目的、有计划地运用环境中的各种要素调整、创设教育环境，发挥教育作用。在幼儿园教育中，环境不仅是教育的场所，还是教育者实施教育的手段，更是实现教育目的的一种必要途径。在这种环境中，材料的选择、空间的安排、教师的语言和行为都直接或间接体现了一定的教育意图，都是教师经过精心设计的。如图书角的书被整齐地排列与归类，意味着幼儿读完后要将书本整理好并放回原处；上下楼梯的小脚印告诉大家走楼梯时要有秩序，注意安全等。幼儿园环境的创设是遵循幼儿的学习特点、成长规律和教育内容而发展变化的。幼儿园环境的教育性是通过教师对环境有目的、有计划地建构和创设来实现的。

（二）可控性

幼儿园环境创设中的教师作用

可控性指幼儿园环境的构成处于教育者控制之下，具体表现在两个方面：一方面幼儿园里的各种教学、生活用品、大小型玩具、基础设施等都是经过精心筛选和设计的，在具有教育性、安全性等特征的前提下才会让幼儿使用。另一方面，可控性还表现为教师可以根据教育的要求以及幼儿的身心发展特点，有效地调控和改变环境，维持环境的动态平衡，使之保持在最适合幼儿发展的状态。

（三）生活性

生活性是指幼儿园作为幼儿生活与游戏的场所，在环境设置上要贴近幼儿的生活、充满生活情趣。在这样的环境中，幼儿可以自由、方便、快乐地进行各种活动，无论有没有教师的帮助，幼儿都能便捷地利用环境中的设施，潜移默化地接受环境的影响。幼儿园的环境设计与幼儿的生活相适应，与幼儿形成交流互动。例如，主题墙的设计无论是春天的繁花、夏天的虫鸣，还是秋天的落叶、冬天的雪花，都会让孩子感受到一年四季的变化。

（四）美观性

与中小学校园环境相比，幼儿园的环境更加丰富，更富有美感特征。幼儿园重视营造具有造型美、色彩美、艺术美和富有童趣的美的氛围来感染幼儿。幼儿园环境重视给幼儿以美的感受：室内、室外墙饰画中的人物和动植物形象逼真、色彩鲜明、搭配协调、布局合理、造型富有童趣。这既可以让幼儿在美的环境中获得身心的愉悦，培养幼儿的审美情趣，还可以提高幼儿感受美、欣赏美、表现美的能力。幼儿园的环境既具有教育价值，又具有艺术价值，这样的幼儿园才是一所美丽的儿童乐园。

> 环境是指相对并相关于某项中心事物的周围事物，是一种重要的幼儿教育资源。一般可以分为物质环境、精神环境和制度规范环境。幼儿园环境具有教育性、可控性、生活性和美观性的特征。学习时要注意区分三类环境，并准确理解幼儿园环境的四大特点。

第二节 幼儿园环境创设的原则与方法

环境对幼儿的成长与发展具有不可替代的作用，由于幼儿园教育的特殊性，因而对幼儿园环境的创设也有相应的特殊要求。一般而言，幼儿园环境必须符合安全性、适宜性、参与性、动态性、教育性、主体性、艺术性、经济性等要求。

一、幼儿园环境创设的原则

（一）安全性原则

安全性原则主要指幼儿园的园舍建筑、设施设备、活动场地、玩教具等必须符合国家颁布的相关卫生标准和安全标准，对幼儿的身体或心理没有危险和安全隐患，以及不造成儿童畸形发展。在创设环境时，首先要考虑安全问题。譬如，所有的材料有无化学污染，室内空间是否通风透气，室外游戏场地是否有使用软垫或草坪，图书角的光线是否充足，建筑物内外、

幼儿园环境创设的原则

各种设施是否有锋利的棱角，低年龄段的幼儿是否有使用体积过小的玩具，是否有注意危险物品的放置，区域设计是否存在死角和盲区，活动区的空间规划是否方便幼儿进出，户外活动器材是否定期检查维修，等等。

（二）适宜性原则

适宜性原则指幼儿园所有物质条件都要从保障与促进幼儿身心健康发展出发，与幼儿发展水平、年龄特点、兴趣爱好、个性特征等相互匹配，并考虑幼儿园自身的特点、能力与发展需要。适宜性表现在两个方面：一是适合幼儿的特点和发展需要，即环境的创设要符合特定年龄阶段的一般儿童的审美标准，有利于促进幼儿的发展；二是适合幼儿园自身特点、能力和发展需要。

（三）参与性原则

幼儿园环境首先是幼儿的环境，是幼儿可以参与创设、有发言权的环境。环境创设不是简单地摆放和展示物品的过程，而是一个创造的过程，幼儿之间、师幼之间相互启发，产生创作灵感，并在合作中体验创造的快乐。因此，环境创设的过程不专属于教师，它的教育功能也不单单表现在环境创设完毕后。参与性原则要求教师要积极引导幼儿参与环境创设，同时调动家长和社区的力量参与环境创设。

（四）动态性原则

动态性原则指幼儿园环境创设要从空间、内容、材料、规则等方面关注环境的不断变化和生成。由于幼儿年龄较小，有意注意维持的时间较短，变化的事物、丰富的活动更容易引起他们的注意和兴趣，因此，现代幼儿园环境创设要考虑环境的变化。一方面，环境创设都应尽量体现"动"的形式，这样的环境才能激发儿童与之互动。另一方面，"动态性"还体现在"变化性"和"生成性"。幼儿园环境可变性的设计，可从可变空间、可变内容、可变材料和可变规则等方面入手。① 在可变空间上，设置活动区时可以运用可移动的矮柜、隔板等，以解决儿童活动过程中的环境随时随地生成的问题。② 在可变内容上，儿童学习的主题、时间、地点应富有弹性与变化。③ 在可变材料上，当儿童对已有的环境表现出厌倦时，应及时更换材料，改变或创设新的活动区，以维持儿童的兴趣。④ 在可变规则上，儿童在活动区内可以根据已有材料改变规则、增加新的活动方式，也可根据新的规则更换或增减材料。

（五）教育性原则

教育性原则指应考虑环境的教育价值，要为全体儿童提供足够的、多种多样的，可获取丰富的知识信息、情感体验以及活动技能等的物质条件。环境是幼儿园课程的重要组成部分，是儿童的"第三位老师"，是隐性的教育资源。在创设环境时应考虑：为达到教育目标，需要有怎样的环境与之配合；现有的环境因素中，哪些因素对教育目标的实现是有用的、可利用的；哪些环境因素是需要创设的，幼儿家庭、社区为此又要做哪些工作等。

【示例】

幼儿园环境创设中，使用易于识别的生活行为规则标识图，其最主要的目的是（ D ）。

A. 美化环境
B. 便于幼儿看图说话
C. 便于幼儿认识各种符号
D. 便于幼儿习得生活技能和行为准则

（六）主体性原则

主体性原则指幼儿园环境的创设应尊重儿童在环境中的设计、支配、管理的主体地位。主体性原则一方面强调儿童在环境创设和使用中的主体地位，另一方面也强调儿童在环境创设中表现出来的自主性、能动性和创造性。在创设环境时，应思考"假如我是孩子，我想创设怎样的环境；怎么让孩子参与创设环境"，而不是"我要为孩子创设怎样的环境，我怎么创设环境"。成人不仅要鼓励儿童参与环境材料的搜集与制作等操作环节，也要鼓励儿童参与环境主题、内容的讨论和设计，以提高参与水平，培养儿童的参与意识和能力。

（七）艺术性原则

艺术性原则指幼儿园环境的创设在色彩和形式上要富有美感，且环境是清洁整齐的，能很好地激发幼儿的情趣并陶冶他们的情操，以促进幼儿在体、智、德、美等方面全面发展。幼儿园环境的各种装饰和呈现方式不仅应让幼儿感受美、欣赏美，而且还要引导幼儿表现美、创造美。在布置环境时，教师应留有一定的空间供幼儿来创作，让幼儿获得自由表现、创造的机会，并用欣赏的眼光看待幼儿，尊重幼儿创造的"美"。教师可以在幼儿作品的基础上通过边框修饰、背景衬托、组合拼接等方式来美化环境。

（八）经济性原则

经济性原则是指以最少的投入获得最大的效益，即在幼儿园环境设计时在保证符合标准的前提下尽可能降低经济投入。具体落实时要注意：一方面要根据当地实际情况来布置和创设环境，充分利用当地资源，就地取材；另一方面要注意节俭，提高物质条件的效能，尽量做到废物利用，一物多用，不奢侈浪费。

【示例】

1. 简述幼儿园环境创设的原则。
2. 材料：

幼儿园大一班开展识字比赛，教师为此创设了班级墙面环境。

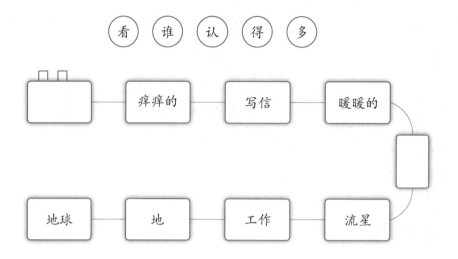

问题：
请根据创设环境基本原则，对材料中的识字比赛创设环境进行解析。

二、幼儿园环境创设的方法

幼儿园环境创设的方法多种多样，下面择要介绍几种基本方法。

（一）讨论法

教师与幼儿之间、幼儿与幼儿之间的讨论是贯穿于整个环境创设过程的，包括对环境主题的选择、区域空间的布局、学习材料的选择与投放、区域活动规则的形成、环境的调整等内容的讨论。讨论法的运用有利于提高幼儿参与环境创设的程度，让幼儿参与幼儿园环境的创设，并在适当听取幼儿的意见基础上，创设出幼儿心中的幼儿园环境。

（二）操作法

操作法是教师和幼儿根据讨论达成共识，动手操作完成空间布局、材料搜集、制作及其投放，并开展活动的过程。在操作过程中，儿童的动手能力和创造能力得到锻炼，并让幼儿亲自体验到制作的乐趣，同时还提高了幼儿爱护学校公共设施的意识。操作法是目前幼儿参与环境创设最普遍的方法。

（三）评价法

评价法是对环境的教育价值和适宜性等进行评估的方法。它是幼儿园教育评价的一个方面，也是对幼儿园环境进行调整的依据。幼儿园的环境创设不可能是一蹴而就的，需要在创设的过程中进行不断的评价、调整与修订，从而找到最合适的幼儿园环境创设方式。

（四）探索法

探索法是根据环境评估的结果对幼儿园环境的空间布局、活动区设置和材料投放等进行探索性的调整的过程。注重探索研究精神的培养，在某些环节留出空白区域，引导幼儿大胆想象，激发幼儿好奇心并进行探索。

> 幼儿园环境对幼儿的发展产生重大的影响，创设时必须符合安全性、适宜性、参与性、动态性、教育性、主体性、艺术性和经济性等基本要求。具体创建时可以用讨论法、操作法、评价法和探索法。学习时要熟记上述八大原则和四种方法，并能结合实际进行解释与运用。

第三节 幼儿园物理环境设计

幼儿园物理环境可分为广义的物理环境和狭义的物理环境两类。本文探讨的幼儿园物理环境主要指的是狭义的物理环境，即幼儿园为满足学前儿童的生长发育需要，为促进其体、智、德、美诸方面全面发展所提供的物质条件。下面按照幼儿园户内环境和户外环境展开论述。

一、幼儿园户内环境设计

幼儿园户内环境既包括幼儿园内各种房舍建筑，如教学活动区、办公区、观察室、厕所、盥洗室、保健室、餐厅、卧室、储藏室、传达室、接待室等，也包括各种室内的设备，如桌椅、装饰品、玩具、各种各样的图书、教具等。这里重点以教学活动区的设计来看幼儿园户内环境的设计方法。教学活动区是幼儿日常户内生活和行动的最重要的地方。儿童的学习行为常常受环境的影响，如何设计优化的教学活动室，为幼儿提供最有利的活动环境，是非常重要的，我们试从以下几个方面来考虑设计一个理想的幼儿园教学活动区。

（一）活动区的概念与功能

1. 活动区的概念

活动区是指教师以一定的教育目标和幼儿的兴趣水平为依据，供幼儿自由活动的、功能相对稳定的一定区域，又称活动角。常见活动区是指幼儿园中常见的区域，如美工区、积木区、角色扮演区、科学区、数学区、阅读区、音乐区、沙水区、益智区等，这些区域是幼儿园教育活动的重要补充，是实现幼儿发展的重要平台。

2. 活动区的功能

作为幼儿园教育区别于中小学教育的一种重要教育组织形式，活动区也为幼儿园实施"以游戏为基本活动"提供了空间保障和物质准备。活动区是小组教育和个别教育的重要场所，与集体教育相互配合、相互促进，共同实现教育目标，促进儿童身心的和谐发展，其具体功能如下。

（1）提供小组学习和个别学习的平台。

活动区活动一般以小组为单位，这就为幼儿之间的交流、合作提供了机会和空间。在小组学习中，幼儿可以从与同伴和成人的交流中获得认同感和归属感。同时，在活动区活动中，幼儿可以根据自身情况确定活动的进程，自由地选择、操作材料，还可以进行反复操作以提高某种技能水平。因此，活动区活动为幼儿提供了宽松、自由的活动空间。幼儿在其中可以找到适合自己学习的最佳方式，体验快乐、成功和自信。

（2）为幼儿提供静态和动态相平衡的课程。

活动区活动与幼儿园的集体教育活动在幼儿的发展中各自具有不同的、不可替代的作用。集体教育活动具有在较短的时间内进行较大范围的信息传递和集体智慧的相碰撞与交流的优势，它的稳定性强，可以称之为静态课程；而活动区活动则可以满足幼儿自主个性化发展的需要，给予幼儿更加充分、自主、愉悦的学习和游戏空间，其课程内容变化性较强，可以称之为动态课程。这两种课程应该是相辅相成的，而不应该偏重某一方面，要做到相互补充、动静结合，共同促进儿童身心全面和谐发展。

（3）有利于培养幼儿良好的行为习惯。

在活动区活动中，幼儿会获得很多开展自我服务、锻炼自理能力的学习机会，有利于良好的行为习惯和责任感的形成。比如，幼儿在区域活动中需要自己去取操作材料，活动结束后要自己把材料放回原处；遵守区域活动的一些规则，如废纸入篓、保持安静等。

（二）活动区的选择与设置

1. 活动区的选择依据

（1）根据年龄特征、个性特点确定。

幼儿园小班、中班、大班的幼儿在身心发展上存在明显的年龄差异，设置活动区时应关注和理解不同年龄阶段幼儿的情感需要，尊重他们的实际年龄表现，给他们自主的空间。所以活动区的选择要符合幼儿的年龄特征及身心健康发展的需要，应根据儿童的年龄特征、个性特点来决定。

一般地，小班幼儿的教育重点主要是情感、动作、语言以及行为规则的培养。因此，可设置生活区、娃娃家、美工区、阅读区、音乐区。中大班幼儿的教育重点是培养探究能力、思维能力、解决问题能力，可以设置科学探究区、益智区、角色扮演区、语言区、建构区、美工区和电脑区等。

（2）根据幼儿园、社区以及儿童家庭的教育资源进行调整。

在活动区的选择上，要根据幼儿园实际情况与特色、社区和幼儿家庭的教育资源来布置和创设环境，充分利用现有的资源，就地取材。活动室的布局，既要考虑本园特色，又要考虑社区文化和幼儿家庭中一些可供利用的教育资源。此外，关于活动区名称不必过分死板，可以更富有童趣、创意和新颖性。

2. 活动区的空间布局

（1）根据性质布局。

喧闹区和安静区要分开，以免互相干扰。安静的阅读区、益智区可布局在离门较远的地方，喧闹的表演区可布局在离门较近的地方或门外的走廊上。

相关区域要邻近。美工区完成的作品常常成为表演区的道具，美工区也会因表演区的活动所需制作作品，类似这样互动较多的区域就要邻近布局。

用水多的美工区可布局在距离盥洗室较近的地方。

（2）封闭性与开放性相结合。

在区域活动创设中，尽量选择通透的隔离物，如矮柜、开放式的栅栏和橱柜等。这样一来，既能使得每个区域具有相对独立的空间，又能保持一定的互通性。封闭是为了保证幼儿的活动不受其他区域的干扰，开放是为了加强区域间的信息交流，促进活动向纵深方向发展。

（3）避免"死角"。

如若幼儿在教师看不到的区域内自由活动，很可能导致两个问题：一是幼儿的安全得不到保障；二是幼儿很可能会长时间停留在原有的能力水平。因此，在进行区域布局时千万注意避免"死角"，保证教师的视线能达到所有区域，以便观察、指导幼儿的活动。

3. 活动区材料投放的要求

活动区的材料是幼儿开展活动的基本条件，因此，应本着安全、适宜、经济和实用等原则选择、投放材料，同时满足材料投放的相关要求。

（1）材料投放的目的性。

活动区的材料必须体现幼儿园的教育目标，要适应儿童的发展需要。同时，在投放材料时，必须全面考虑幼儿的兴趣、主体地位、已有经验和发展需要等，在观察幼儿与环境的互动中不断调整、完善教育目标和内容，从而促进幼儿的发展。例如半成品的材料可以给幼儿带来很大的自主操作空间，基本能满足班级日常活动开展的需要。

（2）材料投放的层次性。

材料的投放必须具有层次性。首先，材料的投放要符合儿童的年龄特征；其次，提供不同层次、不同难度的活动材料，以满足不同发展水平的幼儿的需要；再次，在投放材料时应依照由浅入深、从易到难的顺序，使材料"层次化"，让幼儿根据自己的能力与兴趣选择和操作。例如小班的数学操作材料可多采用实物，中大班则多投放点数字卡片，使不同年龄段的幼儿能够按照自己的能力选择不同难易层次的材料进行操作探索。

（3）材料投放的探索性。

投放活动材料要避免随意性，注重探索研究精神的培养，在某些环节留出空白区域，引导幼儿大胆想象，激发幼儿好奇心并进行探索。提供的材料具备多种组合，多种操作，直观具体，富有探索性。例如积木拼图这类游戏器具，可以发挥幼儿空间想象能力，培养实战动手能力和思维转换能力等。另外，可投放一些半成品、废品等低结构材料，也可以诱发幼儿的探索活动，促进幼儿与环境之间的互动。

（4）材料投放的动态性。

活动区的材料应根据幼儿的兴趣、需要及时调整更新。教师可以增加、删减或者组合材料以使材料处于变化之中，以满足幼儿的兴趣需要。幼儿的需要是多层次的，每个幼儿的需要又是有差异的，从强调多元化、尊重差异的视角，要求整个活动区的环境创设应体现动态性、多样性。例如逐渐增加图卡，对于一些过于简单的材料相应地进行回收，避免幼儿避难就简，形成惰性。

【示例】

教师为了帮助大班的幼儿了解春天的季节特征，同时在其中渗透数学教育，专门制作了一套"春天"的拼图（如图1）。拼图底板是若干道10以内计算题，每一小块图形的正面是春天景色的一部分，背面是计算题的得数（如图2），教师希望幼儿根据计算题与得数的匹配找到拼图的相应位置。然而，材料投放后，教师却发现许多幼儿不用做计算题就能轻松完成拼图，也未对图片中的季节特征产生观察与探究的兴趣。

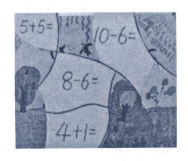 

图1　尚未完成的拼图　　　图2　其中一小块图形的正面与背面

问题：

（1）请从幼儿获得科学经验的角度，分析这一拼图材料的投放，对达成教学目标是否适宜？为什么？

（2）该材料在设计上存在什么问题？请提出改进建议。

4. 活动区的规则设计

（1）活动前的进区规则。

在幼儿进区前，主要涉及的规则问题便是"人数问题"。每个游戏由于空间和操作材料的限制都存在着人数的约定，尤其在新材料投放、有玩伴约定等情况下，会出现供需矛盾，人数提示也就成为区域活动开始之前幼儿要面临的最基本的规则。进区规则起到的最大作用就是限定某区域的游戏人数，并提示幼儿关注同伴选择游戏和开展游戏的状况，逐渐学习计划自己的游戏，同时无形之中引导幼儿学会自我约束、同伴协商、运用智慧争取等，保证区域活动的正常开展。面对这种情况，教师在开展区域活动前应该对活动区的人数进行有效管理。具体方法有：① 设置进区卡。只有拿到进区卡才能进入到相应的活动区中活动。如语言区只设置了四张进区卡，有四个儿童已经拿了，那么第五个儿童就只能去其他活动区活动了。② 设计"身份卡"。每个儿童设计一张"身份卡"，每个活动区的入口处设计一定数量的挂钩，幼儿进入活动区时需要将"身份卡"挂在挂钩上，当挂钩满时，说明这个活动区人数已满，不能再进入。

（2）活动中的操作规则与行为准则。

区域活动过程中，经常出现的无序现象主要有：幼儿大声喧哗干扰其他幼儿的活动；幼儿对操作材料无所适从，活动存在盲目性；幼儿活动的随意性导致材料摆放位置及种类的混乱等。究其原因，关键在于教师没有建构有效的过程规则即"操作规则"。"操作规则"起到的作用主要是在幼儿进行操作时做出提示，有的是表示操作的顺序，有的表示游戏的连续性，还有的则表示该游戏合作的要求。操作提示一般不宜太复杂，线索不宜太多，以免幼儿费解或畏难。教师可以加强对活动要求和活动方法的隐性提示，以增强幼儿的活动规则意识和活动的目的性。例如教师可以为每个活动区的活动设计出大致的活动流程和材料操作方法，如医生如何照顾病人，理发师如何给客人理发，建构区中的房子如何搭建等，都可以通过图文并茂的形式呈现，告诉幼儿该如何做。

各个区域都有各自的行为准则，例如美工区的行为准则可能会是：使用剪刀要当心，用过的笔放回笔筒里，各种颜色的橡皮泥不能混在一起，废纸入篓；图书区可能会要求儿童：保持安静，一次只拿一本书，看完书后应放回原处等。我们提倡师幼共同讨论确定各个区域的行为准则，最后通过儿童化和图文并茂的形式呈现出来。

（3）活动后的归物规则。

区域活动规则中的"归物规则"便是区域养护的最好使者。区域活动结束后的收拾整理，同样也是区域活动中的一项重要环节，蒙台梭利尤其强调这个环节中教具、教材的摆放所形成的秩序感。由于区域是一个开放式的学习环境，因此，学会将操作材料有序收拾和摆放，可以增强区域环境的秩序感。为了提高幼儿在这一环节中的有序性，教师可以通过多种形式的规则暗示来增强对幼儿的引导。

教师可以在环境中设计一些有效的标识来引导幼儿，那么这不仅能大大减轻教师的工作量，而且也能培养儿童良好的行为习惯。例如，在该放剪刀的地方画一把剪刀；在放洋娃娃的塑料箱上画上洋娃娃的图案等。幼儿园中一些零散性材料可分类放在篮子或透明的塑料箱里，在每个篮子或箱子上也应有相应的标记。例如，在装有插塑类材料的箱子上可以贴一张插塑材料的图形，在装有圆珠类材料的箱子上贴一张圆珠图形等。

> 幼儿园活动区要根据幼儿的身心特点和幼儿园现有的教育资源情况进行设置，具体操作时要注意空间布局、材料投放和规则制定几个方面。学习时特别注意空间布局和材料投放的具体要求。

(三)常见活动区设置要领

1. 角色游戏区

角色游戏区就是利用活动室、走廊、门厅及室外场地，提供并投放相应的设施和材料，让幼儿进行角色游戏活动的场所。创设角色游戏区时考虑以下几个方面。

（1）提供宽广的活动空间。角色游戏区是一个以发展幼儿社会性为主的区域，需要有大量的肢体动作，因此，角色游戏区应有足够的活动空间，不能过于拥挤，每个装扮区至少能同时容纳6—8个幼儿。

（2）避免与安静的区域为邻。装扮区是个相对热闹的区域，应避免靠近语言区、益智区等静区，以免干扰该区的活动。

（3）设置固定区域与道具箱。一般固定的装扮区域是幼儿生活经验最丰富的区域，如小班有"娃娃家""我的厨房""医院"等，中班有"医院""餐馆""表演区"等，大班有"图书馆""超市""剧院"等。

2. 建构游戏区

建构游戏区是指在一定的空间范围和丰富的建构材料的前提下，幼儿通过自主选择与材料互动，激发想象力和创造力，提高塑造结构美和造型美的能力，促进自身视觉、触觉、手眼的协调，以及社会交往和合作能力的发展的场所。创设建构游戏区时考虑以下几个方面。

（1）铺设地毯，不摆桌椅。建构区通常会铺设地毯，这样可以使积木等建构材料在搬运或推倒时不至于发出过大的声响而影响他人。而且桌椅无形中还会限制了幼儿的活动，也会让建构区变得狭小。

（2）材料丰富，标志清楚。建构区存放的不仅有各种人偶、小动物、交通工具模型的积木和积塑，还有从生活中收集而来的自然物和废旧材料，以及利用这些材料加工而成的玩具、半成品等。这些材料通常摆放在柜子的各层各格并贴有标志，能让幼儿一目了然地知道区域里有哪些建构材料，收拾时也能很快物归原位。

【示例】

关于幼儿游戏活动区的布置，正确的说法是（ C ）。

A. 以阅读为主的图书区可与娃娃家放在一起

B. 自选游戏环境的创设是由教师进行的

C. 可在积木区提供一些人偶、小动物、交通工具模型等辅助材料

D. 娃娃家应该是完全敞开式，让每个人都能看到里面有什么

3. 美工区

美工区是指在该区域内提供各种材料，旨在培养幼儿绘画、劳作、剪纸、折纸、捏土、切割等能力的游戏活动区。创设美工游戏区时考虑以下几个方面。

（1）艺术氛围浓厚。美工区的墙面要色彩斑斓，具备视觉冲击力，给人带来兴奋和愉悦的感觉。线、形、色等美术元素直观地体现在区域环境当中。

（2）操作台面容易清洁。美工活动通常会有水、颜料、黏土等材料，因此操作台面采用比较容易清洁的漆、胶等材料涂抹或铺垫，方便操作。

（3）展示栏必不可少。幼儿的创作需要有展示的空间，因此美工区通常都会设计展示栏，或者利用墙面、柜子，让幼儿有机会陈列自己的作品，相互交流分享。

4. 图书区

图书区的功能是让儿童感受图书带来的愉悦感，有利于缓解不良情绪和压力，感受文化的熏陶，培养良好的阅读兴趣和习惯，而且还能帮助儿童形成对图画和文字的敏感性，提高阅读理解能力等。创设图书区时考虑以下几个方面。

（1）科学规划班级阅读区。阅读区要设置在光线明亮而又安静的地方，以便于保护幼儿的视力，有利于增强阅读区的吸引力。

（2）注意阅读区规则的建立。阅读区的创建除了场地的规划、图书的内容选择之外，阅读空间和借阅规则也是很重要的一个环节。例如，在阅读区看书时请保持安静；看书时要爱惜图书，不能损坏；看完后，请把书收整齐，摆放好。

（3）投放类型丰富、适量的图书。小班幼儿投放的图书应该色彩鲜艳、构图简单、线条清楚。内容以幼儿园生活和小动物为主，情节简单，图书的尺寸尽量大，纸质厚实，便于幼儿反复翻阅。中班幼儿可以选择一些描写日常生活、自然界事物以及有关人物的图书。大班幼儿可选择一些情节生动、富于想象力和有关探险或设有问题的内容的图书。同时，适时可以投放一些辅助材料，如提供一些玩偶或手偶、谜语和游戏等供幼儿选择。

5. 自然角

自然角的功能主要是为儿童接触、认识大自然提供一个场所。它有利于激发儿童探究大自然的兴趣和好奇心，是对儿童进行自然教育、培养科学素养的重要途径，也是幼儿园自然课程教学的重要补充形式。创设自然角时考虑以下几个方面。

（1）根据年龄特点安排自然角内容。小班，可以侧重于水果造型，小动物的饲养，大蒜、大豆的种植等。中班，可以着重于周期稍长一点的种子发芽，如辣椒、玉米、花生等，及一些简单的动物饲养的方法。大班，可以安排周期更长一点的作物，如蚕豆、葫芦、黄瓜等的种植，或研究植物根系的伸长等。另外大班还要通过各种小实验，让幼儿发现自然界中各种小奥秘。

（2）根据季节特点安排自然角内容。春季，天气转暖，万物复苏，比较适合做一些种子的发芽实验。夏天如果有机会就捕捉并饲养蜗牛、蝉、蚯蚓等小动物，可制作蝴蝶、蜻蜓标本。另外，夏季天气变化较频繁，我们还可以在室外建立一个小小气象观测站，让幼儿轮流观察天气的变化，并做天气日记。秋季，是丰收的季节，适合收集种子、做树叶标本和陈列水果等。冬天的自然角我们可以水冻冰花，来观察冬季独特的景观。

（3）根据地方特色安排自然角内容。每个地方都有自己的特色，在自然角内容的选择与安排上要根据地方的实际情况安排，这样既可以使材料容易获得，又使幼儿了解家乡特色，增加对家乡的热爱。

> 常见的活动区包括角色游戏区、建构游戏区、美工区、图书区和自然角。每个活动区都有相应的特征，学习时注意每个活动区的功能与创设要点。

二、幼儿园户外环境设计

幼儿园的户外环境主要指幼儿园户外活动场地的环境。主要包括户外场地、游戏设施、庭院绿化和建筑小品等几个部分。一个安全的、精心设计的户外环境可以促进幼儿的自我意识、情感健康、社会性、交流能力、认知和感知运动能力的发展。

（一）户外场地

一般来说，幼儿园户外场地分为两种：一种是全园只设一个大型的共同游戏场地，另一种是同时设班级游戏场地及共同游戏场地。具体设计时应该根据幼儿园的建设规模确定采用方式。

幼儿园中的户外场地，大致包括以下三个区域。[①]

（1）水泥地：水泥地的开辟主要可供幼儿学骑童车、拉手推车、列队做操时使用。

（2）花草地：供幼儿奔跑、跳跃、打滚、嬉戏时使用。

（3）泥土地：可开辟为花圃、菜圃、自然角等使用。

幼儿园开辟户外场地，其主要目的是为了让幼儿能充分接触新鲜空气和阳光，锻炼幼儿的身体。因此，场地的设计一定要方便，能让幼儿充分地活动开来，有利于幼儿开展各种游戏和体育活动。

（二）游戏设施

游戏设施的设计对于幼儿的成长极为重要。幼儿园设置于户外的游戏设施主要有大型游戏器材、可移动的游戏器材，以及沙水活动的设施。

1. 大型游戏器材

安置在户外场地上的大型游戏器材一般有两种：一种是单一功能的器材，如滑梯、跷跷板、秋千、攀爬具等；另一种是大型多功能组合型器材，这种类型的器材因为体积比较庞大，往往置于操场中，如果场地面积比较小的话，应适当减少此类器材的数量，变大型

---

① 朱敬先. 幼儿教育［M］. 台北：国立编译馆，2004：330—331.

固定器械为小型的、可移动的器材。

2. 可移动的游戏器材

除了固定安置的游戏器材以外，户外场地上还应该放置一定数量的可移动的多功能游戏器材，如板条、轮胎、软管、木箱等。①这些器材有助于幼儿在任意组合中尽情地想象，并在想象中变化着进行游戏，培养一定的创造才能。

3. 沙水

幼儿对于玩沙和玩水非常感兴趣。玩沙设备最简单的是在地上挖一个坑填入沙子，或者用一个废木箱装上干净的沙子。地点的选择最好置于有树荫遮蔽处，避免过强的日晒。在玩沙处附近最好附有可以使用的工具，以刺激孩子的使用。

玩水的设施最好是在自然环境下，如果园内有小溪流过则最为理想，否则可采用人工水道、水池等。水池最好分为深、浅两部分，以满足不同幼儿的需要。从为幼儿的健康着想，水池中的水应该经常置换，以保持洁净，教师应在幼儿玩水时给予一定的监护。②

（三）庭院绿化

儿童对于自然有特殊的喜爱，因此，户外场地的设计要充分考虑庭院的绿化，营造一个充满生机、绿意盎然的幼儿园户外环境。

1. 铺设一块绿地

在条件允许的前提下，可以在平整的地上或者沿缓坡铺设一块绿地，一方面可以改善幼儿园内的空气质量，创造一个温柔宁静的氛围。另一方面还可利用绿地让小班幼儿练习攀爬、跳跃等。同时应注意选择生命力旺盛、耐践踏的草种。

2. 种几棵大树

在场地允许的情况下，可在幼儿园的角落或边界处种上几棵大树。繁茂的大树往往可以增加一个幼儿园的人文底蕴。

3. 设几处花坛、花箱

花坛、花箱的设计可以利用边角地带因地设置，不仅不会浪费户外面积，而且可以点缀整个幼儿园的环境，起到一种美化的作用。③

在庭院绿化的过程中，应该注意带有毒性的植物、带刺状的植物或是有黏液排出的植物是不适合种植的。除此以外，具有极强染色特性的植物也不适合种植。一般宜选择春夏观花、秋观叶和果、冬观枝的植物进行种植。同时，如果能在树形、花色、叶色、习性等方面满足教育利用的植物则更为理想，如有味觉、触觉、视觉、嗅觉的植物材料，在突出

---

① 朱家雄.游戏活动2—6岁（教师参考用书·试验本）[M].上海：上海教育出版社：2002：7.
② 朱敬先.幼儿教育[M].台北：国立编译馆，2004：328—329.
③ 岳晓春.幼儿园环境创设与美育[M].北京：北京教育出版社，1996：73—83.

表现植物景观的同时，能增加幼儿体验、感受、认识自然的机会，寓教于学。

（四）建筑小品

建筑小品是幼儿园户外环境设计的一部分，具有美化环境和为学前儿童提供游戏活动或休息场所的作用。通常包括喷泉、假山、雕塑、凉亭、围墙、座凳等。

在设计建筑小品时，首先考虑的应该是其实用性的特点。例如，在园内面积紧张的情况下，假山、喷泉、凉亭等都是不可取的。

其次，需要考虑建筑小品的适用性问题。幼儿园作为一个幼儿的教育机构，所选用的建筑小品必须吻合幼儿的心理特征，成为幼儿喜爱的环境的一部分。

再次，应该考虑建筑小品的多种用途，避免设置单一用途的建筑小品。例如，可以将喷泉作为幼儿玩水的场所，凉亭则可作为户外的画室之用，等等。通过充分利用环境的功能，创造一个充满教育意义的幼儿园户外环境。

总之，幼儿园的户外场所的设计一方面应像一座花园，其设备布置应尽量与大自然的情景相似，成为幼儿认识自然界的启蒙园地。另一方面，应成为幼儿活动的乐园，设置适合幼儿年龄特征的各种游戏设施，使其在各种游戏活动中锻炼身体，培养勇敢、爽朗、大方、合作的性格。

> 幼儿园户外环境主要包括户外场地、游戏设施、庭院绿化和建筑小品等几部分。学习时注意每个活动区的功能与创设要点。

第四节 幼儿园精神环境创设

物质环境如同机器的硬件，而精神环境如同软件。与物质环境相比，精神环境的影响是无形的，但却是深刻长远的，它对幼儿的发展起着多方面的暗示和支持作用。

一、精神环境对幼儿发展的影响

（一）影响幼儿的心理健康

积极健康的精神环境是幼儿心理健康发展的关键。生活在温暖、支持、自由氛围中的幼儿，容易形成积极的个性特征、行为态度，获得良好的交往技能并表现出积极向上的交往行为。幼儿园里正确的教育理念和保教行为、平等和谐的人际关系能使幼儿产生依赖、轻松愉快的心理，产生安全感和自由感，获得积极的情绪情感体验并养成良好的行为习惯。反之，压抑、恐吓、专制的精神环境对幼儿的情绪情感、心理状况和人格发展等都会产生极大的消极影响，容易使幼儿产生紧张焦虑的情绪进而诱发一些不良行为，如退缩性、攻击性行为等。

（二）决定着创造潜能的开发

专制与严肃的环境对幼儿的创造性发展会产生压抑和束缚，而宽松、和谐的精神氛围有利于幼儿主动学习和探索创造，是幼儿创造潜能得到发展的优良土壤。只有营造一种鼓励、支持、尊重的心理氛围，幼儿才能自由、大胆地去探索、发现和表达，创造潜能才能得到最大限度的发掘。在宽松自由的环境中，教师不多干涉、不指责、不呵斥，而是在观察、了解幼儿的基础上给予适时的帮助、鼓励与指导。幼儿可以自由地表达或交流思想与情感，自由地选择教师为他们提供的材料，按照自己的想法去活动。在没有压力的情况下，通过自己的主动活动满足好奇心，创造性潜能也得到了自由充分的发展。

（三）影响幼儿人格的形成

蒙台梭利认为幼儿具有"吸收性心智"，这种对周围环境的吸收能力奠定了幼儿早期人格形成的基础。幼儿园教育既要重视知识技能的获得，更要重视兴趣和习惯的养成。娇宠、放任的环境容易使人任性，专制的环境容易使人抑郁，民主的环境则有利于形成活泼开朗的性格。幼儿园是幼儿离开家庭的保护与外面的世界接触的第一个环境，这个环境是接纳还是排斥，是压抑还是快乐，是严厉还是亲和，都会影响幼儿早期对这个世界的判断，形成某种"印刻效应"，不仅影响幼儿对幼儿园的态度，影响在园生活的质量，最重要的是影响人格的形成。

【示例】
简述幼儿园心理环境创设的重要意义。

> 精神环境对儿童发展的影响很大。幼儿园精神环境直接影响着儿童的心理健康状况，决定着儿童创造潜能的开发，并且影响幼儿人格的形成。

二、幼儿园精神环境设计的原则

（一）无条件积极关注原则

和谐的幼儿园精神环境要求教师无条件积极关注幼儿园里的每一个幼儿。具体要求如下：① 关注所有幼儿。不论出身、家庭条件、外貌，不管是"乖巧听话"还是"顽皮捣蛋"，不管是聪明还是"愚笨"、俊美还是丑陋都要一视同仁。② 不仅关注"结果"，还要重视"过程"。幼儿园的教育更看重的是兴趣和习惯的培养，重视幼儿体验的过程，因此，教师尤其要关注幼儿学习的过程，重视发展性评价。③ 不仅关注教学活动，还要关注进餐、睡眠等生活活动。每个幼儿都期望得到教师积极的关注，教师一句充满希望的话、一个点头微笑、一个亲昵的动作都表示着对幼儿的重视和关心,这是建立良好师幼关系的基础,也是幼儿园和谐环境形成的重要条件。

(二)尊重性原则

尊重是一切教育的前提。具体要求:① 尊重幼儿的自主性。幼儿是一个独立的个体,有自己的经验,有自主活动的愿望。教师要把他们当成活动的主人,发挥他们的独立自主性,尊重他们的经验,不带任何偏见,不居高临下地审视。在保教活动中多让他们自己去做、去看、去想、去体验,自由地表达、主动积极地反应。② 尊重幼儿的独特性。每个人都有独特的个性,有自己的需要、兴趣,教师要尊重个性差异,并根据差异因材施教。③ 尊重幼儿的发展性。幼儿是发展中的个体,由于年龄小、心智发展不完善,难免会产生错误的行为,因此,教师要耐心地接纳幼儿的过失,引导他们,并以发展的眼光看待他们。

(三)鼓励性原则

鼓励性原则是指幼儿园教育过程中教师要多接纳、多支持、多赏识幼儿。具体要求:① 支持幼儿合理地表达自己的情感、态度、思想观点。② 当幼儿遇到失败、挫折时,要给予支持和鼓励,引发他们再尝试、再行动的意愿,获得新的成功机会。③ 多进行肯定性评价。肯定性的评价更能够鼓励幼儿的积极性,发展和保护自尊,帮助他们树立自信。因此,教师要善于观察、善于发现,对幼儿积极的言行、情感等多给予肯定、积极的评价,多给幼儿以成功的体验。

> 良好的精神环境是幼儿园顺利进行保教活动,促进幼儿发展的前提条件,创设时要遵守无条件积极关注原则、尊重性原则和鼓励性原则。学习时要注意三条原则的具体要求,并结合实例进行理解。

三、精神环境的创设

(一)创设优美、整洁的幼儿园物理环境

优美、整洁的幼儿园物理环境是创设良好心理环境的前提和基础,能唤起幼儿对生活的热爱,充实幼儿的生活内容,陶冶幼儿的性情和情感,培养幼儿的良好习惯,激发其求知欲,让他们能自由地探索世界的奥秘。具体要求:① 符合安全、舒适、卫生、实用等特点。② 在环境的布置上应做到绿化、美化、净化、儿童化和教育化。例如,保证幼儿园建筑的安全、可靠;园内儿童接触设施的卫生和整洁;园内设备和材料的丰富多彩,能满足不同幼儿的不同需要和多种需要;活动室应宽敞明亮,布置上要体现立体化、平衡化和动态化;各种环境内容要随教学内容、季节特点的变化而变化等。

（二）建立和谐的师幼关系

1. 理解幼儿并满足其正当需要

儿童是一个处于发展中的独立而又富有个性，享有一切基本人权的社会人。教师读懂儿童，树立科学的儿童观、教育观是建立和谐师幼关系的前提。教师应多观察幼儿、研究幼儿、参与幼儿的活动，在了解幼儿的基础上，关注并满足其正当需求，让幼儿感受到安全感。

2. 树立师幼平等观念

树立师幼平等观念，这是和谐师幼关系建立的基础。教师在日常活动的一言一行中应注意以平等的态度与幼儿相处，蹲下来与幼儿对话，尊重幼儿的人格、权利，平等对待每一位幼儿。教师应常用鼓励性语言，"我相信你可以做好的"、"你肯定行的"，让幼儿相信"我是好孩子"、"老师喜欢我"。

3. 重视师幼情感交流

建立良好的师幼关系，情感交流是关键。在日常活动中，教师应给予幼儿母亲般的关爱，注意安抚幼儿的不良情绪，随时向幼儿传达正向的情感。教师可以用自己的语言和肢体动作与幼儿进行情感交流和沟通。教师对幼儿的爱，可以通过点头、微笑、注视、鼓励以及身体的接触、抚摸、拥抱等不同的方式传递给幼儿。同时，教师应公平地对待每一位幼儿，针对个体的差异，用不同方式的爱去抚慰每一位幼儿。

4. 以宽容心对待幼儿

幼儿难免会犯一些小错误，面对"成天闯祸"的孩子，教师如果过于严厉，甚至体罚，幼儿则会越来越害怕教师，并与教师疏远，甚至产生逆反心理，进而与教师对立。因此，教师应以宽容、理解的态度看待幼儿的一切行为。因为儿童正是在这种不断的尝试、探索、调整的过程中得以成长的。

5. 加强对幼儿的感恩教育

师幼关系是一种双向的互动关系，和谐师幼关系的构建不仅需要教师对幼儿的关爱、理解，同时也需要幼儿回馈教师的爱。因此，教师要加强对幼儿的感恩教育，使他（她）们理解教师的教育行为，学会尊重教师的劳动付出，尊重教师的人格权利，爱自己的老师。

【示例】

论述积极师幼关系的意义，并联系实际谈谈教师应如何建立积极师幼关系。

（三）建立良好的同伴关系

同伴关系是指年龄相近的儿童在共同生活、共同游戏中建立起来的相互协作关系。良好的同伴关系有助于幼儿正确认识自己，理解、关心、帮助他人，学会如何坚持自己正确的主张或放弃自己不好的或不正确的意见，以及在平等的基础上协调各种关系，尤其对培养幼儿分享、公正、好感等社会性行为方面有着特殊的意义。

1. 充分认识同伴关系的重要性

同伴关系是儿童最重要的社会关系之一，同伴交往是个体社会化的重要手段和内容，对儿童亲社会行为、社会交往能力、社会认知及情感等方面的发展具有重要意义。因此，教师应转变观念，认识到同伴交往不仅是幼儿的基本权利，更是幼儿自身发展的需要。教师应加强同伴交往方面的理论学习，结合幼儿园实际对同伴交往做出正确的干预和指导。

2. 协调影响同伴交往的诸因素

影响幼儿同伴交往的因素大致包括：① 家庭因素，如家长的教育方式、经济情况、居住环境、家庭气氛等；② 社会因素，如社区环境、电视媒体、社会关系等；③ 幼儿园因素，具体包括教师的影响、课程与环境影响等。教师应尽可能地协调这三类因素，使之处于最佳状态，以促进幼儿同伴关系的和谐发展。

3. 为同伴交往创造良好的环境

研究表明，整洁优美、井然有序的物质环境会在一定程度上安定幼儿的情绪，增强幼儿行为的有序性，有助于幼儿对社会性规范的遵从；相反，杂乱无章的物质环境则可能使幼儿浮躁不安，易发生争吵、冲突。教师应营造自由、宽松的心理氛围，鼓励、支持幼儿之间的交往。

4. 培养幼儿的同伴交往技能

幼儿由于身心发展水平所限，在社会交往中往往表现出"自我中心主义"的特点，因此，教师应教给幼儿一些必要的交往策略，如轮流、商量、合作、分享等。有效的交往策略能促使幼儿顺利加入同伴活动，恰当解决同伴冲突，提高交往能力。积极组织开展游戏活动，尤其是集体游戏能够有效地促进幼儿之间的良好交往。

【示例】
影响在园幼儿同伴交往的因素有哪些？

（四）构建良好的成人关系

1. 构建良好的"家园关系"

在各阶段教育中，幼儿园教育更加需要家长的合作。"家园合作"是幼儿园教育工作的重要组成部分，是幼儿园完成教育任务、提高保教质量不容忽视的一项工作。为此，教师应树立正确的教育观念，以平等的态度对待家长，相互尊重、通力合作，积极争取家长的理解、支持和主动参与。同时，应采用多种途径和方式进行交流与沟通，一方面要谋求价值观的统一，另一方面要积极争取家长参与幼儿园教育活动。

2. 构建和谐的同事关系

教师自身健康的心理状态是幼儿园良好心理环境的重要基础，直接影响到儿童身心健康和人际交往能力的发展。教师应保持积极的心理状态和健康向上的生活态度，平时加强与同事之间的交流、讨论，释放工作、生活的压力。幼儿园教师虽然在职位上有上下级之分，但是所有的教师在人格上都是平等的，因此，教师之间理应相互尊重、通力合作，共同促进儿童身心健康全面发展。

【示例】
作为幼儿教师，如何在保教活动中营造良好的心理氛围？

> 精神环境的创设可以从物理环境和人际关系（包括师幼关系、同伴关系和成人关系）两个角度去理解与记忆。特别关注良好师幼关系和同伴关系建立的具体方法。

本章小结

对幼儿而言，环境是除家长、教师之外的"第三位老师"，环境对幼儿的健康成长具有重要影响。对于幼儿园环境的理解较多地停留在物质层面，但越来越多的人认识到幼儿园心理环境的重要性，开始重视心理环境的建设。良好的幼儿园环境必须考虑到安全、舒适的物质环境建设，更需要考虑平等、健康、自由的心理环境的建设。只有这样，才能有利于幼儿的健康成长和使其获得更有效的教育，促进幼儿的全面发展，为今后的中小学教育打下扎实的基础。良好的幼儿园环境是幼儿成长的摇篮，让它成为幼儿心中的"乐园"吧。

知识结构

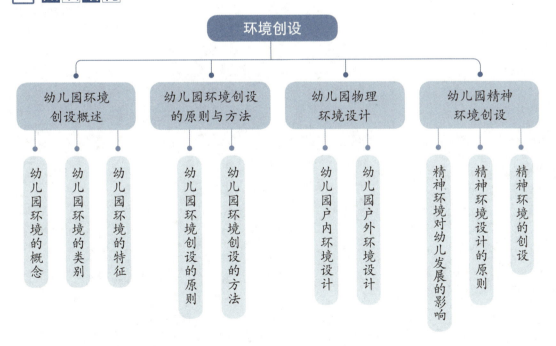

第六章

游戏指导

◎ 学习目标

※ 识记并理解游戏的定义与类型；
※ 了解各种常用游戏的特点与功能；
※ 了解相关的游戏理论；
※ 理解游戏的组织原则，并能结合实际进行运用；
※ 能根据幼儿的不同年龄特点选择合适的游戏指导策略。

◎ 学习重点

熟悉幼儿游戏的定义、类型、特点以及功能。了解各年龄阶段幼儿的游戏特点，并能提供相应材料支持幼儿的游戏，根据需要进行必要的指导。重要知识点如下：牢记幼儿游戏类型并能准确判断；熟悉幼儿游戏的特征及其对促进幼儿健康成长的意义；了解游戏理论；特别注意不同类型游戏的指导策略，并能结合实际加以运用，特别注意游戏中教师的地位与干预时机。

◎ 学习导引

本章内容陈述性和程序性知识并重，学习时不仅要注意相关知识的识记，更重要的是能结合现实问题做出游戏指导。首先要了解不同学者对游戏做出的不同界定，把握游戏的内涵；在此基础上了解游戏的类型以及功能，了解不同游戏的特点，能够对不同游戏做出区分；结合指导原则和指导时机对幼儿游戏做出恰当的指导，即结合相关知识点以及幼儿的年龄特征对幼儿的游戏做出指导。

本章导入

我的游戏我做主

"今天我想从骑行区开始游戏。""我要看一看'循环任务单',去昨天活动结束的地方继续游戏。"在这里,幼儿可以自主选择某个游戏区域作为起点,进行户外晨锻游戏。

幼儿园的户外活动区分为"星宝爱探险""疯狂动物城""玩沙玩水""球球乐""农庄"等不同主题的9大游戏区,在场地里放置半成品游戏材料,提升游戏趣味。另外,教师和幼儿们一起改造了绿植处、死角处。比如,"骑行乐园"的死角处被幼儿设计成"加油站",让"送快递"体验更丰富。

"改造后的户外场地,墙面与场地之间有互动,区域与区域之间有互动,经验与能力之间有互动,让幼儿可以自主选择、自主活动、自主体验。"园长说。"我们组织教师研讨,通过跟岗教研、精准分析、调整优化,确立游戏主题内容。"一位教师说,通过主题式推进、多元化改进、全园性拓展,让幼儿做游戏的"小主人"。

大班教师与幼儿一同创设了"疯狂动物城"主题的撕名牌游戏情境,还创造了自主循环、任务循环、联动循环、重复循环等游戏模式。比如在联动循环模式下,基于幼儿的兴趣和需要,创设学习和问题情境,把不同的游戏经验、知识关联起来。幼儿在"农庄"摘下水果后,推着小车去"售卖";"卖"完水果后,幼儿可以继续推着小车来到"星宝爱探险"区域,用小车搬运建构材料,也可以推着小车到"冒险岛"区域参加推车比赛。同时,教师还鼓励混龄游戏,以大带小,让幼儿体验更多不同的玩法。在以拯救小鸟为主题的"里约大冒险"游戏区,大班幼儿负责攀爬高处"拯救"小鸟,中班幼儿则在低处接住小鸟,放入篮中,默契合作,共同完成"拯救"任务。[①]

游戏是幼儿生活的全部,如何让游戏活动丰富多彩、富有生活气息,让幼儿在游戏中获得知识、学会交往、丰富经验,这是每位教师必须考虑的问题。该幼儿园通过户外游戏场地的改造、优化游戏主题、幼儿参与设计、创新游戏模式等,让幼儿自主选择、主动参与,在游戏过程中激发学习兴趣,促进身体发展,熟悉社会生活。寓教育于游戏是幼儿园教育的一大特征,幼儿园教育也应当是游戏性的。那么,游戏在幼儿园

---

① 周文洁.丽水市莲都区培红幼儿园:我的游戏我做主[N].浙江教育报,2023-06-02(4).

教育中处于怎样的地位？游戏有哪些类型？应该如何组织游戏？这是本章试图回答的问题。

第一节 游戏的定义与类型

一、幼儿游戏的定义

游戏，不同的学者有不同的理解。柏拉图认为，游戏是一切幼儿生活和能力跳跃需要而产生的有意识的模仿活动。亚里士多德认为，游戏是劳作后的休息和消遣，本身并未带有任何目的性的一种行为活动。德国的沃尔夫冈·克莱默则认为，游戏是一种由道具和规则构建而成的，由人主动参与，有明确目标，在进行过程中包含竞争且富于变化的，以娱乐为目的的活动。荷兰学者胡伊青加在《人：游戏者》中对游戏做如下定义：游戏是一种自愿的活动或者消遣，这种活动或消遣是在某一固定的时空范围内进行的，其规则是游戏者自由接受，但又有绝对的约束力，游戏以自身为目的而又伴有一种紧张、愉快的情感以及对它"不同于日常生活"的意识。我国学者邱学青认为，游戏是幼儿在某一固定的时空中，遵从一定规则，伴有愉悦情绪，自发、自愿进行的有序活动[①]。《幼儿教育辞典》下的定义如下：游戏是幼儿的基本活动，是幼儿通过模仿和想象，有目的、有意识、创造性地反映现实生活的活动，是人的社会活动的初级形式。[②]

由于幼儿游戏的范围广泛，各种游戏在主动控制的程度、复杂的程度、动静的性质和运用游戏材料的多少等方面差距很大。幼儿游戏本身又具有灵活性、多变性，再加之研究者的方法论不同，研究的角度和所依据的材料不同，因此对游戏的特点没有形成统一的认识。为了明确游戏的特点，有必要从幼儿活动的三种基本形式——游戏、劳动和学习的区别出发，来阐述游戏的特点。第一，游戏不是学习。学习是目的明确的、由不知到知的过程。第二，游戏不是劳动（或工作）。劳动是创造财富或解决生活中的问题的过程。综合来看，游戏的特点主要有以下五点。

（1）社会性。幼儿游戏的需要不受食物性驱力的支配，也不是与生俱来的本能活动。游戏是由于幼儿渴望参加社会实践活动的需要，同从事这些活动的经验和能力水平之间发生矛盾而产生的一种社会性需要。幼儿游戏的内容来自其周围的现实生活，并随着社会生活条件的变化而变化。

---

① 邱学青.幼儿游戏[M].南京：江苏教育出版社，2008：3.
② 彭珮云.幼儿教育辞典[M].北京：中国大百科全书出版社，2004：970.

（2）虚构性。游戏是在假想的情景下反映真实生活的活动，其情节的发展和角色的扮演，活动的方式和替代物的使用等，均借助想象来进行。

（3）兴趣性和愉悦性。直接兴趣是幼儿进行游戏的动力，幼儿沉湎于游戏过程而不追求什么明确的目的，没有心理压力和负担，所以幼儿在游戏中总带有愉快的情绪体验。

（4）具体性。游戏有主题、情节和角色，充满了语言和工作，有实际的玩具和材料。通过对这些具体事物的感知，在幼儿的脑中不断出现具体形象，即表象。

（5）自主性。幼儿从事游戏是出于自己的兴趣和愿望。在游戏中，游戏的形式、材料以及游戏的开始、结束都应由幼儿自己掌握，按照自己的意愿、体力、智力来进行。

> 关于游戏，目前尚无统一的定义，但游戏有一些共同的特征：社会性、虚构性、兴趣性和愉悦性、具体性、自主性。

二、幼儿游戏的类型

由于分类标准的不同，游戏的类型也不同。下面介绍几种基本的分类。

（一）按社会化程度分类

美国心理学帕滕根据社会化程度对游戏做出下述分类。

1. 无所用心的行为

幼儿不是在做游戏，而是注视碰巧暂时引起他兴趣的事情。

2. 旁观者行为

幼儿观看其他幼儿的游戏，自己并不参加。

3. 单独一人的游戏

独自一人专心玩自己的玩具。

4. 平行游戏

幼儿在其他正在游戏的幼儿旁边玩。

5. 联合游戏

幼儿在一起玩同样的或类似的游戏。但每个人可以按自己的意愿玩，没有明确的分工和组织。

6. 合作性游戏

幼儿组织起来，为了达到某个具体目标所做的游戏。游戏时有领导、有组织、有分工。

（二）根据智力发展阶段分类

皮亚杰从认知发展角度对幼儿游戏做出如下分类。

1. 实践练习的游戏（感知运动游戏）

在游戏中，幼儿反复练习感知觉和动作，是游戏的最早形式，幼儿最早玩的游戏。

2. 角色游戏

幼儿以模仿和想象、扮演角色，反映周围生活，幼儿可以脱离当前对实物的感知，以表象代替实物做思维的支柱，进行想象，并学会用语言符号进行思维。

3. 规则性游戏

以规则为游戏中心，摆脱了具体情节，用规则来组织游戏。

【示例】

1. 幼儿最早玩的游戏类型是（ A ）。
   A. 练习游戏　　　　B. 规则游戏　　　　C. 象征性游戏　　　　D. 建构游戏
2. 幼儿园的"娃娃家"游戏属于（ C ）。
   A. 结构游戏　　　　B. 表演游戏　　　　C. 角色游戏　　　　D. 智力游戏

（三）按认知发展水平分类

1. 感觉运动游戏

即机能性游戏、练习性游戏、实践性游戏，这类游戏主要由简单的重复动作运动组成。这种游戏的动因在于感觉运动器官在运动过程中所获得的快感。例如：拍水、滑梯、摇铃等。

2. 象征性游戏

这类游戏是幼儿借助于代替物（如扫帚当飞行器等）的帮助再现不在眼前的事物或情景的活动。通过这类游戏，幼儿可以脱离当前对实物的知觉，以表象代替实物并学会用语言符号进行思维，体现着幼儿认知发展的水平。

3. 规则性游戏

这类游戏是幼儿按照一定的规则进行的，并带有竞赛性质的游戏，参加游戏的幼儿必须在两人以上。如：打牌、下棋、老鹰抓小鸡。

4. 结构性游戏

它是游戏活动向非游戏活动的过渡，前期带有象征性，后期逐渐成为一种智力活动。如：拼图、搭积木、堆雪人。

【示例】

1. 幼儿反复敲打桌子，在房间里跑来跑去，在椅子上摇来摇去，这类游戏属于（ D ）。

A. 结构游戏　　　　B. 象征性游戏　　　　C. 规则游戏　　　　D. 机能性游戏

2. 幼儿拿一根竹竿当马骑，竹竿在游戏中属于（ C ）。

A. 表演性符号　　　B. 工具性符号　　　　C. 象征性符号　　　D. 规则性符号

（四）按教育作用分类

在我国幼儿园中，一般将游戏按教育的作用分为创造性游戏和规则性游戏两类。

1. 创造性游戏

是幼儿主动地、创造性地反映现实生活的游戏，包括角色游戏、结构游戏、表演游戏等。

2. 规则性游戏

是成人为发展幼儿的各种能力而创编的、有明确规则的游戏。多作为完成教育任务的教学手段，包括智力游戏、体育游戏、音乐游戏等。

> 根据不同的标准，游戏可以分成不同的类别。学习时注意各种分类的标准及其具体类别，并能举例说明。

第二节　游戏的功能与特征

游戏在幼儿的成长过程中有着重要的功能，幼儿在游戏中不仅仅能获得愉悦，更重要的是能促进他们全面发展。按教育的作用，将游戏划分为规则性游戏和创造性游戏两大类，又对各类游戏做了不同的划分。这些不同的游戏，其特征也各不相同。

一、幼儿游戏的功能

（一）促进幼儿的生理发展

很多游戏中包括大量的运动元素，幼儿在跑、跳、攀登、爬的活动中，加快了血液循环，促进新陈代谢，并且增强体力，使他们的动作变得协调，身体得到锻炼。而当幼儿在从事玩沙、绘画、拼图等需要小肌肉活动的游戏时，可以训练手指、手腕、手掌的灵活性，以及手眼协调能力，使幼儿变得更加灵巧。幼儿在不同的游戏中，变得结实、健康；在与外界环境的多方面训练中，变得反应迅速而敏捷；在欢快的游戏中，形成各种技能，增强了对外界环境的适应能力。游戏为幼儿身体的正常发育提供了许多练习必要的动作和运动的机会，锻炼了幼儿的身体，增强了幼儿的体质。因此，游戏是幼儿生长发育不可缺少的"营养素"。

游戏能够促进幼儿基本动作技能的发展。游戏与动作密不可分，幼儿在游戏中会运用各种大小不同的动作。游戏给幼儿带去了愉快和满足，愉悦的心情是幼儿身体健康的保证。幼儿在游戏中总是伴随着愉悦的情绪，这对幼儿身体的健康成长具有重要的意义。

（二）促进幼儿语言发展

游戏给幼儿提供了重复练习语言及与同伴互相学习的机会，这让幼儿的学习变得更加有趣和自然。幼儿在游戏中可以迅速地掌握本国的语言，游戏中的语言包含着最复杂的语法和形式。通过游戏，幼儿扩大了词汇量，加深了对词义的理解，学习了复杂的句子，掌握了语法规则。

游戏让语言的交际功能和调节功能获得了发展。在游戏过程中，幼儿会逐渐学会用商量的语言解决同伴之间的冲突，比如争抢玩具。幼儿通过具体、生动的语言运用，调节自己的游戏行为。角色游戏使幼儿逐渐摆脱自我中心语言，发展为同伴之间的交际性语言以及角色之间的游戏性语言，从而提高了幼儿的语言交际能力。

（三）促进幼儿认知发展

游戏是幼儿智力发展的一种有效手段和方法。特别是象征性游戏，对创造力水平的提高有直接的影响。幼儿在游戏中无拘无束地玩耍，往往会产生许多新颖的想法和独特的行为，例如在玩沙、玩橡皮泥、搭拼积木时，幼儿可凭自己的想象自由地建构，从而促进了幼儿发散性思维的发展，这就是创造力的萌芽。幼儿在游戏中可以尽情地奇思妙想或做出奇异行为，如果教师接纳、赞赏这种想法或行为，那么将会极大地强化幼儿的创造欲望和创造行为。另外，如果幼儿对同一游戏材料想出不同的玩法，或者对不同的材料做出同样的思考和动作，实质上就是发散性思维和归纳思维的训练，而这正是创造力发展的基础。

（四）促进幼儿的社会性发展

幼儿在集体游戏中学会遵守规则、相互理解、彼此合作，这是幼儿以后成功地适应社会的关键所在。在游戏中，幼儿不仅能够获得一些粗浅的交往技能，更重要的是，通过游戏，幼儿可以逐渐地解除自我中心，学会与他人合作，学会关心他人，认识并认同成人的社会角色，发展道德责任感，从而培养提高社会适应能力。游戏构成了幼儿社会化的主要动因。

游戏让幼儿逐渐地摆脱了自我中心，促进了自我意识的发展。游戏尤其是在角色游戏中通过扮演相应的角色可帮助幼儿理解他人，设身处地地为他人着想，且有助于情绪的表达，在游戏中幼儿处于一个较为安全的情景，可以在游戏角色中表达出自己真实的情绪。

游戏为幼儿提供了社会交往的机会，提高了幼儿的社会交往能力。对幼儿来说，交往活动是在游戏中开始的，可以说游戏是他们进行社会交往的起点。游戏为幼儿提供了社会实践的机会，尤其是角色游戏有助于幼儿学习各种社会角色、掌握社会行为规范，让幼儿学会用交往的规则来引导自己的行为和协调人际关系，从而提高了自己的交往能力。

游戏锻炼了幼儿的意志，提高了幼儿的自控能力。在游戏中，幼儿能够克服困难，坚持把事情做到底，毅力、耐心、坚持性得到了发展。幼儿在游戏中主动、自愿地遵守规则，让自己的行动服从游戏的要求，从而促进幼儿自我控制能力的发展。

（五）促进幼儿的人格发展

游戏可以丰富幼儿的情绪体验。在内容和形式多样的游戏中，幼儿能够体验到各种情绪情感，尤其能够体验到积极的情感。游戏可以稳定幼儿的情绪，让幼儿的情感得到满足。游戏给幼儿提供了表达各种情绪的机会，幼儿的愤怒、厌烦、紧张等不愉快情绪，都会在游戏中得以发泄、缓和。游戏作为调节和治疗幼儿情绪障碍的手段，目前在我国已开始进行尝试，并取得了一定的效果。

另外，游戏对道德感、美感和理智感这些高级情感也起着丰富和发展的作用。幼儿在游戏中，会主动地选择并接触到各种色彩鲜艳、造型生动的玩具，主动反映现实生活中美好的东西，在游戏中感知美、体验美、创造美，游戏发展着幼儿的美感。幼儿在游戏中会积累经验，发现知识，从而又体验到理智感。通过对游戏中人物关系的处理、角色情感的体验，又可以发展幼儿的道德感和同情心。

（六）游戏提高问题解决能力

有关幼儿游戏与问题解决能力之关系的研究，大多是参照柯勒（W. Kohler）研究黑猩猩如何使用棒子以取得香蕉的实验情境，其中著名的研究是西瓦、布鲁纳和吉诺瓦设计的关于问题解决的作业，幼儿须把两根棒子用夹子连接成长的棒子，才能触及和获取放在远处的奖品。西瓦等人将幼儿分在三组——游戏组、观察组和控制组，每一组幼儿皆先观看研究者示范将一个夹子夹紧在一根棒子的中间，然后让游戏组幼儿自由地玩棒子十分钟，观察组幼儿观看研究者示范将两根棒子用夹子连成延长的棒子，控制组幼儿则不观看示范也不玩。随后三组幼儿做问题解决的作业，游戏组和观察组表现得都比控制组更好，并显示幼儿在游戏中的学习效果和大人的直接示范一样，而且游戏组比其他两组表现出更多目标导向的行为。

【示例】
游戏满足了幼儿身心发展的哪些需要？

> 游戏的功能主要体现在六个方面：促进幼儿的生理发展；促进幼儿语言发展；促进幼儿认知发展；促进幼儿的社会性发展；促进幼儿的人格发展；提高问题解决能力。

二、幼儿游戏的特征

根据我国幼儿园的情况，幼儿游戏大致分为创造性游戏和规则性游戏。其中创造性游戏包括角色游戏、结构游戏、表演游戏，规则性游戏包括体育游戏、智力游戏、音乐游戏等。下面分类介绍各类游戏的特点。

（一）创造性游戏

创造性游戏是指幼儿以想象为主，主动地、创造性地构建游戏内容来反映现实生活的游戏。具体包括角色游戏、结构游戏和表演游戏。

1. 角色游戏

角色游戏是幼儿通过扮演角色，运用想象，创造性地反映个人生活印象的一种游戏。其主要结构包括人、物、情节以及内在规则四个方面。通常都有一定的主题，如娃娃家、商店等，所以又称为主题角色游戏。角色游戏具有下述特点。

（1）印象性。角色游戏中的角色基于幼儿对社会现实生活的印象，是现实生活的一种再现。游戏的主题、角色、情节、所使用的材料均与社会生活有关。

（2）表征性。角色游戏是幼儿在对角色、动作、情景等方面进行的想象并表征出来的活动，是幼儿表征能力发展的产物。

（3）假想性。假想性表现在三个方面：对游戏角色的假想（以人代人），如扮演妈妈、老师等；对游戏材料的假想（以物代物），如用扫帚代替飞机；对游戏情景的假想（情景转换），如将幼儿园假想成商店。

（4）扮演性。通过语言、表情、动作等来扮演现实生活中的各种角色。

（5）自主性。根据自己对社会生活中的种种印象，对游戏的情节进行设计和安排，并按照自己的意愿、兴趣和能力来进行游戏。

（6）社会性。角色游戏反映了幼儿对成人社会生活的某种期盼。

2. 结构游戏

结构游戏是幼儿利用各种不同的结构材料，参照日常生活中的原型，建构出不同造型（如建筑物、生活用品等）的活动。结构游戏具有下列特点。

（1）创造性与假想性。幼儿根据不同的材料，结合日常生活中的原型进行创造活动，并将之假想为自己心中的事物。

（2）动手操作性。幼儿必须亲自动手操作，而对现实中的事物进行"再造"。

（3）艺术审美性。结构性游戏要关注材料的使用、色彩的搭配、图形的对称、材料的排序等，具有艺术造型的性质。

（4）材料丰富性。结构游戏对玩具与材料要求比其他游戏要高得多，而且不同主题对材料的要求也各不相同。

3. 表演游戏

表演游戏是幼儿根据文艺作品中的情节、内容和角色,通过语言、表情和动作等进行表演,创造性地反映现实生活的一种游戏。表演游戏具有下列特点。

(1) 内容源于文艺作品。表演游戏的主题、内容和角色等都源于一定的文艺作品,是对文艺作品的一种改造。

(2) 兼具表演性和游戏性。表演游戏首先是根据故事情节表演,但这种表演是以幼儿自我娱乐为主,而不是展现给别人看的。

(3) 结构性。由于表演游戏是"根据特定的文艺作品"进行的表演,因而必定受到文艺作品的规范,显示出结构性。

(4) 创造性。尽管是根据特定的文学作品进行的游戏,但表演方式是幼儿自创的,内容也可以根据需要进行增减。

【示例】

幼儿以积木、沙、雪等材料为道具模仿周围现实生活的游戏是(B)。

A. 表演游戏　　　　B. 结构游戏　　　　C. 角色游戏　　　　D. 规则游戏

(二) 规则性游戏

规则性游戏是教师在一定的教育目标的指导下,编制的具有明确规则的游戏。它与创造性游戏最本质的差别是其具有明确的规则性,主要包括体育游戏、智力游戏、音乐游戏等。

1. 体育游戏

体育游戏是根据一定的体育任务设计,由身体基本动作、情节、角色和规则组成的一种活动性游戏,是幼儿体育活动的主要形式。体育游戏具有下列特点。

(1) 趣味性。体育游戏是幼儿喜闻乐见的活动形式,内容生动活泼、丰富多彩,具有趣味性和娱乐性。

(2) 情境性。体育游戏有特定的氛围和情境,在特定的情境中进行特定的游戏。

(3) 竞争性。体育游戏多半含有比赛的成分,含有对抗和竞争的成分。

(4) 群众性。体育游戏由日常生活中的走、跑、跳跃、投掷、对抗等基本活动技能组成,它不需要专门的技巧和事先学习与训练就可以进行,群众基础深厚。

(5) 综合性。体育游戏集体智德美的训练于一体,而且几乎所有体育项目的练习都可以作为体育游戏的素材。

2. 智力游戏

智力游戏是以培养幼儿的思维敏捷和初步逻辑思维能力为目的,要求幼儿运用一定的规则完成智力任务,从而丰富幼儿知识,锻炼幼儿的思维能力。智力游戏具有下列特点。

(1) 以发展智力为主。这是智力游戏和其他种类游戏的根本区别。智力游戏主要关注的是发展幼儿的感知觉、注意力、记忆力、想象力、创造力、思维力和操作能力等。

（2）趣味性。智力游戏仍然是游戏，而不是真正的学习。

（3）有相对严格的规则。智力游戏是学习因素与游戏因素的紧密结合，让幼儿通过游戏产生对学习的兴趣，因而必须遵守相应的游戏规则。

3. 音乐游戏

音乐游戏是以音乐活动为基础，在其中加入游戏的元素，引导幼儿对音乐产生兴趣，并发展幼儿对音乐的感受力和表现力。音乐游戏有下列特点。

（1）音乐性。音乐游戏是伴随音乐展开的活动，因而音乐性是这类游戏的灵魂。

（2）动作性。音乐游戏中，要求幼儿根据不同旋律、节奏、节拍、速度等做动作，因而是一种伴随动作的游戏。

（3）创造性。音乐游戏要求幼儿感受音乐的流动、旋律的起伏、节奏的跳跃、音色的变化、速度的统一与变化，并随时根据音乐的变化自由地做出自己的反应。

（4）协调性。音乐游戏是一种规则性游戏，要求幼儿根据特定的音乐做动作，即边唱边做动作，这就要求幼儿具有较好的协调性。

【示例】

简述幼儿游戏的基本特征。

> 我国幼儿园的游戏大致可分两类：创造性游戏和规则性游戏。其中创造性游戏包括角色游戏、结构游戏、表演游戏；规则性游戏包括体育游戏、智力游戏、音乐游戏等。每一种幼儿游戏都有不同的特点，学习时要熟记这些特点，并根据这些特点准确判断游戏的属性。

第三节 游戏的若干理论

游戏是一种古老的存在，历史上不同的人提出过不同的游戏理论。下文分早期游戏理论和现代游戏理论进行叙述。

一、早期游戏理论

（一）剩余精力说

剩余精力说的代表人物是德国思想家席勒和英国社会学家、心理学家斯宾塞。主要观点是：游戏是由于机体内剩余的精力需要发泄而产生的。生物都有维持自身生存的能力，生物体进化得越高级，生存能力就越强。幼儿除了一般生活活动（吃饭、洗手等）外，不需谋生，所以幼儿有大量的剩余精力。同样，高等动物除了具有维持生存所必须消耗的精力外，还会有剩余精力。过剩的精力必须通过一些方式消耗掉，于是产生了游戏。因此，游戏是幼儿和高等动物对剩余精力的一种无目的的消耗。

（二）松弛说

游戏的"松弛说"的代表人物是19世纪末20世纪初的德国哲学家拉察鲁斯和柏屈克。该理论认为，人之所以游戏并不是因为精力的"剩余"，而是因为"缺乏"或"不足"，是在工作疲劳后解除疲劳、恢复精力、放松的一种方式。对于幼儿来说，由于身心发展水平的限制及生活经验的缺乏，会对复杂的外部世界难以适应，很容易产生疲劳，这就需要游戏来轻松一下，以便恢复精力。

（三）复演说

复演说的代表人物是美国心理学家霍尔。其主要观点是：游戏是远古时代人类祖先的生活特征在幼儿身上的复演。如孩子喜欢玩水、在地上爬、爬树等，这是重复类人猿在树上的活动；而孩子玩打猎、捕鱼、搭房子则是重复原始人的活动等。游戏为原始的本能找到了表现的出路，为更高级、更复杂的人的文明行为方式的形成与发展提供了可能。这个学说本身至今还只是一个没有被证明的假设。因此，复演说缺乏可靠的科学依据，而且复演说也不能解释幼儿游戏的现代内容。

（四）生活预备说

生活预备说的代表人物是德国心理学家、生物学家格罗斯。主要观点是：游戏是幼儿对未来生活的一种无意识准备，是一种升华本能、演练生活的手段。新生儿或动物在遗传上承续了一些不够完善或部分的本能，这些本能与生存有关，游戏为幼儿提供了一种安全的方法帮助他们去练习，使本能更完善，以便日后生活使用。这种游戏行为主要表现在高等动物的幼年期，从进化的角度看，高等动物比低等动物需要更长的哺育期，它们迅速发育的机体又需要足够的运动量，因此便表现为"无目的"的好奇好动。

【示例】

认为"游戏是为未来生活做准备"的游戏理论是（ A ）。

A. 预演说　　　　　B. 剩余精力说　　　　C. 复演说　　　　D. 松弛消遣说

二、现代游戏理论

（一）精神分析学派的游戏理论

精神分析学派的代表人物是奥地利心理学家弗洛伊德和美国心理学家埃里克森。弗洛伊德认为游戏是敌意或报复冲动的宣泄，幼儿就是为了追求快乐、宣泄不满才进行游戏的。幼儿天生就有一种想要得到满足、表现和发展的欲望，但由于幼儿所处的客观环境并不能让幼儿为所欲为，所以他们的内心就会产生抑郁，从而导致了自私、爱捣乱、发脾气、怪癖等不良行为。游戏是一种保护性的心理机制。游戏能使幼儿得以逃避现实中的紧张、拘束，为幼儿提供了一条安全的途径来发泄情感，减少忧虑，发展自我力量，以实现现实生活中不能实现的冲动和欲望，让心理得到补偿。因此，这一理论又称为发泄论或补偿说。

埃里克森从积极的方面发展了弗洛伊德的观点。他认为游戏是自我的一种机能，是一种身体的过程与社会性的过程同步的企图，游戏可以降低焦虑，让愿望得到补偿性的满足。他还研究了游戏的心理社会发展的顺序，他把游戏当作系列未被展开的心理社会关系加以探讨。他认为游戏所采用的形式是随着心理社会问题和自我情景的变化而变化的。

该学派强调游戏对人格发展以及心理健康的价值，让人们开始重视游戏对幼儿早期的发展，重视游戏对幼儿情感、社会性等方面的发展价值，对后来的游戏研究产生了较大影响。

（二）认知发展学派的游戏理论

认知发展学派的代表人物是皮亚杰。在他看来，游戏是幼儿认识客体的重要方法，也是巩固已有的概念和技能的方法，还是让思维和行动相协调、平衡配合的方法。他从幼儿认知结构发展的角度，认为游戏是学习新的物品和事物的方式，是形成和扩大知识与技能的方式，是把思维和行动结合起来的方式。在他看来，游戏可以使个体把信息纳入原有的认知图式，游戏的实质就是同化超过了顺应。在同化和顺应过程中，游戏是第一位的，因为游戏是幼儿实践和巩固他所知道和理解的环境知识的重要方式。皮亚杰还认为幼儿游戏的发展与其智力发展的阶段相适应，幼儿智力的发展决定着幼儿游戏的方式。

（三）社会文化历史学派的游戏理论

该学派也称维列鲁学派，是苏联当代最大的一个心理学派别，主要成员有维果茨基、列昂节夫、鲁宾斯坦、艾里康宁等，他们以辩证唯物主义和历史唯物主义为基础，创造了与西方不同的游戏活动理论。他们的主要观点是：强调游戏的社会性本质，反对本能论；游戏是幼儿的主导性活动；强调成人的教育影响，强调幼儿与成人的交往在游戏的发生、发展过程中的决定性作用。

维果茨基认为游戏的实质就是满足愿望。当幼儿在发展过程中出现了大量的、超出他实际能力的、不能立即实现的愿望时，游戏就产生了。他认为，游戏创造了幼儿的最近发展区，在游戏中，幼儿的表现总是超过他的实际年龄，高于他日常的行为表现，幼儿似乎在试图超越他现有的行为水平。维果茨基认为，幼儿游戏的发展，就是由明显的想象情境和隐蔽的规则所构成的游戏，发展到由明显的规则和隐蔽的想象所构成的游戏，想象情境的内隐规则反映出游戏的纪律性和自我控制的本质，它也是游戏乐趣的来源。

（四）后皮亚杰理论

在皮亚杰之后出现了一些比较系统的、有影响的游戏理论，被称为"后皮亚杰理论"，该理论主要有游戏的唤醒理论和元交际理论。

1. 唤醒理论

这一理论试图解释游戏的生理机制。"唤醒"是指中枢神经系统的一种机能状态或机体的一种驱力状态。只有处在"最佳唤醒水平"的状态，机体才会感到安全舒适。当产生一种新的刺激时，机体就会产生一种"认知不确定性"，唤醒的水平也会提高，机体就会感到紧张焦虑。为了维持"最佳唤醒水平"，机体就会进行"特殊性的探究"，以消除这种"认知不确定性"。当刺激过于单调、贫乏时，机体就会感到厌倦、疲劳，唤醒水平就低于最佳状态，机体就会进行"多样性探究"以主动寻求刺激，提高唤醒水平的最佳状态。多样探究是游戏的特征。

2. 元交际理论

该理论认为，游戏是通向人类文化和表征世界的途径和必需的技能，是组成人类文化的现实和基础。人类的交际有一种意义含蓄的交际即元交际，元交际是依赖于交际双方对于隐喻的信息的辨识和理解。幼儿的游戏就隐喻着"假装的""不是真的"，这种"言外之意"正是元交际的对象。

> 在历史上产生过诸多游戏理论，学习时要注意记住各种理论的代表人物、名称与基本观点。

第四节 游戏的分类指导

如果要使幼儿游戏产生良好的效果，就必须有一定的指导。那么，作为游戏指导者的教师在幼儿游戏中扮演什么角色、在什么时候指导、如何指导？这是本节需要回答的问题。

一、游戏指导总则

尽管不同的游戏有不同的指导规则，但游戏具有一些共通性，因而必然存在一些共通的指导规则。下面九条原则是游戏普遍适用的。

（一）游戏性优先原则

游戏性优先原则是指在组织和指导游戏活动时，在游戏性、德育性、表演性、竞技性、科学性之间，要优先保障游戏特征的实现。游戏如果缺乏"游戏性"，就不能称为"游戏"。

实施要求：

（1）在游戏性与教育性之间，要保证游戏性优先原则。

（2）游戏不应承载过多的德育任务。

（3）在游戏性与表演性、竞技性、科学性之间，保证游戏性优先。

（二）主体性原则

主体性原则是指游戏活动的组织和指导要以幼儿为主体，充分发挥幼儿游戏的主动性、自由性、创造性、差异性、独立性，使幼儿成为游戏的主人。

实施要求：

（1）给幼儿自主选择游戏内容、材料、玩伴、方法等的权利。

（2）相信幼儿的能力，给其自由探索和尝试错误的机会。

（3）尊重每一个幼儿的兴趣和游戏方式。

（4）幼儿参与游戏必须基于自愿。

【示例】

材料：

大班的洋洋想玩"开奖"游戏，他画了很多奖券，还大声叫嚷："快来摸奖呀！特等奖自行车一辆！"

童童在洋洋那里摸到了特等奖，洋洋推给她一把小椅子，告诉她："给你，自行车！"童童高兴地骑上去。

强强也来了，也在洋洋那里摸到了特等奖，洋洋还是推给他一把椅子，强强也很高兴地骑上去，两脚模仿着踩踏板的动作，蹬个不停。

老师也来了，洋洋高兴地让老师摸奖，结果老师也摸到一个特等奖。洋洋迫不及待地把一把椅子推给老师，还说道："恭喜恭喜，你摸到一辆自行车！"可是，老师却说："你这自行车一点也不像，怎么没有轮子呀，应该给它装上轮子！"洋洋低头看看自己的"自行车"，愣住了。在接下来的时间里，洋洋忙着按老师说的给他的"自行车"装上轮子，开奖活动不得不停了下来……

问题：

（1）老师对洋洋游戏的干预合适吗？

（2）请对洋洋的游戏方式和老师的干预方式做出分析和判断。

（三）年龄适宜性原则

年龄适宜性原则是指游戏活动的组织和指导要尊重幼儿的年龄特点，不要"拔苗助长"。

实施要求：

（1）在指导游戏时，一定要根据大班、中班、小班的年龄特点，分层次设计、组织和指导。

（2）游戏的评价与奖励要根据幼儿的年龄特征进行。

（四）开放性原则

开放性原则是指游戏中教师的指导不要拘泥于固定的、既定的游戏计划和实施程序，而必须是开放的，根据幼儿的兴趣和需要进行灵活的调整。

实施要求：

（1）尊重幼儿游戏的兴趣和需要，并积极帮助幼儿实现他们的想法和愿望，而不要将自己的兴趣和计划强加给幼儿。

（2）保持游戏规则的灵活性。

（3）从幼儿的需要中生成新的主题。

（4）以问题为契机促进幼儿游戏的发展。

（五）情感积极性原则

情感积极性原则是指在游戏活动的组织和指导中，要想方设法确保幼儿在游戏中体验到积极的情绪情感，避免消极情绪情感的产生。

实施要求：

（1）游戏如果要分组的话，最好采用随机分组的方式，防止幼儿因性别、能力、性格等而体验到来自同伴的"忽视"或"拒绝"的压力。

（2）当参与游戏的幼儿年龄和游戏技能的发展水平不同时，教师应适当增加游戏的"碰运气"成分以使每个幼儿都有"赢"的机会。

（3）在游戏过程中，不要常常让幼儿停下游戏以纠正其"不正确"的动作。

（4）选择的游戏不要太难，也不要太容易。

（六）全面参与性原则

全面参与性原则是指在组织和指导游戏活动时，要尽可能让大多数幼儿能够参与，而不是旁观与等待。

实施要求：

（1）尽量让每个幼儿都能参与到游戏中。

（2）尽量让每位幼儿不仅有身体的参与，也有心灵的参与。让每位幼儿整个身心都投入游戏中。

（七）无奖励原则

无奖励原则是指在组织和指导游戏时，不要为"赢者"提供奖品或奖赏。

实施要求：

（1）不为"赢者"提供物质或精神奖励。

（2）将指导的重点放在游戏的过程而不是输赢上。

（3）对游戏活动的评价应针对幼儿的游戏技能或快乐，将幼儿的注意力引导到"赢者"所用的有效策略上，引导幼儿学习同伴的策略，意识到他人的想法和观点。

（八）科学与想象整合原则

不要将科学与想象、事实与童话对立，更不要用科学事实去纠正童话中的虚幻世界。科学与想象并不是对立矛盾的关系。科学所坚持的精神是实事求是，但想象、幻想与求实同样重要。科学上任何发明和进步都离不开想象和幻想。

实施要求：

（1）避免科学与童话的对立，不要用科学事实去纠正童话故事。

（2）注意整合科学与想象的关系。使科学与想象在游戏中和谐共处，不要扼杀而是要保护和激发幼儿的想象和幻想。

（九）创造性原则

创造性原则是指游戏的指导过程中，要保护、维持和激发幼儿的创造性，而不要压制甚至扼杀其创造性。

实施要求：

（1）引导并鼓励幼儿对同一种材料想出多种玩法。

（2）建构出和别人不一样的物体或情景。

（3）创造新颖丰富的游戏内容和情节。

（4）用不一样的表情、动作等创造性地表现作品人物。

（5）在协商的基础上创新规则等。

> 游戏指导总原则有：游戏性优先原则、主体性原则、年龄适宜性原则、开放性原则、情感积极性原则、全面参与性原则、无奖励原则、科学与想象整合原则、创造性原则。学习时要注意理解每条原则的内涵与实施要求，然后结合实例进行理解与运用。

二、游戏中的教师

（一）教师在游戏中的角色

1. 游戏环境的创设者

教师可以经常有意识地创设丰富、变化、新颖的环境，在游戏场地放置一些新材料、新设备，引发幼儿动手操作、想象创造的欲望，引起幼儿开展某方面游戏的意愿，以此驱使幼儿主动投入到游戏中去。

2. 游戏活动的观察者

对幼儿游戏行为的观察是教师实施有效指导的前提条件。教师主要从游戏过程中来观察、评估幼儿的发展水平。

3. 游戏活动的引导者

教师要适时提出开放性问题。在幼儿游戏活动的过程中，教师要善于把握时机，提出启发性的问题，激发幼儿的想象和思考，使游戏不断深入，以促进游戏的发展。

4. 游戏活动的支持者

当幼儿在游戏中经常转移主题或半途而废时，教师可以以同伴的身份，平行介入幼儿的游戏，激发、鼓励幼儿将游戏坚持到底，获得成功。教师还可以通过巧妙扮演游戏中的角色，自然而然地加入到游戏中来，针对具体情况，做出相应引导。幼儿在游戏中，会出现各种各样的问题，需要教师明察秋毫，调停解决。

（二）教师指导游戏的时机

教师在游戏指导的时候分两种情况：一种是正向的指导，也就是通过指导来促进或肯定幼儿的某种行为，推进游戏的进行；另一种是负向的指导，即教师在指导中通过抑制或否定幼儿的某种行为，中断游戏的进行。为了充分有效地发挥教师在游戏中的指导作用，教师要注意把握游戏指导的时机。

1. 幼儿在游戏中遇到困难想要放弃时

由于幼儿的意志力相对较差，当他们遇到比较困难的问题时，可能会产生想要放弃的念头。比如在角色游戏中对材料的选用、故事情节的展开等无法解决而想放弃时，教师要及时地介入，鼓励幼儿克服困难，完成游戏。

2. 幼儿在游戏中需要寻求帮助时

当幼儿不能完成游戏而主动向老师寻求帮助时，教师要及时地介入，但不是直接地告诉他们现成的答案，而是要引导他们积极地思考，自己解决问题。

3. 幼儿在游戏中出现争执时

在游戏过程中幼儿很容易出现争抢玩具、物品等行为，由于幼儿的自控能力比较差，很可能导致他们之间发生肢体冲突，这时教师需要适时地介入。

4. 游戏中安全隐患威胁到幼儿时

这种情况多发生在结构游戏和规则游戏中，比如在结构游戏中一些建构材料太高，有可能出现因为倒塌砸到幼儿的情况；在体育游戏中，教师若看到幼儿没有穿运动装进行活动，就要及时地制止该幼儿的活动，以免因衣着不便造成伤害。

5. 游戏中幼儿模仿消极内容时

游戏是现实生活的反映，而生活可能是积极的，也可能是消极的。当幼儿模仿一些消极的内容进行游戏时，如模仿大人吵架、偷东西、打架等行为时，教师要立即介入终止游戏，或转移游戏的内容。

6. 游戏中幼儿出现纠纷时

游戏反映的是幼儿的一种交往活动。在交往过程中难免会产生各种纠纷,在解决纠纷时,幼儿可以获得社会性的发展,但并不是所有的问题他们都能够自己解决,教师要根据情况适时介入,做出相应的指导。

【示例】

材料:

幼儿园只有一架秋千,幼儿都很喜欢玩,大二班在户外活动时,胆小的诺诺走到正在荡秋千的小莉面前,请小莉把秋千让给他玩。小莉没理会他。诺诺就跑过去向老师求助:"老师,小莉不让我荡秋千……"

对此,不同的教师可能会采取下面不同的回应方式:

教师A:老师牵着诺诺的手走到小莉面前,说:"你们的事情我知道了,我现在想看小莉是不是个懂得谦让的孩子。小莉你已经玩了一会儿了,现在能不能让诺诺玩一会儿呢?"小莉听了后,把秋千让给了诺诺。

教师B:"你对小莉怎么说的呢?"诺诺:"我说我想玩一会儿。"想到诺诺平时说话总是低声细语的,教师就说:"是不是你说话声音太小了,她没有听清楚呢?现在去试试大声地对她说'我真的想荡秋千,我已经等了很久了'!如果这样说还没给你玩,你就回来,我们再想别的方法……"

问题:

请分析上述两位老师回应方式的利弊,并说明理由。

> 教师在游戏中主要扮演创设者、观察者、引导者和支持者的角色。教师在指导幼儿游戏时要把握好游戏指导的时机才能取得理想的效果。学习时,要牢记幼儿游戏中教师的角色,以及游戏指导的六大时机,同时注意结合案例进行理解与运用。

三、各类游戏的指导

(一)角色游戏的指导

1. 角色游戏的年龄差异

(1)小班幼儿角色游戏的特点:

① 以模仿为主;

② 直接依赖玩具;

③ 处于平行游戏阶段(和同伴玩同样或相似的游戏),但同伴之间没有或很少交往;

④ 没有明确的主题,往往重复某个同样的动作,如模仿妈妈切菜;

幼儿园各类游戏的特点和指导

⑤ 角色意识不强，往往意识不到自己正在扮演角色；

⑥ 小班幼儿独自玩耍较多，合作分享意识还不强。

（2）中班幼儿角色游戏的特点：

① 内容情节较小班丰富，但还是比较简单；

② 持续时间相对较长；

③ 处于社会性游戏阶段，有了与同伴交往的愿望，但交往技能较欠缺，常发生争执；

④ 主题不稳定，经常出现半路换场的现象；

⑤ 角色意识较强，会给自己找一个感兴趣的角色，然后根据经验去做这个角色分内的事。

（3）大班幼儿角色游戏的特点：

① 能主动在角色游戏中反映多种多样的生活；

② 游戏的独立性、合作性、复杂性进一步增强。

2. 角色游戏的指导策略

幼儿角色游戏大致可以分为游戏前、游戏中和游戏后三个阶段，因而教师的指导也分三个阶段。

（1）游戏前：

① 丰富幼儿的生活经验，拓宽角色游戏的内容来源。丰富的现实生活经验是开展角色游戏的前提条件。丰富幼儿生活经验的途径主要有观察、参观访问、看图画书、讲故事等。

② 提供固定的场所和设备，准备丰富、可塑的玩具和游戏材料。固定的场所和设备能吸引并便于幼儿开展游戏，所以应在户内和户外划有角色游戏的固定场地，玩具和游戏材料也应放在固定的地方，同时要便于取放。

③ 提供充足的游戏时间。幼儿角色游戏所需时间一般都较长，每次不能少于30分钟。只有时间充足，才能有寻找游戏伙伴、商量主题和情节、分配角色及准备材料等的机会。

（2）游戏过程中：

① 协助幼儿按自己意愿选择和确定游戏的主题。幼儿是游戏的主人，教师是支持者或参谋，而不是指挥者。因此，角色游戏的主题应根据幼儿自己的需要和兴趣，由幼儿自己来确定。

② 指导幼儿选择和分配角色。角色选择与分配时要注意公平性和针对性。如果学前幼儿在分配角色时产生纠纷，教师可以提醒、建议幼儿用猜拳、轮流、推选、自荐、投票等方法公平地分配角色。

③ 指导幼儿丰富游戏内容和情节。教师可以参与到幼儿的游戏中，并担任一定的角色，以角色的身份来促进游戏情节的发展。教师也可以通过提供需要的玩具和材料来丰富游戏内容和促进情节的发展。

④ 教师要选择合适的时机介入，做到适时与适度。教师介入指导的时机主要有：当游戏内容贫乏时；当游戏中出现负面行为（如过激行为、主题不积极健康等）时；当幼儿对游戏失去兴趣，不能投入游戏时；当幼儿发生游戏技能困难时；当幼儿缺少材料，游戏难以继续时。

⑤ 引导幼儿加强角色之间的内在联系，按角色的职责行动。小班幼儿进行角色游戏时，同伴之间没有或很少交往；中班幼儿有了与同伴交往的愿望，但交往技能较欠缺；大班幼儿交往技能也有待于进一步提高。教师应指导扮演某个角色的幼儿加强与其他角色之间的联系与交往，并提高其交往技能。

（3）游戏后：

游戏后的指导任务主要集中在愉快地结束游戏、整理玩具场地和评价总结三个方面。

① 在愉快自然、幼儿情绪尚未低落的状态下结束游戏能保持幼儿下次继续游戏的积极性。如果游戏情节已告一段落，再往下发展有困难，即使游戏时间还没到，也应该提醒幼儿结束游戏，以免产生倦怠感，失去对下次游戏的兴趣。

② 游戏后的整理场地、收拾玩具的工作是培养幼儿良好生活习惯的重要时机，教师千万不要包办代替。

③ 评价总结游戏时，教师要组织幼儿讲评游戏，不要以教师评价为主。另外评价要具体、准确，切忌抽象、笼统。

【示例】

1. 简述角色游戏活动中教师的观察要点及其目的。

2. 材料：

小班幼儿在角色游戏区活动，文文在邮局里无所事事，摆弄一个称重器。在此之前，孩子们没有"邮局"这个角色游戏的经验。教师看到这种情况，拿了一个盒子走过去，对文文说："我想把这个寄到超市去（旁边有超市游戏区），你能帮我称一下吗？"文文马上接过盒子，放在称重器上，看了一下，说："100克！"教师问："多少钱？""10块钱。"教师假装付了钱，文文立刻把盒子送到了隔壁的超市。接着，有几个小朋友也学着教师的样子要将一些东西寄到旁边的医院、美容院、娃娃家，邮局变得热闹起来。

问题：

请分析在这个案例中，教师是如何干预幼儿游戏的。

3. 材料：

李老师发现幼儿园大班"理发店"的"顾客"很少，"顾客"对"理发店"不感兴趣。于是，李老师带幼儿到理发店参观。在理发店里，李老师引导幼儿观察理发店里的设施，理发师与顾客的活动，鼓励幼儿向理发师咨询问题；记录幼儿的问题，还拍下了许多照片，幼儿在理发店看到顾客躺着洗头，梳理发型以及理发店里的各种工具等。回到幼儿园，李老师组织幼儿讨论"如何开好理发店"，并把照片展示给孩子进行回顾，有的幼儿反映没有躺椅，有的反映没有发型书，李老师则启发幼儿自己用积木做躺椅，自己画发型，之后，"理发店"生意又红火起来。

问题：

请分析案例中教师采用了哪些策略来支持幼儿的游戏活动。（20分）

4. 材料：

角色游戏中，大二班在教室里开展理发店主题游戏，教师为了提升幼儿的游戏水平，主动为幼儿制作了理发店的价目表（如下表所示）。

理发店价目表			
美发区		美容区	
洗　发	10元	牛奶洗脸	10元
剪　发	10元	美白面膜	15元
烫　发	10元	造型设计	20元
染　发	10元	身体按摩	20元

问题：

请结合你对角色游戏的理解，分析教师提供价目表这一做法是否适宜，并提出建议。

（二）结构游戏的指导

1. 结构游戏的年龄差异

（1）小班结构游戏的特点：

① 没有预设的目的；

② 只对建构的动作感兴趣，感受着重复的"垒高—推倒"的乐趣；

③ 不关心自己在建构什么东西；

④ 小班末期，结构游戏渐渐有了主题但不稳定，也不会利用结构玩具开展游戏。

（2）中班结构游戏的特点：

① 目的较明确，有一定的计划性；

② 关心建构过程及建构成果；

③ 能按主题独立建构较复杂的物体；

④ 能围绕结构物开展游戏；

⑤ 能独立整理玩具，主动要求美化结构物。

（3）大班结构游戏的特点：

① 能围绕一个主题进行长时间的建构活动，直到完成；

② 追求结构的逼真、漂亮和新颖；

③ 能多人合作建构。

2. 结构游戏的指导策略

（1）丰富和加深幼儿对物体的印象。

结构游戏通过造型反映物体的外形特征，这就要求幼儿对周围环境中的物体和建筑物有细致的了解和深刻印象。因此，教师应增加幼儿在事物结构造型方面的感性知识，包括不同物体和建筑物的形状、颜色、结构以及空间位置关系等，丰富幼儿头脑中的造型表象。

（2）帮助幼儿掌握建构的基本知识和技能。

幼儿结构游戏的基本知识技能主要包括：识别材料性能、质地、作用的能力；操作的技能（排列与组合、插接与镶嵌、串套与编织、黏合、旋转等）；设计构思的能力；分工合作的能力，等等。

对于小班幼儿，教师可用示范、讲解、提问、建议、启发等方法进行指导：① 认识各种结构材料并叫出其名字（积木、积塑等）；② 识别材料的大小、形状、颜色及方位等特点；③ 学习铺平、延长、围合、盖顶、加宽、加高等建构的基本技能；④ 鼓励幼儿在模仿建构的基础上独立搭建简单的物体，并为结构物命名。

对于中班幼儿，教师应指导幼儿：① 认识高低、宽窄、厚薄、轻重、长短、前后等空间方位；② 引导其设计结构方案；③ 有目的地选材，根据平面图进行构造；④ 组织评议结构游戏的成果。

对于大班幼儿，教师应指导幼儿：① 学会制定计划（协商、确定主题，商量结构步骤方法，分工合作，确定结构规则等），使大家创造性地共同建构一个复杂的物体；② 要求将建构物制作得更加精细、整齐、匀称、复杂、新颖。

（3）引导和鼓励幼儿进行创造性的建构。

一是引导幼儿在掌握玩具材料的基本玩法的基础上，探索、挖掘现有材料的多种玩法，指导幼儿运用新的技能去实现自己的构思；二是传授创新的方法，诸如变换颜色、变换体积、变换形状、变换材料、增减某一属性、重新组合原有属性、重新设计等。

（4）培养幼儿良好的行为习惯。

引导幼儿学会爱护、整理、保管玩具的方法，养成习惯，在鼓励独立进行创造性建构的同时也鼓励合作建构以培养团队合作精神。引导幼儿珍惜爱护建构成果，不随意破坏别人的作品，对别人建构得不好的作品也不要持否定、轻视的态度。

【示例】

1. 材料：

莉莉和小娟玩游戏，她们想让5个娃娃睡觉。但是没有小床，于是她们找到了3个盒子做小床，莉莉说："床不够。"小娟挑出2个留着头发的娃娃说："他们长大了，不需要睡午觉了。"莉莉说:"好的。"然后,将3个需要睡觉的娃娃中最大的一个放在最大的盒子里。小娟试图把中等大小的娃娃放在最小的盒子里,但放不进去。于是莉莉说:"换一换。"然后将最小的娃娃放在最小的盒子里,中等大的娃娃放在中等大的盒子里。小娟说:"娃娃们,好好睡觉吧。"

问题:

(1)从学习与发展的角度,分析上述案例中莉莉和小娟的行为。

(2)这次游戏后,教师应该如何支持莉莉和小娟的学习与发展?

2. 材料:

大班幼儿在玩积木时,出现了自发探究行为,其探究过程与结果如下图所示。

图1

图2

(1)图中的幼儿在搭建中可能会遇到什么问题?

(2)在解决问题的过程中幼儿能获得哪些学习经验?

(3)该游戏中的材料有什么特点?这些特点对幼儿的学习活动有什么影响?

(三)表演游戏的指导

1. 表演游戏的年龄差异

(1)小班表演游戏的特点:

① 角色意识薄弱;

② 游戏的目的性与计划性较差;

③ 语言表达能力差,以动作为主。

(2)中班表演游戏的特点:

① 中班的幼儿可自行分配角色,但角色更换的意识不强;

② 游戏的目的性差,需要教师一定的提示才能完成游戏主题;

③ 游戏的计划性差,展开游戏需要较长时间,戴好头饰以后,一般要经过一段无所事事或嬉戏打闹的时间才能渐渐地进入游戏的计划、协商阶段;

④ 以一般性表现(说话语气平淡、表情淡漠)为主,以动作为主要表现手段,较少运用夸张但适宜、逼真、形象的语气、语调、表情等来表现角色,表演的生动性非常有限。

（3）大班表演游戏的特点：

① 大班的幼儿能独立完成角色分配任务，并有很强的角色更换意识；

② 游戏的目的性、计划性较强，能自觉表现故事内容；

③ 具备一定的表演意识，但尚待提高；

④ 具备一定的表演技巧，能灵活运用多种表现手段，但表现水平尚待提高。

2. 表演游戏的指导策略

（1）选择适合幼儿表演的文艺作品。

适合幼儿玩表演游戏的文艺作品要求：内容健康，符合幼儿生活经验；情节生动活泼，具有情趣性，场面不宜变化过多，供小班幼儿表演的最好只有一个场面；角色性格特征鲜明，为幼儿所熟悉；人物对话要多，语言形象简短，并有适当的重复，语言要和动作相配合。

（2）帮助幼儿熟悉文艺作品。

教师要通过语言教育活动反复向幼儿介绍文艺作品，使幼儿掌握作品的主题、情节发展顺序、角色的语言和动作特点，充分理解作品内容，以便幼儿在游戏中表演。

（3）吸引幼儿参加表演游戏的准备工作。

教师应为幼儿表演游戏准备必要的场地和玩具、头饰、布景等，并吸引幼儿一起准备。准备的服饰、道具要求使用方便，稍有象征即可。

（4）鼓励幼儿自然、生动地表演。

教师应鼓励、支持更多的幼儿参加游戏，但是，角色的分配要尊重幼儿的意愿，不可强迫幼儿去充当他们不愿意表演的角色。

（5）重视在表演游戏过程中的指导。

小班幼儿需要教师示范表演，也可以是教师与幼儿共同表演。中大班幼儿应由他们自由、自愿地玩表演游戏，并在表演过程中启发幼儿将作品中的过渡语言和静态描述性语言变成角色的语言和动作，引导幼儿深刻地理解角色，形象地表现角色的性格特征等，鼓励幼儿创造性地表演。

【示例】

李老师设计了一个"三只蝴蝶"的游戏活动。她选了三位幼儿扮演蝴蝶，又选了若干幼儿扮演花朵。结果，幼儿兴趣不高，表现被动。还没等游戏结束，一个幼儿就问李老师："老师，游戏完了吗？我们可以自己玩了吧？"

对这种现象，请从幼儿游戏特征和游戏指导的角度进行论述。

（四）规则游戏的指导

1. 规则游戏的年龄差异

规则游戏主要有体育游戏、智力游戏和音乐游戏。不同阶段的幼儿规则游戏具有不同的特点。

（1）小班规则游戏的特点。

小班幼儿的规则意识处在"动即快乐"的阶段，他们对游戏中角色动作、材料感兴趣，而且表现出"自我中心"，即只对自己所做的事感兴趣，不会把自己的做法和想法与别人做比较。他们不在乎游戏结果，也发现不了别人的违规，而且自己会破坏规则。

（2）中班规则游戏的特点。

中班幼儿已具有规则意识，能够遵守规则并开始关注游戏的结果。这一阶段的幼儿比较喜欢鲜明的、互补性规则游戏。

（3）大班规则游戏的特点。

大班幼儿能理解规则对于比赛结果的重要性，规则意识强且特别重视游戏结果，喜欢竞赛性的规则游戏。能很好地遵守游戏规则，并会关注其他幼儿遵守规则的情况，发现违规者就会提出抗议，要求对违规者加以惩罚，因此游戏过程中的纠纷较多。大班幼儿还喜欢改变游戏情节、游戏规则以增加游戏的新颖性。

2. 规则游戏的指导策略

（1）选择和编制适合的规则游戏。

在选择和编制规则游戏时，应注意特定年龄班的教育任务和要求，以及幼儿的知识经验水平、动作水平、智力水平等。小班比较适合选择形象玩具、实物与动作相联系的游戏。教师可提供颜色鲜明、品种简单、形象生动的玩具材料。中大班则可以选择那些需要根据幼儿已有的知识经验，借助语言进行的游戏。在游戏形式上，3—5岁的幼儿喜欢非竞争性游戏，如猜谜游戏、拼图游戏、匹配游戏、大肌肉游戏等；5岁以上的幼儿则喜欢竞赛性游戏、活动强度高的游戏，如棋类游戏。可以为中大班幼儿选择一些需要运用一定策略，在认知上有一定难度的规则游戏。

（2）引导幼儿熟悉游戏的内容和规则。

在进行规则游戏时，小班幼儿往往注重游戏的过程，而不太在乎游戏的结果。讲解游戏内容与规则时，要力求生动、简明和形象。讲解可与动作示范相结合，并在游戏过程中不断提醒小班幼儿遵守游戏规则。中班幼儿已初步具有竞赛意识，在游戏过程中要注意检查幼儿对游戏玩法的掌握和执行规则的情况，对遵守规则的幼儿给予鼓励，使其明确只有遵守游戏规则才能让游戏更有趣味。大班幼儿已普遍对游戏结果产生了兴趣，一般情况下，只需教师用语言讲解即可。教师可以要求大班幼儿独立开展游戏，严守游戏规则，争取好结果，同时能够对游戏结果进行适当的评价。

（3）引导幼儿正确对待输赢。

要引导幼儿正确对待游戏的输赢和竞争，让幼儿认识到遵守游戏规则的意义（如：不要耍赖，老耍赖就没人和你玩了，耍赖对别人不公平）。在对待输赢上，我们应该坚持游戏指导的"无奖励原则"，将指导的重点放在游戏的过程而不是结果上。对游戏活动的评价应针对幼儿的游戏技能或快乐，将幼儿的注意力引导到"赢者"所用的有效策略上，引导幼儿学习同伴的策略，意识到他人的想法和观点。这样才能实现规则游戏的社会性发展价值。

> 游戏的指导主要针对角色类游戏、结构类游戏、表演类游戏、规则类游戏这四类游戏进行，而且会针对小、中、大班三类幼儿的特点做出合适的指导策略。学习时熟记各种游戏的年级特点与指导策略。同时可选择一两个游戏进行模拟训练。

本章小结

游戏是幼儿的生命，尽管至今人们还没有对游戏形成一个公认的定义，但游戏对于幼儿发展的重要性是绝无异议的。游戏是一种古老的存在，历史上产生过不同的游戏理论，至今仍有参考价值。有效地开展游戏活动就必须对游戏的本质、类型、特点等进行科学的研究，并结合幼儿的年龄特征选择适当的指导策略，这样才能最大限度地利用游戏促进幼儿的发展。

知识结构

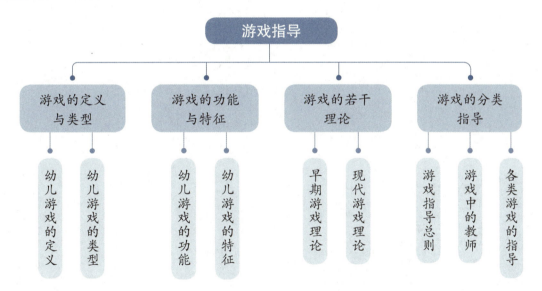

第七章 教育活动指导

◎ **学习目标**
※ 了解幼儿园教学活动、主题活动、区域活动及其他各类活动的类型与功能;
※ 知道幼儿园各种活动方案的结构要素,并能够进行科学的设计;
※ 识记幼儿园各类教育活动的概念及特点;
※ 理解幼儿园各类教育活动的实施策略并能结合实际进行运用。

◎ **学习重点**
本章是重中之重,学习时应极为重视。重点放在教学活动、主题活动、区域活动的方案设计。具体而言,要熟记各种方案的构成要素,每个要素的设计要求,同时能够根据相应的原理进行解释。

◎ **学习导引**
本章内容重在介绍幼儿园各类教育活动的指导,偏实践操作性。学习时,首先要对幼儿园各种活动有一个大致的了解,然后可以按概念、类型、功能、方案设计、方案实施这个逻辑去理解与记忆每种活动,重点放在各种活动方案的设计上。同时,一定要结合案例多加练习。

本章导入

一桶酵素

清晨，大班的孩子们在幼儿园门口支起摊位，摆上自己制作的酵素洗涤产品和亲自参与栽培的酵素水培蔬菜，等待着小朋友们和家长拿有害垃圾来兑换……每个月，这样的场景都会出现在幼儿园，而这一切的背后源于幼儿园对"一桶酵素"的坚持。

幼儿园每天一顿的水果餐会产生大量的果皮。为响应垃圾分类的号召，街道组织了一次酵素制作活动，这个活动给了园长一个启发：这么多果皮，用来制作环保酵素既能保护环境，又能锻炼孩子们的动手能力，让他们参与到科学实验中来，何乐而不为呢？

萌生了制作环保酵素的想法后，园长带领全园教师通过网络科普、向专家请教等方式开始酵素制作的探索之路。吃完水果后，自觉将果皮掰碎，加入红糖和水，放到瓶子里，然后开始等待……从一无所知到熟练掌握发酵技术，制作环保酵素很快地成为幼儿园师生一日生活中的"必修课"。

酵素发酵过程需要3个月，在这个过程中，果皮在红糖的作用下不断地发酵，会产生很多气体，各年龄段的孩子围绕发酵产生的气体开展不同的探究活动。小班的孩子们感受转动瓶盖时气体从瓶口发出的声音。中班的孩子们就酵素"爆炸"的原因展开讨论，最后决定自己做对比实验来寻找答案。大班的孩子们展开了一场有关防止酵素"爆炸"的讨论——"我觉得每天要多放几次气""天气热了，把酵素放在阴凉的地方比较安全"……讨论结束后，孩子们把各自的"防炸"妙招画在便利贴上，传授给弟弟妹妹们，避免酵素"爆炸"的危险发生。[1]

废弃的果皮能变成洗涤产品和新鲜环保的蔬菜，多么神奇！相信这对幼儿园的每一位小朋友都有强大的吸引力。园长在参加街道组织的利用垃圾制作酵素的活动时受到启发，萌生了利用幼儿园餐后果皮制作环保酵素的教学活动的想法。预设和生成是幼儿园的教育活动设计的两种主要路径，园长利用废弃果皮生成环保酵素制作活动，将日常生活事件融入幼儿园教育活动，引导小朋友开展不同的探究活动，让孩子们从小形成保护环境的意识，参与科学实验，锻炼动手能力，深受小朋友的喜爱。那么幼儿园的教学活动应当如何

---

[1] 李美艳，沈晓雯.桐乡市凤鸣街道中心幼儿园：以"一桶酵素"育品质儿童［N］.浙江教育报，2022-12-06（4）.收录时略有修改。

设计、组织与实施？本章将侧重介绍幼儿园教学活动、主题活动、区域活动及亲子活动等其他活动的设计与指导。

第一节 幼儿园教学活动指导

幼儿园的所有活动都具有教育性，活动过程也就是教育过程，其目的是促进幼儿身心健康发展。幼儿园教育活动多种多样，其中教学活动是幼儿园实施教育的主要途径，是实现幼儿全面发展教育的重要手段。

幼儿园教学活动概述

【示例】

对幼儿园活动的正确理解是（ D ）。

A. 儿童尽情地随意玩耍

B. 在安全的前提下按课程的要求活动

C. 为儿童舒展筋骨而开展活动

D. 教育过程就是活动过程，促进儿童身心健康发展

一、幼儿园教学活动的类型

幼儿园教学活动是指幼儿园中为促进幼儿身心和谐健康的发展，由教师有计划、有目的地组织实施的教与学的正式活动。它既是将保教计划从文本变为实践的具体过程，也是幼儿园课程实施的主要途径。依据划分标准的不同，幼儿园教学活动的类型也各不相同。

（一）依据教学活动组织形式划分

1. 集体教学活动

集体教学活动就是幼儿在同一时间、同一地点以同样的方式学习同样内容的组织形式，是幼儿园中常见的活动形式之一。这种教学形式源于班级授课制，是一种高效的教学组织形式，具有高效、经济、公平等特点，对幼儿学习和发展的引领性强、系统性强，能形成学习共同体，培养集体感等优势，因此适合我国教师少、幼儿多的国情。

不过，集体教学组织形式在实施过程中具有若干缺陷：① 容易导致教师仅仅关注全班幼儿的平均水平，而忽视了个体差异；② 功能定位不准确，与日常生活和游戏的关系和联系不清楚；③ 教育目标定位不清，核心价值难以体现；④ 幼儿在各领域发展的年龄特征、学习特点与实际发展水平把握不准，教学目标或高或低，比较空泛，而且重知识技能类目标，轻情感态度类目标。⑤ 教学内容的"含金量"不大，难易程度不适当；⑥ 教学过程缺乏有效的师生互动，幼儿多处于被动学习状态；⑦ 教学方法单一，与幼儿学习特点不符，或者虽花样翻新，但华而不实，不能有效地促进学习，等等。这些缺陷需要其他教学组织形式加以弥补。

【示例】
简述幼儿集体教学的利与弊。

2. 小组教学活动

小组教学活动是教师根据教学需要，或幼儿不同水平、不同兴趣把全班幼儿分成两个或两个以上的小组，根据各组特点分别开展的教学活动。可以说是一种为幼儿提供交流机会的组织形式，较之集体教学活动更灵活，并能在全面照顾的前提下顾及幼儿的差异性，关注到他们的不同兴趣需要，也有利于培养组员之间的交往能力、合作意识与合作能力。

【示例】
在幼儿教育活动中，最能为幼儿提供交谈机会的组织形式是（ A ）。
A. 小组活动　　　　B. 班集体活动　　　　C. 全园活动　　　　D. 个别活动

3. 个别教学活动

个别教学活动是教师通过一对一或一对二的形式，根据幼儿的个体兴趣需要、不同能力水平开展有针对性的教学活动。其优势在于能充分考虑幼儿的个体差异，予以个别化指导，促使个体在原有基础上获得发展，局限在于要求教师投入大量的时间、精力，同时对于物质条件也有更高的要求。

（二）依据教学活动的结构化程度划分

从我国幼儿园教学实践来看，主要分为三种："单一科目"教学活动、"整合科目"教学活动、主题教学活动。

1. "单一科目"教学活动

幼儿园"单一科目"教学活动是由教育者设计、强调单一概念和技能的教学，它的关注点在于各领域的知识与技能，而不是幼儿自己的生活经验。"单一科目"教学活动十分明显地体现了以教师为中心展开教育活动的特征。[①]

2. "整合科目"教学活动

幼儿园"整合科目"教学活动是由教育者设计、强调整合概念和技能的教学，它的活动目标比较综合，活动内容选择的主要依据是学科本身的逻辑顺序，活动评价的主要标准是预定目标的达成度。其关注点在于学科的知识与技能，而不是幼儿自己的

---

① 朱家雄.幼儿园教育活动设计与实施[M].北京：高等教育出版社，2008：52.

生活经验。

3. 主题教学活动

幼儿园主题教学活动属于综合性课程，它是将各个学科科目的教学内容综合到一个网络状的主题之中，围绕主题展开的一系列教育活动。主题教学活动更具有灵活性，在关注学科逻辑顺序的同时，能兼顾幼儿的兴趣需要、学习经验。

> 幼儿园教学活动是指幼儿园中为促进幼儿身心和谐健康发展，由教师有计划、有目的地组织实施的教与学的正式活动。若按照教学活动的组织形式和结构化程度等标准可划分出不同类型。

二、幼儿园教学活动的设计

（一）幼儿园教学活动的设计原则

幼儿园教学设计及注意事项

1. 主体性原则

主体性原则是指教师必须坚持以幼儿为活动的主体，在活动内容的选择以及活动形式的安排上，注意激发幼儿的主动性、自主性。幼儿能够通过自身的实践活动来建构自己的知识体系，发展自己的能力。同时教师在活动设计中正确认识和把握好教师的角色，对幼儿的学习提供支持和帮助。

2. 科学性原则

科学性原则是指教师向幼儿传授的知识、技能应该是正确、符合客观规律的。教师在教学内容选择、教学组织形式安排和教学方法的运用上，都应符合幼儿的年龄特点和认识事物的规律，根据幼儿实际安排教学内容、制订教学计划，保证幼儿园教学活动过程的科学性。

3. 发展性原则

发展性原则是指设计教学活动时应以促进幼儿的发展为出发点，在目标制定、策略选择、材料提供、环境创设等方面都要以促进幼儿发展为目的，促进幼儿在身体、认知、情感、个性和社会性等方面的全面发展。

4. 活动性原则

活动性原则是指幼儿园的教学活动要以幼儿的身心发展特点为依据，以活动为基础，引导幼儿在活动中自主探究，通过与材料的互动获得发展。教师应提供学习材料和机会，创设一个富有教育性的环境，让幼儿通过自己的感官，直接感知、动手操作和体验来获得经验。

5. 趣味性原则

趣味性原则是指教学活动中，必须使各环节充满趣味，以激发幼儿学习的积极性和求知欲。因此，在设计教学活动时，其教学内容、活动形式、方法等要符合幼儿的特点，才能让他们感兴趣并接受，从而激发其参加活动的主动性和积极性，在活动中保持持久的注意力。

（二）幼儿园教学活动方案的设计

活动设计的格式

1. 幼儿园教学活动方案的结构

幼儿园教学活动方案主要由活动名称、设计意图、活动目标、活动准备、活动过程、活动延伸等要素组成。

（1）活动名称。活动名称的取法要规范，完整的活动名称应包括年龄班、领域及具体的活动内容。如"儿歌：云彩与风儿"这个名称就不适宜，但改成"大班语言活动：云彩与风儿（儿歌）"就恰当了。

（2）设计意图。活动设计意图体现活动的总体设计思路，主要包括对活动内容的分析，对幼儿学习能力的分析，活动目标、重点、难点制定依据的阐述以及教学方法和手段的运用说明等方面。

（3）活动目标。活动目标包括认知、情感和态度、行为和技能等。

（4）活动准备。活动准备一般包括知识经验准备、物质材料准备及环境的创设。

（5）活动过程。活动过程包括开始部分、基本部分和结束部分。

① 开始部分：主要任务是创设情境、导入活动、集中幼儿的注意力，激发幼儿参与活动的兴趣。

② 基本部分：主要任务是教师运用各种教学手段和方法引导幼儿自主学习、积极探索，以实现活动目标的主体部分。

③ 结束部分：主要任务是迁移拓展、总结评价幼儿的学习情况，提出希望和延伸学习的要求。

（6）活动延伸。是集体教学内容的继续与发展，以帮助幼儿巩固和拓展所学的知识经验。

【示例】

1. 大一班自由活动时间，个别幼儿用泡沫拼板（30 cm×30 cm）当滑板玩（如下图），许多孩子也想玩，但有的幼儿滑不起来，有的只能滑一点点。请根据幼儿利用泡沫拼板滑行的兴趣，为大班幼儿设计一个体育活动，要求写出活动名称、活动目标、活动准备、活动过程和活动延伸。

图一：（儿童双脚踩一块拼板划行）

图二：（儿童坐在一块拼板上划行）

2. 请根据下列素材设计一个大班科学活动，要求写出活动名称、活动目标、活动准备、活动过程。

大班的胡老师为幼儿提供了各种吹泡泡的工具，有吸管、铁丝绕成的圈、塑料吹泡泡棒等（如下图所示），让幼儿在户外活动时自己吹泡泡玩。幼儿在吹泡泡的时候，有的能吹出很大的泡泡，有的只能吹出小泡泡，有的能一次吹出好多个泡泡，有的一次只能吹出一个泡泡……结果有的幼儿得意，有的幼儿沮丧。针对上述现象，胡老师打算组织一个科学的教育活动，以引发幼儿深入探究的兴趣，并使幼儿了解不同吹泡泡工具与吹出的泡泡之间的关系。

幼儿园教学活动方案包括活动名称、设计意图、活动目标、活动准备、活动过程和活动延伸几个基本部分，学习时必须牢记这几个要素，而且要求根据教学活动设计的基本原则进行设计。同时要求能够根据相关原理对自己的设计进行解释。

三、幼儿园教学活动的实施

（一）幼儿园教学活动的实施原则

幼儿的身心发展有其特殊规律，为了更好地促其发展，在实施幼儿园教学活动时，必须遵循以下几个基本原则。

1. 直观性原则

直观性原则是指在教学活动过程中，教师运用直观形象的教学手段、

幼儿园教学活动的实施及注意事项

生动形象的语言，丰富幼儿的感观经验与感性知识。在落实直观性原则时需要注意以下几点。

（1）选择适当的直观教学手段。直观手段有：实物直观、模像直观、语言直观等。在教学活动过程中要根据教学任务、内容和幼儿的年龄特征正确选择直观手段。

（2）直观手段要与讲解相结合。直观手段的运用必须结合教师的讲解进行。在提问中发现问题，在讲解中回答幼儿的疑问，从而更为深刻地掌握理论的知识。

（3）重视运用语言直观。语言直观的特点是不受实物直观或模像直观所需的设备和条件的限制，只需要借助幼儿的表象储备就可以起到直观的作用。所以，一定要重视。

（4）注意不能喧宾夺主。直观手段的运用要以教学为主，它只是一个辅助手段，不能喧宾夺主，分散幼儿注意力。

【示例】

材料：

情境一：

一天晚上，莉莉和妈妈散步时，有下列对话：

妈妈：月亮在动还是不动？

莉莉：我们动它就动。

妈妈：是什么使它动起来的呢？

莉莉：是我们。

妈妈：我们怎么使它动起来的呢？

莉莉：我们走路的时候它自己就走了。

情境二：

在幼儿园教学区活动中，老师给莉莉出示两排一样多的纽扣，莉莉认为一一对应排列的两排一样多。当老师把下面一排聚拢时，她就认为两排不一样多了……

问题：

（1）莉莉的行为表明她处于思维发展的什么阶段？（2分）举例说明这个阶段思维的主要特征及表现。（12分）

（2）幼儿这种思维特征对幼儿园教师的保教活动有什么启示？（6分）

2. 活动性原则

活动性原则是指在教学活动实施过程中，应以幼儿直接参与具体活动为基本形式，尤其注重游戏的形式。让幼儿能够运用多种感官获取直接经验，做中学，学中做。贯彻活动性原则要注意下列几点。

（1）创造幼儿实践活动的机会。在教学设计时，应创造让幼儿参加实践活动的机会，使得幼儿有更多的机会去接触客观事物，深入探索、了解客观事物，从而提高幼儿的发展能力。

（2）注重幼儿进行充分、主动的活动。准备充足的材料，保证每个幼儿都能参与，并保证有充分的时间，给予幼儿充分活动的机会，激发幼儿的主动参与。

（3）提供多样性的游戏活动。在设计教学活动时，应从幼儿年龄特点出发，选择新颖多样的游戏材料开发其多功能性和可变性。充分尊重幼儿选择游戏的意愿，确保提供多样性的游戏活动，在游戏活动中切实安排幼儿动手、动口、动脑、动身的活动。

（4）给予适度性的指导。过度的、不恰当的指导会干扰幼儿思维的连贯性，从而降低活动的发展价值。适当的指导能提高幼儿参与活动的积极性、主动性和有效性。

【示例】

在"秋天的书"美术活动中，教师不适宜的做法是（ A ）。

A. 让幼儿按照教师的范画绘画　　　　B. 组织幼儿观察幼儿园中的树
C. 提供各种树的照片组织幼儿讨论　　D. 引导幼儿观察有关书的名画

3. 启发性原则

启发性原则是指在教学过程中，教师要尽可能地避免告诉幼儿现成的、结论性的知识，而要引导幼儿探索怎么做，激发幼儿的思维。具体落实时应注意以下几个方面。

（1）坚持正面引导。多告诉幼儿可以怎样做、怎样做更好，少说不能或不许怎样做。

（2）安排多样的教学活动。组织安排儿童参加丰富多彩的活动，寓教育于具体、生动、形象的活动之中，促使幼儿主动地开动脑筋，思考问题。

（3）学会等待。教师应判断所提问题的难易程度，若问题较难，候答时间就要相应延长些，耐心地等一等，留给幼儿充裕的时间思考。

（4）培养相关能力。培养儿童初步的抽象能力和创造能力，充分调动他们运用已有的知识，通过自己的智力活动去获取更多的知识和技能。

4. 发展性原则

发展性原则是指通过教学活动，使幼儿获得个体的全面发展，幼儿获得的不仅仅是知识，而是知识、经验、情感体验或态度的和谐发展。运用时应注意以下几点。

（1）了解儿童现有的知识水平和经验。教育者要对幼儿的智力水平、知识储备、心理状态、生活经验等都要有一个准确的了解。尊重幼儿发展的不同节奏、不同水平，以开放的、接纳的态度对待幼儿的个体差异。

（2）选择恰当的内容。选择的学习内容，应有一定的难度，而且是逐步加深的，需要幼儿做出一定的努力才能学会的，并且要求儿童不断地努力，从而促进幼儿的发展。

（3）改进教学方法。改进教学方法，如采用比较的方法、创造问题情景的方法、启发儿童思维的提问法等进行教学。

【示例】

1. 教师在幼儿书写准备的指导中，不恰当的做法是（ D ）。

A. 用图画和符号表达自己的愿望和想法　　B. 书写自己的名字

C. 养成正确的写画姿势　　D. 学习书写常见汉字

2. 在幼儿园领域教育活动中，为什么要关注幼儿学习发展的整体性？结合实例说明。

5. 趣味性原则

趣味性原则是指在教学活动中，教育者应使教学各环节充满趣味，以引发幼儿浓厚的学习兴趣，促使幼儿在兴趣的驱动之下，带着喜悦的情绪全身心地投入活动中，在不知不觉中获取知识技能。具体地，可从以下几方面入手提高趣味性。

（1）补充富有趣味性的教学素材。必须结合幼儿认知特点，在各环节中选择和运用丰富有趣的材料，激发幼儿学习的兴趣和主动性，使幼儿保持较久的注意力。

（2）开展符合儿童的多样化游戏活动。开展各种形式的游戏活动，如果增加竞赛性则更能引起幼儿活动的兴趣。

> 幼儿园教学活动在实施过程中，要遵循直观性原则、活动性原则、启发性原则、发展性原则和趣味性原则。牢记这五条原则的含义及运用要求，同时注意对实践问题的分析与解释。

（二）幼儿园教学活动的实施策略

下面从活动准备、活动实施、活动反思三个方面，分别探讨幼儿园教学活动的实施策略。

1. 活动准备策略

准备是教学活动的起始阶段。活动准备有两项基本内容：一是准确定位教学活动的目标；二是筛选出适宜的教学活动内容。

（1）活动目标制定策略。同时关注三种价值取向，即行为目标、生成性目标、表现性目标；同时顾及知识与技能、过程与方法、情感态度与价值观这三个维度。

（2）活动内容筛选策略。在选择教学活动内容时，必须考虑以下几个方面。

① 发展性。教育的根本目的是促进幼儿的可持续发展，因此，教育活动内容的选取要符合幼儿身心发展连续性和阶段性的需要，体现教育内容和知识经验的衔接，建立有关联和层次的认知系统。

【示例】

幼儿教师选择教育教学内容最主要的依据是（ A ）。

A. 幼儿发展　　B. 社会需求　　C. 学科知识　　D. 教师特长

② 适切性。幼儿园教学活动内容的选择必须以幼儿的生活经验为基准，尊重幼儿在

认知、情感、社会性发展、生理发育等方面的一般规律，适应于幼儿原有经验，又鼓励幼儿积极扩展自主建构的活动范围和适应幼儿最近发展区的难易程度。

③ 目标性。教育内容是教育目标实现的教育有效载体，因此，作为教育活动内容选择的重要依据，教育内容的选择和编排必须与教育活动目标相对应。

④ 兴趣性。儿童的年龄特征决定了兴趣是学习的最大内驱力，使儿童有主动参与活动的愿望，并保持积极性。儿童的兴趣和需要是选择教育内容不可忽视的重要因素。

⑤ 可行性。内容选择时，要考虑教师自身的素养，教学活动本身的特性，可资利用的教育资源，保证教学活动的可操作性。

2. 活动的实施策略

（1）直观教学策略。直观教学策略是指运用直观手段，引导幼儿获取感性认识，帮助幼儿获得直接经验的一种方法。此类方法包括观察法、示范法、演示法、范例法等，符合直观性原则和幼儿的思维特点。

① 观察法。观察法是指幼儿在教师的指导下，有目的、有计划地感知客观事物的主要特征、变化的方法，是幼儿园教学的基本方法。运用时注意：观察前做好准备工作，确定内容，提出要求，拟定计划；观察时，向幼儿提出观察的目的，引导幼儿有目的地、科学地观察；观察后，进行总结，将知识巩固和条理化。同时组织幼儿做观察记录，记下他们的感受、体验、发现与认识。

【示例】

幼儿园教学的基本方法是（ C ）。

A. 演示法　　　　B. 范例法　　　　C. 观察法　　　　D. 示范法

② 示范法。示范法是指教师通过自己的语言、动作所做的教学表演，为幼儿提供具体模仿的范例。运用时注意：动作示范时，要选择好位置，使每个幼儿都能看清楚；示范动作要慢一些，而且要清楚准确，并适当加以解释；进行语言示范时，要声音洪亮、吐字清楚、用词准确、速度适中、富有表现力。

【示例】

由于幼儿是以自我为中心辨别左右方向的，幼儿教师在动作示范时应该（ B ）。

A. 背对幼儿，采用镜面示范　　　　B. 面对幼儿，采用镜面示范
C. 面对幼儿，采用正常示范　　　　D. 背对幼儿，采用正常示范

③ 演示法。演示法是指教师向幼儿出示各种实物、教具、模型或做实验，使幼儿获得关于某一事物或现象的感性认识的方法。这种方法常与讲述法、谈话法一起使用。运用时注意：要选择恰当的时机，激发幼儿的新鲜感和好奇心；使全体幼儿都能看清演示的对象，把注意力集中在对象的主要方面；辅以简明扼要的讲解和谈话，使演示的事物与所学的知识紧密结合，将个别的知识归纳成为完整的知识；演示技巧要熟练、造型准确、程

序正确、动作清楚、速度适宜。演示的时间要短，根据需要可向全班、小组或个人进行演示。

④ 范例法。范例法是指按照教学要求或者活动目标向幼儿提供一种可模仿的榜样，它是形象的、具体的。运用时注意：教学中范例的大小以让每个幼儿能看清楚为宜；范例的难易程度要与幼儿实际水平相适应；范例要色彩鲜艳、画面清晰、形象突出，具有典型性；范例要多样化，具有一定的数量，能从不同角度反映事物的面貌，以开阔幼儿的思路，为其创造性表现提供基础。

【示例】

在歌唱活动中，帮助幼儿清晰准确地表现内容和富于感染力地表达情感的方法，主要是（ D ）。

A. 倾听录音范唱　　　　　　　　B. 欣赏录像带中的优秀表演

C. 倾听教师精湛的弹奏　　　　　D. 教师正确地范唱

（2）语言运用策略。语言运用策略主要指教学过程中教师运用语言的基本策略。在实践中，语言策略一般通过讲授、讨论等方法得以实现。其中讲授法（包括讲述法、讲解法等）是使用最早、应用最广的教学方法。语言策略运用得当不仅有利于发挥教师的主导作用，也便于幼儿在较短时间内获得系统、完整的知识。

① 讲述法。讲述法是指教师通过口头语言生动地叙述讲解的教学内容、教材的一种教学方法。在运用时注意：保证语言正确、生动、形象，激发幼儿的兴趣；简明扼要，重点突出；讲述前要交代清楚要求；注意倾听幼儿的讲述，及时给予鼓励和必要的帮助。

② 讲解法。讲解法是指教师通过口头语言向幼儿解释和说明知识、材料、规定、要求等的教学方法。在运用中要注意：抓住重点、难点和关键，深入浅出，必要时可适当重复讲解；语言要准确、清晰、形象，符合幼儿的理解能力和接受水平；条理清楚，便于幼儿记忆。

③ 谈话法。谈话法是指用提问、答问、讨论等方式进行教学的方法。此方法包括启发式谈话、再现谈话、讲授谈话等形式。在运用中要注意：基于幼儿已有的知识经验；围绕教学目的，具体明确，富有启发性；问题具有逻辑性，引起幼儿步步深入思考；教师要注意耐心倾听幼儿的回答，及时肯定、补充，做出明确的结论。

④ 故事法。故事法是运用故事对幼儿进行教育的方法。故事法在幼儿园运用较为普遍，符合幼儿的年龄特点，容易吸引幼儿，促使幼儿的无意注意向有意注意转化。其形式主要有口述、听录音、看图讲故事、故事表演等。在运用时要注意：依据幼儿的年龄特征选择具有可读性的故事；故事语言要绘声绘色、优美而富有感情；运用图片和体态语言以及提问等帮助幼儿听懂有一定语言难度的故事。

⑤ 讨论法。讨论法是指幼儿在教师指导下就某个问题交换看法共同商讨、相互启发和补充，从而获得正确、统一的认识的方法。其方式有两人讨论、小组讨论、全班讨论三

种。在使用时注意：讨论前要创设自由的讨论氛围，奠定讨论的基础；讨论中教师要适时启发引导，让幼儿逐步深入话题；讨论结束，及时进行小结，帮助幼儿将他们在活动中获得的感性经验予以整理、归纳，并进行比较、总结，从而获得更全面、完整的信息。

（3）实践操作策略。实践操作策略是指教师在教育活动中创设多种以幼儿为主体的实践活动，让幼儿反复练习一定的动作或活动方式，并进一步理解知识、巩固技能和行为习惯，以加深记忆的一种活动方法。主要包括练习法和操作法等具体方法。

① 练习法。练习法是指在教师的帮助、辅导下，通过多次重复的练习使幼儿熟悉地掌握知识和技能的一种方法。运用时注意：使幼儿明确练习的目的、任务和具体要求，在理解的情况下自觉练习；运用正确练习方法；适当分配练习的分量、次数和时间；练习的方式要多样化，避免单调、乏味的重复；练习的方式要先求正确后求熟练，逐步提高要求；加强个别辅导，及时纠正错误。

② 操作法。操作法是指幼儿通过亲自动手操作直观教具，在摆弄物体的过程中进行探索，从而获得知识、经验和技能的一种活动方法。运用时注意：明确操作的目的、要求和操作步骤、方法；提供充足的操作材料；给幼儿充分的操作时间；在幼儿操作的过程中，教师要观察幼儿的操作情况，及时发现问题，引导幼儿积极思考和探索。

（4）情绪调控策略。教师对幼儿情绪的有效调控，是取得良好教学效果的重要因素。运用时注意：教师自身一定要有饱满的情绪；教师需注重与幼儿的非语言交流；教师必须深谙幼儿的情绪发展特点；教师在情绪调控时可采取转移注意力、冷处理、安抚等方法，并避免采用斥责的方式。

【示例】

1. 下列哪种方法不利于缓解或调整幼儿激动的情绪（ B ）。

A. 转移注意力　　　　　　　　B. 斥责
C. 冷处理　　　　　　　　　　D. 安抚

2. 材料：

星期一，已经上小班的松松在午睡时一直哭泣，嘴里还一直唠叨，说："我要打电话给爸爸来接我，我要回家。"教师多次安慰，他还一直在哭。老师生气地说："你再哭，爸爸就不来接你了。"松松听后情绪更加激动，哭得更加厉害了。

问题：

（1）请简述上述教师的行为。

（2）提出三种帮助幼儿控制情绪的有效方法。

3. 活动的反思策略

活动反思大致考虑下面几个方面。

（1）反思目标。活动目标的反思需注意三个问题：① 目标是如何制定的。有效的活动目标必须考虑活动的价值，即这个活动涉及的领域的关键概念是什么；还要考虑幼儿原有的经验水平，即在这个关键概念上幼儿具备什么经验，通过这个活动要达到什么水平。② 活动目标的表述。活动目标表述要做到全面、具体、适宜。③ 活动目标达成度。教学效果与活动目标之间的吻合度。

（2）反思策略。活动的实施策略是幼儿园教学活动反思的重要部分，主要反思三大问题：① 活动内容选择是否恰当。考虑内容的年龄适宜性、内容与目标的一致性、内容的科学性、内容的生活性、相关环境材料的适宜性、内容实际完成情况。② 教学方法、组织形式与教学手段运用是否得当。如：是否激发了幼儿的学习兴趣、注意力是否集中、是否感觉到心情愉悦等。③ 活动中指导策略是否适宜有效。策略的制定是否符合幼儿的需要，是否具备将预想的策略转化为具体行为的能力。

（3）反思效果。反思效果是指教学活动与既定目标的一致程度，即在多大程度上实现了目标。通过对效果的反思，可以发现教学活动的得失成败，引导我们进行深入思考。反思的路径包括：成功活动的反思、尚有不足的活动的反思。前者的反思重点在于总结目标达成的策略、方式方法；后者重点是返回目标和策略的反思，在反思中找到需要完善和提高的地方，并在不断的反思性实践中提高自身研究幼儿和研究学前教育的能力。

> 根据活动准备、活动实施、活动反思三个环节去记忆各个环节的具体方法。特别注意各种方法的运用要求，反思的基本策略等内容。学习时注意与教学实践相结合。

第二节　幼儿园主题活动的设计与实施

幼儿园主题活动是指围绕贴近儿童生活的某一中心内容即主题，作为组织课程内容的主线来组织的教育教学活动。它有下列特点：① 知识的横向联系。打破学科领域之间的界限，将各个方面的学习有机地联系起来；② 整合教育资源。整合幼儿园内外各种与教育内容相关的资源；③ 生活化、游戏化的学习。多与儿童的生活相联系，以游戏为主要形式；④ 富有弹性。根据幼儿的活动情况及时做出反应，调整计划；⑤ 遵循幼儿知识经验建构的规律。充分体现幼儿知识学习的整体性，促进幼儿前后学习经验间的联系与整合。

一、幼儿园主题活动的设计

（一）幼儿园主题活动设计的原则

1. 全面性原则

主题活动设计要全面考虑目标、内容、方法等。在设计主题活动时，需从主题网、目标体系到各个活动具体设计等方面进行统筹兼顾。在设计主题之前，必须树立整合观，并对教育内容进行整合，使同一个领域不同方面的内容、不同领域的内容之间产生有机的联系，最终让这些整合的内容体现在主题中。在主题活动目标的设计时，要注意全面体现认知、情感态度和动作技能等目标领域。

2. 适宜性原则

不同年龄阶段，幼儿身心发展存在着年龄的差异，主题活动的目标制定、环境创设等都要从不同年龄儿童身心发展的需要出发，通过制定不同阶段的目标、创设不同层次环境和提供不同的材料来达到促进儿童发展的目的。同一年龄的儿童，也存在着个性与发展水平等方面的差异，教师必须注意观察和发现本班幼儿的不同发展水平和不同活动需要，从而有的放矢地设计主题活动，促进每个幼儿在不同水平的发展。

3. 计划性原则

在确定具体活动之后，一般要将这些活动体现在周计划表中。周计划表是一周每日活动的具体安排。周计划是由班级老师依据主题活动方案共同制定的，目的是将所确定的活动有节律地体现在一周的每日活动安排中，从而有利于教师及时将生成的内容体现在周计划中，让计划更具有弹性。在安排周计划时要注意：对一日活动时间的划分不宜过于琐碎，尽量减少不必要的集体行动和过渡环节，减少和消除消极等待现象；活动的安排尽量动静交替，能够根据活动情况的变化而进行适时的调整。

（二）幼儿园主题活动方案的设计

1. 幼儿园主题活动方案的结构

幼儿园主题活动方案主要包括以下几个要素。

（1）主题名称。这是主题活动的核心，它是儿童生活中存在的一个事物或幼儿感兴趣、疑惑的问题，不同于研究性的课题。其名称直接为活动的主题如"保护自己办法多""有事怎样通知他""我爱运动"等。

（2）主题设计思路。主题选择与开发的依据，主要从三方面入手：① 儿童感兴趣的具有教育价值的内容。② 可整合的教育内容和资源。如四季的变化等有规律呈现的内容。③ 教育目标。从保育教育目标出发，寻找相应的活动主题。

常见的主题有围绕儿童自身开展的主题、围绕自然环境开展的主题、围绕社会环境与生活开展的主题、围绕人类与科学技术开展的主题和围绕重大事件开展的主题等。如"我的眼睛用处大""海底世界""超级市场""神舟六号"……

（3）主题目标。主要是指主题活动的总目标。它要在学期目标和阶段目标的基础上，依据幼儿发展水平需要和主题网进行制定。

（4）主题准备。主题准备一般包括知识经验准备、物质材料准备及环境的创设。

（5）主题网络。主题网络能使教师更全面理解主题，辅助教师完善活动设计。形成与应用环节如下：首先，围绕目标，经过发散性的思考将可能的活动罗列出来；其次，根据其教育价值和可行性进行选择；第三，将选择好的活动根据幼儿的学习规律，按照一定的逻辑顺序进行编排，一般按照时间顺序。

（6）主题环境创设。环境的创设应围绕教育目标，部分环境要素随主题变化。空间的布置和材料的投放都需围绕主题内容的变化而变化。

（7）主题系列活动。主题确定后，要对主题系列活动间的关系进行梳理，系列活动一般包括单一活动、游戏活动和其他辅助活动，是交叉关系，既有平行又有递进。在安排活动顺序时，主要考虑活动内容和活动之间的关系、时间顺序。尽量动静交替，并且要符合幼儿生活特点和规律，做到相对稳定。至于具体活动的设计与实施，则可以按照教学活动设计的相关要求。

2. 幼儿园主题活动方案的展示

大班主题活动：香甜的水果

【主题活动总目标】

（1）观察常见水果的外形特征，了解不同种类水果的特点；
（2）通过观察、探索、动手操作的方式来探究水果的秘密；
（3）学习水果的绘画方法，能够为自己喜欢的水果进行涂色；
（4）大胆表达对水果的喜爱，萌发热爱大自然的情感。

【主题活动网络图】

【主题环境创设】

教室中贴一些水果的图片或图画，带一些幼儿常见和不常见的水果。

【活动一：水果的秘密】

【活动目标】

（1）知道常见水果的名称，了解不同的水果的味道；
（2）学习观察，交流探索常见水果的特点，在记录中发展动手操作能力；
（3）萌发对大自然的探索欲望，热爱大自然。

【活动准备】

物资准备：若干数量苹果、香蕉、橘子、西瓜等常见水果的画及图片。

经验准备：对常见水果有简单的认识。

【活动过程】

(1) 观察认识常见水果。

看看各种水果，说说它们的名字。

(2) 请幼儿交流讨论，幼儿动手操作，探索水果的秘密。

教师将幼儿两人分为一组，给幼儿分发提供准备好的水果和记录表格，向幼儿提出要求，观察每一种水果的形状特点，品尝各种水果的味道。

(3) 幼儿合作观察并品尝水果，记录结果，教师巡回指导。

(4) 幼儿分享结果，教师总结。

(5) 教师和幼儿玩"水果找家"游戏。请幼儿帮助每一种水果找到自己的家。

【活动延伸】

将幼儿带到美工区，尝试制作水果的标本。

【活动二：我的水果很香甜】

略

【活动三：成果展示与评价】

略

【示例】

1. 请以"小动物与生气虫"为主题，设计一个中班的活动方案。

2. 以把玩具送回家（实物归类）为题，设计一个小班的活动方案。

3. 某幼儿园的院子里有几种高大的树，也有一些比较低矮的灌木。请你结合院子里的这些资源，设计一个题为"幼儿园的树木"的中班主题活动方案（含3个子活动），要求写出总目标，每个子活动的名称、目的和主要环节。

4. 设计大班主题活动方案，要求写出主题活动名称，主题活动总目标，2个子活动。每个子活动包括：活动名称、活动目标、活动准备和活动的主要环节。

周一早晨户外活动，幼儿被园子里五颜六色的花吸引了，有的在指认花的颜色，红的、黄的、白的、紫的；有的在数花瓣，三瓣、五瓣、六瓣的；有的在争论花的名字，他们发现有的花朵长得一样，但是颜色不一样，有的花朵有香味，有的没有香味……户外活动结束了，幼儿还一直很兴奋地谈论着……

5. 请根据下列素材，设计一个大班能涉及多个领域的系列活动，要求写出3个活动的名称、目标、准备以及主要的活动环节。

大班教室里收集了纸板箱、鞋盒、牙膏盒、药品盒等数量众多的盒子。这些大大小小的盒子吸引幼儿，教师发现很多幼儿利用盒子自发发生了很多活动，涉及各个领域，于是，决定围绕纸箱、纸盒设计出系列活动来满足、推进幼儿的发展。

6. 材料：

中二班幼儿在娃娃家游戏中，接待客人主动热情，与长辈交往很有礼貌，可家长却说,孩子在家不是这样的,有客人来了很少打招呼,还经常对爷爷奶奶发脾气。

请针对上述幼儿行为的反差,设计解决这一问题的教育方案。

要求:写出问题的原因分析、教育目标、3种教育指导内容与方法。

> 幼儿园主题活动在设计过程中,要遵循全面性、适宜性和计划性原则。学习时牢记主题方案的基本要素,并能根据设计原则进行操作,也可以自选主题进行练习。

二、幼儿园主题活动的实施

(一)幼儿园主题活动的实施策略

1. 活动准备策略

主要任务是进行主题网的制作、目标的制定和环境的创设等。

(1)制作主题网。

主题网的制作,首先依据幼儿的兴趣、需要及教育价值,从可整合的教育内容和资源,以及相应的幼儿园教育目标等方面来选择和开发相关的主题。然后,围绕活动主题将不同领域的内容和同一领域不同方面的内容进行整合,制作出主题网,为后续活动实施提供依据。

(2)制定活动目标。

首先,用表格来梳理主题活动的安排思路,并制定主题活动目标体系,包括主题活动总目标和各个活动具体目标两个层次。其次,要对网络内部的各个活动和活动之间的关系进行梳理,以确保活动思路的顺畅和各活动之间的相互关联。最后,制作周计划表,把这些活动放入到周计划表中,明确周活动安排。

(3)创设活动环境。

教师应积极创造条件,注重创设与主题活动相适应的环境,挖掘和发挥其所蕴含的教育功能,让儿童在与环境的互动中,通过自己的发现进行探索。注意以下方面:增强环境材料的目的性;增强环境创设的动态性;利用环境生成主题;建立师生互动式环境;增强环境创设的适宜性。

2. 活动实施策略

主要任务在于通过组织丰富多彩的活动让幼儿获得新的直接经验,在活动中一步步地进入主题变化或情节发展的高潮,幼儿在其中验证自己的假设,探讨问题和事实的真相。

教师这阶段的任务在于提供丰富而适宜的资源,如提供材料、暗示或建议等,同时让幼儿感受到自己是他们随时可以提供帮助的资源,幼儿在需要时可以随时求助。

3. 活动总结策略

主题活动最后还需要一个全程的、系统的反思和总结的过程。这阶段,教师可以让个别幼儿讲述自己整个活动的历程；也可以由幼儿将活动发现介绍给家长、客人、本班或别班的幼儿；还可以由全班幼儿集体办一个面向全园的作品展示会、表演等。

（二）幼儿园主题活动实施的注意事项

在主题活动的组织过程中，教师要特别注意以下问题。

1. 教师与幼儿合作探究

教师在活动中多采用师幼合作探究、幼儿小组合作的方式，形成良好的师幼互动，开展形式多样的探索活动。要保证师幼的探索活动呈现良好的状态，关键在于探索形式和教师与幼儿互动的多样化。

2. 多提供游戏或户外活动的机会

主题活动更多采用游戏化的学习方式。教师既要注意集体组织的游戏，也要注意幼儿自选的游戏。尽量开展户外活动，因为户外活动可以让幼儿更好探索自然和社会，完成许多户内无法完成的目标。

3. 计划性和灵活性相结合

在主题活动的实施过程中，教师既要参照预先拟定的活动方案，也要根据儿童的兴趣、活动的进展等因素随机调整活动方案。其灵活性建立在对幼儿细致观察和了解的基础上。

4. 整合主题活动的资源

教师要充分利用幼儿园、家庭、社区和互联网的资源为主题活动服务。首先，教师将各种活动加以整合，使活动形式丰富多样；其次，吸引家长通过各种方式参与；最后，善于利用社区的环境设施、人文资源和互联网资源，及时丰富主题活动的内容和材料，让主题活动成为一个开放的体系。

> 幼儿园主题活动在实施过程中大致经历活动准备阶段、活动发展阶段和活动总结阶段，每个阶段具有不同的实施策略。牢记实施的注意事项。

第三节　幼儿园区域活动的设计与实施

幼儿园的每个班级通常都有一些可供幼儿自由活动的场所，比如"图书角""娃娃家""建构区""美工区"等；外面的走廊上常常也有类似的场所，如"小小超市""自然角"等；园内一般也会有泥沙区、大型器械区、科学发现室、电脑区等公共场所。幼儿在这些场所里进行的活动，笼统地称之为区域活动。区域活动有几个明显的特点：① 自由性。一般由幼儿自己选择，教师很少直接干预。② 自主性。选择哪个区域、进行什么活动、如何活动均由幼儿自己决定。③ 多样性。幼儿可以个人活动，也可以小组活动，有时教师也参与幼儿的活动。④ 间接性。教师一般仅投放材料，以间接指导为主，较少直接指导。⑤ 个性化。区域活动的目的在于促进幼儿获得个性化的学习和发展，是因材施教的最佳途径之一。[1]

一、幼儿园区域活动的设计

（一）幼儿园区域活动的设计原则

1. 自主性原则

自主性原则是指在区域活动中，幼儿可以自主确定活动目的、内容和形式，没有外在强加的活动目标，在整个活动中具有主动性。落实时注意：① 让幼儿自己选择；② 自主性贯穿于活动的始末。活动的起点、过程、终点都由幼儿自己掌控活动的目的、内容、方法、快慢；③ 允许幼儿参与材料准备、参与活动区规则制定；④ 教师适度干预。

2. 灵活性原则

灵活性原则有三层含义：一是区域活动的时间安排得要灵活；二是教师指导区域活动的策略运用得要灵活。三是要根据幼儿活动的需求灵活调整。运用时注意：① 尊重儿童个体差异，关注每个幼儿的发展；② 对不同层次的幼儿分层指导；③ 活动时间、方式、材料等根据需要随时调整。

3. 互动性原则

互动性原则是指在区域活动中，教师一方面要引导幼儿与操作材料积极互动，另一方面要为幼儿营造安全、愉快、宽松的人际互动氛围。落实时注意：① 投放的材料要"会说话"，激发幼儿的探究欲；② 鼓励幼儿间互动、师幼间互动。

（二）幼儿园区域活动方案的设计

1. 幼儿园区域活动方案的结构

区域活动的方案不同于集中教育活动的方案，制定思路相对自由。教师可采用其他活动方案的模式，也可以采用表格的方式来写。一般来说，在区域活动方案中要突出体现两点：一是材料的投放，二是指导要点。方案的结构要素大致如下。

（1）活动设计意图。活动设计意图要体现活动的总体设计思路，主要包括对活动内容的分析，对幼儿学习能力的分析，活动目标、重点、难点制定依据的阐述以及教学方法和

---

[1] 秦元东,王春燕.幼儿园区域活动新论：一种生态学的视角[M].北京：北京师范大学出版社，2008：2.

手段的运用说明等方面。

（2）活动目标。活动目标包括认知、情感态度和行为技能等。

（3）活动准备。活动准备包括知识经验准备、创设各区域及材料的投放等。

（4）活动过程。开始部分：集中介绍区域、提出学习要求；展开部分：引导幼儿进区学习；结束部分：集中交流分享各区的学习经验，提出下次区域学习的要求。

2. 幼儿园区域活动方案的示例

环保卫士在行动

【活动目标】

（1）尝试使用日常生活学习中常用的装订工具材料；

（2）探究学习使用装订工具的技能及适应性；

（3）利用工具解决生活中有关纸张装订的实际问题，体验成功的快乐。

【活动准备】

1. 投放相关的活动材料

（1）订书机、打孔机、固定条、回形针、大头针、铁夹等用于固定纸张的工具；

（2）大小、质地不同的废旧纸张（宣传单、报纸、图片、文件纸等）。

2. 布置相应的环境

（1）设工作台；

（2）作品展示区；

（3）问题墙；

（4）图片展示角；

（5）便于取放工具和材料的工作柜及工作桌。

【活动过程】

1. 开始部分

（1）设置相关活动区域，向幼儿介绍不同区域的活动内容。

区域	材料投放	活动内容
聪明屋	投放地球仪、放大镜、各类笔和画纸等	保护大自然、有趣的笔
数学屋	投放4个瓶盖、记录卡、毛线、圆形卡片、剪刀等	翻瓶盖、分一分
图书屋	投放三用机、《爱护环境》的儿歌故事音频、耳麦等	听一听、猜字
巧手屋	投放绘画纸、水彩笔、与制作环保标志相关的废弃物等	爱护环境画册、变废为宝
表演屋	投放公鸡、狐狸等头饰、玩具、磁带等	金鸡冠的公鸡

（2）请幼儿提出不清楚的地方，教师针对幼儿的问题，仔细介绍每个区域的活动要求。

2. 展开部分

（1）根据不同区域活动特点，进行有针对性的指导。

区域	指导要点
聪明屋	引导幼儿观察地球仪，了解地球海洋、陆地、沙漠等的分布情况
	鼓励幼儿向同伴介绍自己收集来的笔，并尝试在纸上画一画，感知笔的作用
数学屋	引导幼儿将瓶盖正面朝上摆成一排，从左到右每翻一个瓶盖就记录一次
	启发幼儿将图形、毛线等进行二等分、四等分
图书屋	提醒幼儿专心倾听故事，学着朗诵儿歌，能轮流用耳麦听故事
	引导幼儿观察象形文字，认一认对应的文字，看谁认得又快又准确
巧手屋	指导幼儿运用剪、贴、画等方法来制作爱护环境的画册
	引导幼儿将收集的废弃物材料加工制作成不乱扔废弃物的标志
表演屋	指导幼儿协商合作，能边说故事对话边大胆地表演各种动物的动作

（2）向幼儿讲明活动的注意点。安静游戏，小声商量；不争抢玩具，相互谦让；遵守各区域活动秩序。

3. 结束部分

（1）播放音乐，集中幼儿，请幼儿介绍自己的活动情况。

（2）教师小结。

> 幼儿园区域活动在设计过程中要遵循自主性原则、灵活性原则和互动性原则。其设计方案主要包括活动设计意图、活动目标、活动准备和活动过程等要素。熟记上述模板，并注意与教学活动设计的异同点。

二、幼儿园区域活动的实施

（一）幼儿园区域活动的实施策略

1. 参与式观察

教师在活动中凭借观察来准确把握儿童的活动发展水平，在此基础上有目的、灵活地投放、调整材料，并提供适时、适当的指导，以提高儿童区域活动的水平。

教师主要观察活动区设置、材料投放、儿童活动情况和发展水平等方面。具体内容如下：① 各活动区的使用频率，了解目前设置是否符合幼儿的兴趣和需要；② 材料的数量和难易程度，以及规则、方法的调整等；③ 儿童对活动材料的喜好；④ 活动参与情况；⑤ 社会交往水平与认知发展水平；⑥ 规则遵守情况。

教师在观察时，首先应对幼儿"想做什么""怎样做"和"有可能怎样做"有心理准备，做到通过观察理解幼儿的活动意图、思维方式，并对幼儿的活动水平做出正确的诊断。其次特别注重个案研究。要为每个幼儿建立成长档案，尝试运用成长档案来描述、评价幼儿在区域活动中的创新表现和区域活动中遇到的问题。另外，教师可以设计观察记录表，为每个幼儿的活动情况进行个案记录。

2. 适时介入

教师的指导在儿童与区域材料的互动中起着最关键的作用，它直接影响区域活动的质量。在区域活动过程中，教师是引导者、促进者，教师不断在各个区来回观察，或参与游戏，或通过提问、提建议，根据情景增加或删去材料，鼓励儿童积极参与活动及使用材料……这样做的目的是使儿童积极、轻松愉快地投入到活动中去，促进儿童在原有水平上提高，实现区域活动的教育目的。

在区域活动中，教师要根据实际情况，采取不同的指导方式进行活动指导。如当面对那些做事没有耐心、需要个别指导的幼儿，教师可以直接参与到区域活动中去，为他们提出具体明确的要求。教师也可以扮演成记者，以采访的形式记录幼儿的活动过程，再以新闻发布的方式进行评价，来指导区域活动。同时，也可以用朋友的身份与幼儿一起探讨。但是教师在指导过程中要注意适时、适度，以能够针对语言和行为的艺术性。如小班幼儿年龄小，理解力差，教师就要运用生动形象的、富有趣味性的语言去启发引导幼儿主动参与；中班幼儿语言有一定的发展，理解力较强，教师可以采用启发幼儿的语言。

3. 评价调整

为引导儿童自发自愿地进行交流、讨论，积极表达情感、共享快乐，同时激发幼儿再次活动的积极性，需要对区域活动进行评价。区域活动的评价方式种类多样，有集体评价、个人评价，有幼儿自我评价、他评等形式。

集体评价包括教师评价和同伴评价。教师评价主要是对本次区域活动材料使用、整理情况、同伴合作等区域活动内容进行总结。同伴评价则是同区域的幼儿互相评价活动方法、遵守规则情况等内容。个人评价即幼儿把自己在活动中的感受体验表达出来，与同伴交流分享。

幼儿自我评价可分为书面评价和口头评价两种。书面评价可通过教师为幼儿制定的自我评价表来实现。口头评价是幼儿在同伴或集体面前讲述自己情绪感受、遇到的问题及解决的方法。评价不能只重于结果，而应侧重过程。

另外教师评价可从多角度进行。一是从幼儿的活动方面进行评价，教师要以鼓励性言语来引导幼儿评价，如："你游戏玩得很开心，把你游戏中最快乐、最有趣的事情讲给大家听听好吗？"这样既能增强幼儿的自信心，又能使幼儿更好地向他人介绍或展示各种成功的经验。二是从区域活动规则上进行评价，如："今天谁玩区域活动时收拾玩具最快？"

（二）幼儿园区域活动实施的注意事项

1. 让幼儿自己去探索、发现、思考，不急于提供答案

幼儿是主动的学习者，是学习的主体。教师为幼儿提供材料，让幼儿自主决定"我想玩什么，和谁一起玩，怎么玩，玩到什么程度"，让幼儿自己决定游戏的材料、方式、内容及玩伴，按自己的方式和意愿进行游戏。

强调幼儿的自主性，并不否认教师的主导作用，两者是相辅相成的。在区域活动中，教师是观察者、引导者，支持、鼓励幼儿自发地探索和操作材料，根据幼儿在区域中的表现，随时给予一定的帮助、指导。针对出现的问题，选择恰当的机会参与幼儿的活动，与幼儿共同探索、发现、解决问题。

2. 加强区域间的配合、渗透，加强横向联系

不同区域活动虽是相对独立的，但它们之间可以相互联系起来，这可以增强活动的趣味性。如引导幼儿将在美工区印的小鱼、制作的花环等送到娃娃家和表演区，这样可以激发幼儿的表演欲。

3. 保证区域活动的时间和空间

区域活动的时间、空间保证是实施活动达到预期效果的必要条件。要保证一日活动中稳定的区域活动时间，每班每天安排活动40分钟左右。同时教师可将学习类区域活动时间与游戏类区域活动时间分开，如周一上午可安排安静的学习区活动，动感较强的游戏类活动则可放在周二下午进行。

此外，教师本身还应注意指导个别幼儿时的音量，尽量不要影响其他正在活动的幼儿。总之，教师尽量不要打扰幼儿自然的行为过程，要与之保持一定的距离。

> 幼儿园区域活动的实施大致包括参与式观察、适时介入和评价调整。注意结合实践和案例学习，同时牢记三个注意事项。

第四节　幼儿园其他活动的设计与实施

除了上述各种活动之外，幼儿园还有一些其他形式的活动，诸如亲子活动、外出活动、节日活动等。它们在学前教育实施过程中发挥着重要的作用。

一、幼儿园亲子活动

亲子教育是20世纪末期在美国、日本和我国台湾地区等地兴起的一种新的教育形态，随着社会发展，我国幼儿园也将其作为一种重要的活动而广泛开展。

（一）亲子活动概述

1. 亲子活动的概念

亲子活动中的"亲"指父母亲，"子"指子女或孩子，亲子活动即父母亲与子女共同参与的活动。幼儿园中的亲子活动，一般指由幼儿园组织，幼儿与家长共同参与，以特定内容为载体，以亲子互动为形式，旨在增进亲子感情、加强家园合作、促进幼儿全面发展的一种活动形式。

2. 亲子活动的类型

不同的分类标准有不同的活动类型。根据组织形式划分，可将亲子活动分为集体活动、小组活动和个别活动三大类；根据活动内容划分，可以分为体育健康类、语言文字类、操作认知类、社会类、艺术类和科学类等；根据活动场所划分，可以分为园内活动和园外活动两类；根据活动方式划分，可分为游戏类（如亲子民间游戏等）、探索类（如亲子制作等）、户外活动类（如亲子春游等）、表演类（如亲子秀等）、阅读类（如亲子编故事大赛等）等。

3. 亲子活动的功能

（1）培养幼儿健康的心理。亲子活动是为了寻求快乐而自愿参加的一种活动，活动中增进人与人之间的合作、沟通，有利于宽容、理解等积极情绪的产生，形成健康的心理。

（2）促进社会性发展。亲子活动中，幼儿体验初步的交往关系，为幼儿和幼儿之间，幼儿和家长之间搭建了交往平台，有助于社会性关系的发展。

（3）和谐亲子关系。亲子活动联结了亲子之间的情感联系，为建立良性亲子关系打下基础，增进父母与子女之间的相互了解。

（4）更新父母的教育观念。家长通过亲子活动更准确地了解自己的孩子，从而选择适合自己孩子的教育内容与方法。另外，可以从幼儿园与其他家长那儿学到一些科学的育儿观。

（5）搭建家园共育平台。亲子活动本身就是一个幼儿园与家长沟通的平台，增进幼儿园与家长之间的相互理解，为家园共育建立一个良好的基础。

（二）亲子活动的设计原则

1. 目标可行性原则

亲子活动的目标切忌定得太大太空或过低过细。目标太大太空，容易脱离幼儿的发展水平，既不利于实际操作，又可能增加幼儿和家长的挫败感。目标过低过细，既无法调动幼儿和家长的兴趣，又无益于集体活动的组织。因此，必须根据幼儿的年龄特点和发展水平，家长的实际情况与知识专长，并结合幼儿园的教育目标与工作需要设定亲子活动目标。

2. 内容适切性原则

亲子活动的内容繁多，但并不是所有的幼儿园教育内容都适合亲子活动。所以选择活动内容时要充分考虑幼儿的知识技能水平和家长的知识技能水平。内容安排要考虑连续性与阶段性的结合。活动材料的选用，要符合家庭的实际，既能够让家长随手可得、安全卫生，又可以一物多用、价廉物美，同时还应考虑家长的兴趣与爱好。

3. 活动开放性原则

亲子活动的开放性有下列几个基本意思：一是时间和地点的开放。时间上可以根据需要安排，而不加以固定；地点可以是室内，也可以是室外；可以在幼儿园，也可以在相应的企业、机关或风景区。二是人员开放。指导者可以是专业人员，也可以是社区有经验的志愿者，还可以是有经验的父母。三是向家庭延伸。让家长可以回家继续相关的活动，并成为常态。

4. 组织科学性原则

亲子活动的组织形式要符合不同年龄段幼儿的特点，时间要适度，活动人数不宜过多，活动量要适当。根据家长和幼儿的具体情况随时调整活动内容和活动节奏。既要防止过度疲劳，又要防止运动量不够；既要防止内容单一、形式单调，又要防止花样繁多、任务过重。

5. 指导多样化原则

亲子活动中教师既要引导幼儿积极主动地参加活动，又要有目的、有计划、有组织地面对家长或看护者开展科学育儿的具体指导，更要指导家长了解其在活动中应该如何正确引导幼儿进行活动。为此要求教师的指导方法要多样化。而且亲子活动的内容与形式复杂多变，不同的内容与形式也需要不同的指导方式。

6. 环境安全性原则

亲子活动的开展需要一定的活动空间、场地和必要的设施、玩具与材料。因此，首先要保证这些物理设施的安全性。特别是在幼儿园外开展的亲子游戏，环境安全问题更是必须保证的。

7. 资源丰富性原则

资源大致可分为人力资源与物质资源。在开展亲子活动时，应充分利用家长资源，发挥家长群体专业性强、社会经验丰富等优势。此外要利用生活中可以利用的各种自然物、废旧材料，以及社区中的自然资源和人文资源。

8. 关系平等性原则

亲子活动中家长与幼儿园教师的关系是平等的合作关系，而不是教育者与被教育者的关系，也不存在谁指导谁的问题。因此，在设计和开展亲子活动时，教师应主动与家长联系，取得家长的配合与支持，共同出谋划策，从而提高亲子活动的质量。

（三）亲子活动的实施

为了使亲子活动顺利进行，使家长通过参与亲子活动提升教育理念与教育技能，使亲子活动取得最大效益，幼儿园在组织与实施亲子活动时要使用相应的实施策略并注意相关要点。

1. 亲子活动的实施策略

（1）调查家长的需求，专业特长与时间安排。

活动准备阶段可以向家长发放问卷或采用别的方式弄清家长关心什么、需要什么；了解家长的兴趣爱好、专业方向与专长，以便合理利用家长资源；最后还要明确家长什么时候空闲，以便确定亲子活动的时间。

（2）鼓励家长参与亲子活动设计。

家长们有着丰富的社会经验和人际关系，而且大多乐意参与幼儿园的活动，因此要鼓励家长为亲子活动献计献策，使亲子活动设计更为科学合理。

（3）鼓励家长提出问题，以便有针对性地指导。

活动过程中要鼓励家长质疑，这样才能明白家长所思所想，进而开展有针对性的指导，提高指导的效率。

（4）引导家长关心子女的成长变化。

尽可能利用合适的时间与家长交流，让他们关注自己子女的发展变化，更深入地认识与理解自己的子女。

（5）集体指导与个别指导相结合。

幼儿的一些共性的问题可以通过对家长集体指导来解决，而一些个别性的问题则可以在分散活动时与家长一对一地交流。

（6）活动内容适当，并注意动静结合。

一般情况下，活动内容不能太多太杂，时间也不能太久。大运动量的活动应与安静的活动交替进行。

2. 亲子活动实施的注意事项

教师在组织、实施亲子活动时应注意以下几方面的事项，使亲子活动有序、高效地进行。

（1）提供适宜的活动环境。

开展亲子活动需要一定的活动空间、场地和必要的设施、玩具和材料。在策划和组织亲子活动时，教师应根据活动场地的大小决定活动的人数和活动方式；根据活动的需要提供必要的设施，如活动中要进行爬行、钻洞、平衡项目活动，就必须有相应的设施、材料；活动中用到的玩具及材料要符合孩子的年龄特点；做好后勤保障，如提供饮用水、医疗服务、如厕方便的条件，保证活动的顺利进行。

（2）亲子活动的指导要多样化。

幼儿园组织的亲子活动，要根据家长和社区需求开展。亲子活动的方式应多种多样，除了常规开展的比较常见的教育活动（亲子活动课程）外，还可以根据家长的不同需求、幼儿的需要与兴趣特点，开展丰富多彩的亲子活动，例如"亲子野外郊游""亲子运动会""亲子才艺大赛"等。通过多样化的指导，增进幼儿园与家长的广泛联系，使亲子活动更富有成效和更有价值。

（3）充分利用各种资源。

这里的资源可以理解为两个方面的资源，一是人力资源，二是物质资源。人力资源主要是指家长，在开展设计、组织亲子活动时，教师应充分利用家长自身的资源，发挥家长群体专业性强、社会经验丰富等优势，使亲子活动开展得有声有色。物质资源主要是指生活中可以利用的各种自然物、废旧材料以及亲子活动需要的一些材料或物品。开展"亲子才艺大赛"，除了添置必要的设施外，在生活中的许多废旧材料，应成为可以再利用的极好资源。教师在设计活动时，应充分考虑生活中的各种废旧材料和自然物的使用。

（4）处理好教师与家长的关系。

在设计、开展亲子活动时，教师应主动邀请家长参与，教师和家长是合作者，不是教育与被教育的关系。教师不能忘记自己的角色，不能把家长置于服从、配合的地位，更不能以居高临下的姿态随意指挥家长。为了将亲子活动开展得更有成效，幼儿园可以将亲子活动与定期的家庭讲座和咨询活动相结合，使家长对幼儿园的教育、对自己孩子的发展了解得更系统、更深入，家长参与亲子活动时更有把握和针对性，从而提高亲子活动的质量。

【示例】

根据下面材料，设计一份亲子运动会方案。要求写出亲子运动会设计意图，2个运动项目（须写出运动项目的名称、材料和玩法）、家长工作要点以及实施注意事项。

材料：

在与本班家长沟通汇总后，大三班教师发现，不少家长平时很少和孩子一起运动，因为他们不知道可以和孩子玩什么。为此，教师准备举行一场亲子运动会，让家长认识到，生活中随手可得的一些废旧材料都可以用来开展有趣的运动游戏，从而促进幼儿发展。

> 亲子活动是目前比较广泛开展的幼儿园教育活动之一，学习时注意亲子活动的价值、设计原则和设计的注意事项。特别注意活动方案的设计与解释。

二、幼儿园外出活动

外出活动是指幼儿园有目的、有计划、有组织地到幼儿园之外的各种有教育意义的场所开展的活动。

（一）外出活动的类型及功能

1. 外出活动的类型

（1）从活动目的角度划分，可分为：① 游玩活动。主要以休闲娱乐、放松心情、增进情感为目的，如春游、秋游、亲子野外活动等。② 参观活动。主要以丰富知识、扩大视野为目的，如参观超市、工厂、企业、农庄、消防队、博物馆、纪念馆、科技馆等。③ 公益活动。以服务社会为主要目的，如宣传环境保护、亲子募捐活动等。④ 演出活动。宣传幼儿园而进行的演出，作为政府机关演出活动的一部分而进行的演出、汇报演出。⑤ 社会实践活动。以亲身体验、增长见识、提高实践能力、养成社会责任感为目的。

（2）从活动规模角度，外出活动可以划分为大型外出活动和小型外出活动。大型外出活动一般是全班、全年级或全校外出，通常需要家长和其他人员配合组织与管理；小型外出活动则是一个小组或几个幼儿外出的活动，如外出演出活动等。

（3）从距离角度，可以将外出活动划分为近距离外出活动和远距离外出活动。前者步行则可，后者一般需要乘坐交通工具。

2. 外出活动的功能

外出活动的最主要功能是教育功能和娱乐功能，具体表现如下。

（1）培养幼儿热爱祖国的情感；
（2）培养幼儿亲近大自然、社会和社会责任感；
（3）增长见识并激发幼儿的探究欲望，融洽师幼关系；
（4）促进幼儿身体的生长发育，增强体质；
（5）发展幼儿的基本动作和技能；
（6）增强幼儿对外界环境变化的适应能力；
（7）有利于幼儿的身心健康等方面的作用。

【示例】
从儿童发展角度，简述幼儿户外运动的价值。

（二）外出活动的设计原则

1. 安全性原则

这是幼儿园外出活动组织的首要原则，一是因为幼儿对外出特别兴奋容易造成安全问题，二是因为外出活动涉及众多的安全因素，如活动地点的安全、饮食安全、交通安全和幼儿活动的安全等。因而，教师必须做好详细的安全预案，确保活动的安全进行。

2. 娱乐性原则

不管是哪一类外出活动都要考虑娱乐性，让幼儿充满好奇，这样才能使外出活动充满吸引力，让幼儿在快乐享受的过程中实现外出活动的教育目的。

3. 教育性原则

幼儿园的任何活动其最终目的都在于促进幼儿的全面发展，任何外出活动的组织都应有一定的教育性，而不是为了外出而外出。

4. 体验性原则

外出活动过程中，在保证安全的前提下，要给幼儿充分的自由，放手让他们去动手、去探索、去交往，通过亲身体验获得相关的知识。

（三）外出活动的实施策略

外出活动成功与否与成效大小，与教师、家长对外出活动的策划、组织和指导等几个环节的有效把握密切相关。

1. 准备策略

（1）确定目标。首先，根据不同的外出行动确定相应的活动目标。其次，明确通过活动使幼儿获得哪些经验与真实体验。

（2）地点选择与勘查。在地点选择上，结合家长与幼儿的兴趣与智慧，按照安全、卫生、不拥挤、不杂乱，以及是否丰富儿童的真情实感的条件综合考虑、确定活动地点，然后进行实地勘查。

（3）提前做好活动的相关准备。教师和幼儿、家长可以一起设计幼儿园外出活动标志、班级标志，准备好外出活动相关物品，如饮品、活动用品、药品等。另外如果需要演出节目，还要提前进行排练和准备节目，出发前注意活动当天天气情况的预报等。

（4）拟定活动计划。包括出行时间、集合地点、人数、行走路线、准备物品、活动项目、安全预案等。

2. 开展策略

（1）讲解与指导。对沿途风景和活动地点的情况进行讲解，让幼儿知道相关的知识与活动的注意事项。引导幼儿认真观看（包括观看的顺序与技术）、仔细听解说员的讲解、收集相关资料等。同时，要提出一些开放性的问题让幼儿思考，让他们在活动过程中寻找答案。

（2）鼓励幼儿自主探索。外出活动过程中，教师要尽可能地让幼儿自己去思考、去发现，如果条件允许，可以让他们自由操作，在操作过程中发现其中的奥秘。

【示例】

为了让幼儿在户外活动中能一物多玩,最适宜的方法是(B)。

A. 教师集体示范　　　　　　　B. 幼儿自主探索
C. 教师分组讲解　　　　　　　D. 教师逐一训练

（3）顾及活动全局与局部。既要把握活动的整体内容,又要注意局部细节;既要关注全体幼儿,又要照顾个别幼儿的特殊需要。

（4）做好活动安全工作。由于儿童外出活动显得兴奋,这增加了活动的不安全因素,并且外出活动涉及众多方面的安全因素,因此安全问题是外出活动实施开展时最需要考虑的问题。教师和家长要特别做好安全方面的工作,以确保活动的安全进行,而对于做好安全工作,教师要注意:

① 活动开始前,创设安全的生活环境,提供必要的保护措施。相关人员要对活动场地、活动器材、设备、设施等进行安全检查,及时消除不安全因素。

② 活动开展前以及进行中,教师要时刻对幼儿强调安全事项,强化幼儿的户外体育活动常规意识,提高幼儿的安全和自我保护意识。另把幼儿遵守常规的情况放在活动后的小结中,让幼儿知道遵守常规的重要性。

③ 活动中教师及相关人员随时巡查和提醒幼儿,并适时给予幼儿安全保护,以免出现不安全因素。结合生活实际对幼儿进行安全教育,教给幼儿简单的自救和求救的方法。

④ 制定详细的安全预案,遇到紧急情况,立即启动安全预案方案。

【示例】

教师在户外体育活动中如何保障幼儿安全?

3. 总结策略

（1）评价与讨论。活动结束后要组织家长与幼儿进行讨论,总结这次活动的得失,讨论收获并提出建议,以便下次活动更好地运行。

（2）总结与延伸。外出活动结束后,教师要做出总结。另外,回园后要对其做适当的延伸,如让幼儿口述活动过程,通过绘画、手工、表演等方式表达外出活动中自己感兴趣的人、事或场景等。

幼儿园的外出活动大致有游玩活动、参观活动、公益活动和演出活动四类。组织时要注意安全性、娱乐性、教育性和体验性。

> 牢记幼儿园外出活动的价值,注意事项。特别注意安全问题与组织实施能力的养成,活动方案的设计。

三、幼儿园节日活动

我国的节日活动大致可以分为两大类：法定的节日活动和非法定的节日活动。法定节日包括元旦、春节、清明节、端午节、"五一"国际劳动节、中秋节、"十一"国庆节；非法定节日包括"三八"国际妇女节、植树节、"六一"儿童节、教师节、重阳节。另外还有园庆、开学典礼、毕业典礼等庆典活动，当地特色的节庆与娱乐活动，以及幼儿园自设的节日，如科技节、环保节等。不同的节日活动由于活动目的与内容的不同，节日活动的功能也不同。总体而言，节日活动具有三大功能：娱乐功能、文化功能和教育功能。

（一）节日活动的设计原则

1. 娱乐与教育相结合原则

节日活动的组织首先要考虑娱乐性，让幼儿感到快乐有趣，过于规则性、知识性、技术性的内容不宜太多。同时，也要注意"寓教于乐"，让幼儿在不知不觉中得到某种程度的知识与品德教育。

2. 主题与节日一致性原则

每个节日都有特定的性质，所以活动时要注意主题与节日的一致性。如重阳节，要体现"敬老""孝顺"等主题；"五一"节要紧扣"劳动"这个主题等。

3. 全体全过程参与原则

节日活动，特别是"六一"儿童节活动，往往成为某一部分幼儿的专利，而大部分幼儿只是看客，而且大多由教师和家长设计，忽视了幼儿的参与权利。所以，活动时要尽可能让全体幼儿参与，在活动的构思、筹备、开展、评价与总结各阶段都要注重幼儿参与。

4. 不冲击正常保教活动原则

节日活动往往会提早排练、反复练习，甚至放弃正常的保育教育活动，使参加排练的幼儿失去相应的教育机会，导致教育机会的不均等。而且不参加排练的幼儿心里往往会有一种失落感，从而导致正常的保育教育活动的效率低下。

（二）节日活动的实施

1. 节日活动的实施策略

（1）节日活动主题的确定。

节日活动主题的选择有三个基本依据：一是节日的性质与功能；二是幼儿的年龄特点；三是活动的目标。例如娱乐是"六一"儿童节的根本功能，但如果活动的目标是体育健身，再结合年龄特点，可以将主题确定为"健康宝宝""阳光男孩女孩"；如果活动目标是才艺展示，那么主题可以是"才艺大比拼"等。

（2）节日活动目标的制定。

具体活动目标的制定要有层次性和系统性，例如小班侧重于节日氛围好的典型活动的参与、感知；中班侧重于节日内涵的体验与理解；大班侧重于幼儿自己对节日的展现和创造等。

（3）节日活动内容的选择。

根据活动目标的不同，节日活动内容的选择也不同。如活动目标是才艺展示，那么表演、唱歌、舞蹈、朗诵、绘画、手工制作等内容就成了必要。如果以科学探索为目标，那么就要多以科学小游戏、小制作、小实验等内容为主。

（4）节日活动形式的安排。

节日活动要根据节日的核心意蕴，结合幼儿的心理特点、兴趣需要和家长意愿采取多样化的形式进行。如清明节是追念先人的日子，同时又是万物生发的节气，"纪念""生命"是其核心意蕴，所以清明节活动形式可以从幼儿崇拜英雄的心理出发，采用谈话、讨论、参观、纪念活动等形式激发幼儿对了解先烈事迹的兴趣，感受先烈的英雄气概和大无畏精神。

（5）节日活动精神的延伸。

从绝对数量看，一年之中的节日活动并不算多，但这些活动却有着特殊的教育价值，所以应尽可能将节日活动所蕴含的精神、象征意义渗透到日常的保育教育活动与一日生活之中，扩大节日活动的教育功能，延长节日活动的寿命，而不是让节日活动仅仅停留在短暂的、有限的"节日"时间里。

2. 节日活动实施的注意事项

（1）活动要紧扣节日的性质与主题。

不同的节日活动，其性质和主题有所不同。如"五一"国际劳动节，设计与组织的活动应紧扣"劳动"这个主题，"十一"国庆活动应紧扣"国庆"这个主题，而清明节应体现"缅怀先辈或革命烈士"的主题。

（2）组织的节日活动形式多样、内容丰富。

无论是哪一种节日活动，其形式可以多样化，如集中教育活动、游戏活动、生活活动，从内容来看，要注意内容的广泛性。如端午节活动，教师、幼儿和家长共同搜集有关端午节的儿歌、歌谣等。有条件的幼儿园还可以开展亲子活动"包粽子"游戏——家长与孩子共同包粽子、"划龙舟"表演、绘画活动，以及围绕端午节来开展的体育活动，参观或观看一些与端午节相关的历史古迹、影像资料等。

（3）注重幼儿的全过程参与。

由于节日活动涉及面广，影响范围较大，在节日活动的参与性上要体现幼儿全过程的参与，即从活动的设想、筹备、开展、反馈与评价等，都要体现幼儿的参与，即要注重全过程参与。通过参与活动的设计、活动过程中的亲身体验，幼儿对活动的体验也会更深刻。

（4）将节日活动的精神渗透、延伸到平常的保教活动与一日生活中。

从总量来看，一年当中的节日活动数量并不多，教师应设法将这些活动所体现出的精神、象征意义渗透到平常的保教活动与一日生活当中，扩大节日活动的教育功能，延长节日活动的寿命，而不是让节日活动仅仅停留在短暂的、有限的"节日"时间里。

（5）让幼儿初步了解节日的来源、象征意义等有关常识。

对幼儿来说，初步了解各类节日的来源、象征意义、纪念意义及有关该节日活动的基本常识，是开展各类节日活动的基本内容。不同的节日，其节日活动的来源、象征或纪念意义各不相同，通过多种形式的娱乐活动、教育活动，使幼儿得以初步了解。对于不同年龄班的幼儿，同样的节日活动，其要求应有所不同。

> 幼儿园节日活动是根据节日的性质来组织的活动。注意设计的原则、实施策略与注意事项。学习时，可以任选一个节日进行活动设计。

本章小结

由于生活活动与游戏活动有专章讨论，所以本章侧重于介绍教学活动、区域活动、主题活动和其他活动。每种活动各具功能又相互关联，构成了幼儿园的教育活动。活动方案设计的优劣，直接影响幼儿园教育活动的质量，因此必须根据特定的原则设计活动方案，这是本章的重点内容。方案设计得再好也不过是一幅蓝图，关键在于实施，相信本章的一些实施策略会有助于幼儿的全面发展。

知识结构

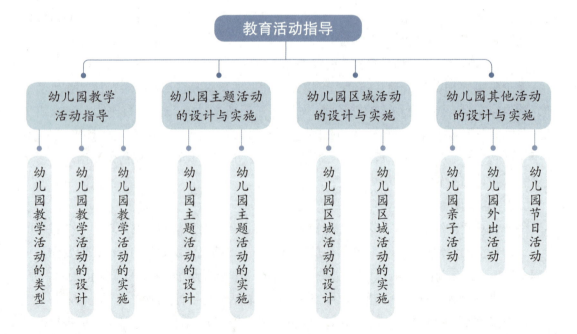

第八章

幼儿园·家庭·社区·小学

◎ **学习目标**

※ 了解幼儿园与家庭、社区合作的目的、内容；
※ 理解幼儿园与家庭、社区合作的基本原则，并能结合实践加以运用；
※ 熟记幼儿园与家庭、社区合作的方法，并能运用于解决实际问题；
※ 知道幼小衔接的意义与内容，并能根据相关原理分析教育现象与解决现实问题。

◎ **学习重点**

本章需要重点关注幼儿园与家庭合作、幼儿园与小学的衔接。前者注意合作的意义与具体方式；后者则是重中之重，对幼小衔接的意义、内容、原则与方法都要有一个全面而深入的理解，并要求能运用于现实问题的解释与解决。

◎ **学习导引**

本章讨论与幼儿园教育紧密相连的三个单位：家庭、社区与小学。分别讨论幼儿园与家庭、社区的合作，幼儿园与小学的衔接问题。三者对幼儿园有不同的功效与任务，学习时大致可以根据下列逻辑去整理与思考：意义或价值、内容、原则与方法（或策略），重点放在幼小衔接的各种问题。

本章导入

家校社协同

2021年7月中共中央办公厅、国务院办公厅印发了《关于进一步减轻义务教育阶段学生作业负担和校外培训负担的意见》，要求全面贯彻党的教育方针，落实立德树人根本任务，着眼建设高质量教育体系，强化学校教育主阵地作用，深化校外培训机构治理，坚决防止侵害群众利益行为，构建教育良好生态，有效缓解家长焦虑情绪，促进学生全面发展、健康成长。文件进一步指出要强化配套治理，提升支撑保障能力。与学前教育相关的具体要求如下。

（1）完善家校社协同机制。进一步明晰家校育人责任，密切家校沟通，创新协同方式，推进协同育人共同体建设。教育部门要会同妇联等部门，办好家长学校或网上家庭教育指导平台，推动社区家庭教育指导中心、服务站点建设，引导家长树立科学育儿观念，理性确定孩子成长预期，努力形成减负共识。（2）做好培训广告管控。不得在中小学校、幼儿园内开展商业广告活动，不得利用中小学和幼儿园的教材、教辅材料、练习册、文具、教具、校服、校车等发布或变相发布广告。依法依规严肃查处各种夸大培训效果、误导公众教育观念、制造家长焦虑的校外培训违法违规广告行为。（3）针对学龄前儿童，文件规定："各地在做好义务教育阶段学生'双减'工作的同时，还要统筹做好面向3至6岁学龄前儿童的校外培训治理工作，不得开展面向学龄前儿童的线上培训，严禁以学前班、幼小衔接班、思维训练班等名义面向学龄前儿童开展线下学科类（含外语）培训。不再审批新的面向学龄前儿童的校外培训机构和面向普通高中学生的学科类校外培训机构。"[①]

尽管"双减"主要是针对义务教育阶段，但也包括幼儿园。"双减"政策的出台对传统的教育模式、家庭的教育理念、社会的教育期望提出了新的要求。"双减"能否真正地落地，取决于家庭、社会能否协同配合。如果家庭、幼儿园、社会三者能够协调同步、达成教育共识，《意见》指出的育人目标就能实现。那么，幼儿园与家庭到底是什么关系？幼儿园与家庭又该如何合作才能取得良好的效果？本章首先讨论幼儿园与家庭的关系，进而探讨幼儿园与社区的关系，最后分析幼儿园与小学的衔接问题。

---

① 中共中央办公厅，国务院办公厅. 关于进一步减轻义务教育阶段学生作业负担和校外培训负担的意见［EB/OL］.（2021-07-24）［2023-08-28］. https://www.gov.cn/gongbao/content/2021/content_5629601.htm.

第一节 幼儿园与家庭的合作

家庭教育及意义

家庭教育的特点

家庭是幼儿生活活动的重要场所，也是幼儿最初社会化的场所，家庭为幼儿提供了生存的物质基础和发展的基本条件。"人在一生中，没有哪个阶段像幼儿阶段那样依赖于家庭。家庭是社会的基本细胞，是社会影响幼儿的中介。"[①] 因此，家庭对幼儿和幼儿的教育都有深刻的影响，做好家庭与幼儿之间的联系工作，是促进幼儿健康发展的必要途径。

一、幼儿园与家庭合作的价值

幼儿园与家庭合作是指幼儿园和家庭都把自己当作促进幼儿发展的重要力量，双方积极主动地相互了解、相互配合、相互支持、双向互动，共同促进幼儿的身心发展。具体而言，幼儿园与家庭合作的价值如下。

（一）促进幼儿身心健康发展

幼儿园和家庭是幼儿生活和学习的两个重要场所。如果家庭与幼儿园教育影响在方向上相一致，那么就可以相互支持，促进幼儿的发展。如果教育影响在方向上不一致，那么就会减弱和抵消各自的教育影响，进而阻碍幼儿的发展。有人断言"如果家长不配合，幼儿很多习惯的养成往往是5+2=0（星期一到星期五在幼儿园受到5天教育，却在周末两天因为父母不同形式的教育而完全抵消，使得幼儿在一个星期里养成的良好行为习惯为0）"。可见只有家园配合才能真正促进幼儿的身心健康发展。

（二）指导与改进家庭教育

目前的家庭教育主要有几个误区：一是望子成龙意识增强；二是过度保护。如何改变这种状况就需要专业人员的科学指导。幼儿园是专门的学前教育机构，负有指导家长科学育儿的责任。《幼儿园工作规程》明确规定："幼儿园应主动与幼儿家庭配合，帮助家长创设良好的家庭教育环境，向家长宣传科学保育、教育幼儿的知识，共同担负教育幼儿的任务。"使放纵型、专制型、民主型、自由型的教育方式尽可能多地发挥其优势，弥补其缺陷。

当前家庭教育的误区

【示例】

儿童有不知足、不安全、忧虑、退缩、怀疑、不喜欢与同伴交往等特点是在（ B ）

---

① 蔡迎旗. 学前教育概论［M］. 武汉：华中师范大学出版社，2006：47.

教养方式下形成的。

A. 放纵型　　　　　　　　　B. 专制型

C. 民主型　　　　　　　　　D. 自由型

（三）提高幼儿园保教工作的效率

幼儿园保育与教育工作如果得到家庭的支持与配合，自然会事半功倍。一般而言，家长们都比较关心子女的学习和教育，也乐于支持和配合幼儿园的各项工作。如果运用得当，幼儿园不仅可以得到家长人力、物力等方面的支持，而且能够保证教育要求的一致性，使工作效率得到提高。此外，不同职业的家长参与幼儿园的教育活动，可以丰富幼儿园的教育内容和幼儿的学习经验。

（四）加深家长对幼儿园的理解

家园合作能使家长了解幼儿园教育的内容，理解幼儿园教育的原则和方法，因而家长们会对幼儿园工作多一分理解与支持。有些教师抱怨家长不懂幼儿教育，不理解老师，对教学活动施加压力，如要求幼儿园增加识字、计算等教学内容。这些不符合幼儿教育规律要求的提出与家长不了解幼儿教育的本质与任务、不清楚幼儿园的保教内容与方法有关。只有开展家园合作，使家长明确幼儿园的工作要求与工作方式，才能得到家长的支持配合，才能顺利开展工作并取得良好的教育效果。

（五）建立良好的亲子关系

家园合作为亲子互动、相互了解提供了新的途径。通过让家长参与幼儿园的教育活动，家长有机会了解自己的孩子在幼儿园的生活和学习，更好地认识自己的孩子的特点。同时，孩子也能有机会了解自己父母的工作与"本领"，对家长产生敬佩、尊敬的情感。家长和孩子一起为幼儿园的主题活动收集资料、实地观察，帮助孩子解决问题，都能促进亲子交往、密切亲子关系。亲子交往中的依恋类型具有三种类型：安全型、回避型、抗拒型，最有利于幼儿成长的依恋类型是安全型。

总之，家园合作是一个互惠互利的过程，双方都有所受益，而最大的受益者是幼儿。他们的身心得到健康和谐的发展，这是家长与幼儿园的共同目标。

【示例】

1. 最有利于儿童成长的依恋类型是（ B ）。

A. 回避型　　　B. 安全型　　　C. 反抗型　　　D. 迟钝型

2. 材料：

星期一，A老师埋怨说："孩子在家过了一个双休日，再回到幼儿园后，许多良好的行为习惯就退步了，不认真吃饭，乱扔东西，活动时喜欢说话，真不知孩子在家时，家长是怎么教育的！"站在一旁的B老师颇有同感地说："是啊，如果家长都能按我们的要求去教育孩子,我们的工作就好做多了!"A老师接着说:"可这些家长不按我们的要求去做倒也罢了,还经常给我们提这样那样的意见,好像我们当老师的还不如他们懂得多,真拿这些家长没有办法。"

问题:

请你运用幼儿园与家庭相互配合的有关理论,分析和评论A、B老师的教育观点。具体谈谈家园合作对幼儿发展的重要意义以及目前存在的误区。

> 家庭和幼儿园是幼儿生活与学习的两个重要场所,只有两者间充分合作才能促进幼儿的健康成长。具体而言,幼儿园与家庭合作能够促进幼儿身心健康发展;指导与改进家庭教育;提高幼儿园保教工作的效率;加深家长对幼儿园的理解;建立良好的亲子关系。学习时熟记这五个方面,而且要结合实例分析与运用。

二、幼儿园与家庭合作的内容

家园共育才能使幼儿处于最佳的发展状态。作为幼儿园有义务加强与家长的联系,争取家长的配合,具体合作内容如下。

(一)争取家长对教师专业能力的认同

让家长了解教师的工作责任与工作方式的最简单且最实用的方式,是请家长担任某些活动的组织与指导工作,这样能够使家长明白幼儿园教师并不仅仅是领着幼儿玩玩。例如,每两周请一个家长给小朋友上一节课,让她(他)体会幼儿园教师的工作是一项非常专业、非常艺术的工作。这样才能获得家长对教师专业的认同感,进而尊重幼儿园教师。

(二)了解幼儿在家庭与幼儿园的情况

了解幼儿家庭和幼儿在家庭中的表现,有助于教师读懂和理解幼儿的行为。通过家园合作,教师能够对班级里幼儿的家庭环境做一个全面的了解,特别要注意和了解幼儿在家的具体情况,主要包括作息规律、饮食习惯、卫生习惯、兴趣爱好、智力发展、情绪状况、交往状况等。同时,家长也可以知道自己孩子在幼儿园的适应程度、生活表现、成长过程、个性发展等情况。

(三)向家长介绍幼儿园的办园宗旨与各项工作

为了更好地让家长明白幼儿教育的本质与追求,取得家长对幼儿园工作的理解与支持,幼儿园有责任向家长详细地介绍幼儿园的教育目标、任务、内容、本幼儿园的办园宗旨与课程计划、工作方式与管理策略等,从而使家长认识教育子女的重要意义,了解幼儿园的目标追求与教育理念,了解幼儿园的工作情况,主动关心和支持幼儿园的工作。

（四）向家长宣传幼儿教育的相关知识

幼儿园有责任向家长宣传幼儿教育的知识，这样可以更好地实现家园共育。宣传途径大致有二：一是通过本园的教师定期地向家长开设专门的课程传授相关的保育教育的知识；二是通过外请专家向家长宣传幼儿教育的知识，帮助他们总结家庭教育经验，解决家庭教育中所遇到的实际困难。

（五）向家长传授科学教育观念和方法

一些家长在对幼儿进行家庭教育时，由于教育观念和方法的偏差，会出现这样那样的违背教育规律的现象，从而直接或间接地影响到幼儿的身心发展。因此，有必要向家长宣传正确的教育观念，传授科学的教育方法，使家庭教育与幼儿园教育双管齐下，促进幼儿身心的全面健康发展。

（六）聘请家长协助幼儿园的各项工作

家园合作的一项现实内容是聘请家长参与幼儿园的相关工作，这不仅可以解决幼儿园的许多困难，而且可以让家长深入了解幼儿园进而更加主动地配合与支持幼儿园的工作。

> 幼儿园与家庭合作的内容大致有六个方面，牢记上述内容即可。学习时可以根据特定的逻辑进行梳理。如1—2条是家长支持幼儿园，3—5条是幼儿园给家长提供支持，第6条是相互支持。这样记忆起来会容易一些。

三、幼儿园与家庭合作的原则

（一）平等性原则

平等性原则，是指教师在与家长交往的过程中在人格上是平等的。教师在进行家园合作教育活动中，应当充分尊重家长及其他人的人格，以平等人格主体的身份开展合作。落实平等性原则要注意以下几个方面。

1. 营造民主、平等、和谐的合作氛围

民主是指在交流合作的过程中，教师要充分尊重家长的意见，不能"一言堂"，更不能专断独行。平等是指教师与家长地位平等，不涉及谁主谁从的问题，合作时要大家协调决定。和谐是指大家都能从不同角度换位思考，心情愉快。

2. 学会倾听

学会倾听对于提高沟通效果，提高家园合作的针对性、时效性都具有重要的意义。在实践中，首先要让对方把话说完，其次要鼓励大家发表意见，再次不要轻易下结论，更加不能随意否定。

3. 讲究语言艺术

在幼儿园与家长合作时说话要尽量做到留有余地，多用"你的意见呢""你怎么看"等鼓励性、引导性的语言，而且要学会与家长使用体态语，在特定的情况下，一个鼓励的眼神、信任的目光可以传递关怀、鼓励、认可、赞赏或禁止、责备等信息，起到"此时无声胜有声"的效果。

4. 保护家长和幼儿的隐私

每个人都有不便公开或不愿意让他人知道的小秘密，维护个人隐私权是法律赋予每个公民的一项基本权利，不管是教师、家长还是幼儿都平等享有隐私权。所以在合作过程中要相互尊重对方的隐私，这样才能保证合作的顺利进行。

（二）方便性原则

家园合作的方便性原则是指任何合作的开展都要考虑到家长工作的可能性，不能以牺牲家长的利益为前提，而要达到双方共赢。具体实施时要注意下列事项。

1. 充分考虑家长的工作时间

每个人都有自己的工作时间，或者有自己的时间安排，所以幼儿园在开展合作时要注意充分考虑每位参与者的时间，尽量安排大家都有合适的时间开展活动。

2. 利用家长的专长

每项活动都有特定的目标，因而必须有特定的活动内容，这就有必要对家长的职业进行充分了解，使他们不需要花费太多的准备时间就能参加活动。这样既达到了幼儿园的活动目标，又发挥了家长的特长，达到共赢的效果。

3. 考虑家长的经济条件

在一些物质性的合作方面特别要注意家长的实际能力与经济条件。如请家长提供一些实物时就要考虑家长的经济可能性，而不能一刀切，尽可能提供多种选项让家长选择。

（三）针对性原则

针对性原则指家园合作活动要根据幼儿、教师、家长、园（所）教育、家庭教育等情况妥善安排，有的放矢。具体实施时要注意以下几点。

1. 准确判断当前教育所存在的问题

促进幼儿的全面发展是幼儿园、家长的共同愿望，但现实中总会存在很多问题，而这些问题的存在可能有多方面的原因，因此必须先找到问题的源头才能采取相应的教育措施。

2. 针对性地选择活动内容与方法

比如有些家长存在着严重的包办代替问题，幼儿园就应启发家长参与"小鬼当家"的活动，或者到社区里主动帮助老人或其他小朋友来锻炼其胆量。

（四）求实性原则

求实性原则就是坚持实事求是的原则。家园合作活动要求活动实事求是，因地制宜，符合托儿所、幼儿园和家庭的基础条件和物质设施，不搞形式主义。实施时要注意以下事项。

1. 目标定位要合理

任何合作活动都要有特定的目标，如果没有目标活动就失去了意义，变成为活动而活动，徒有形式而没有任何实际的价值。

2. 根据现有资源组织活动

比如地处农村的幼儿园，可和家长一起在园内外开辟种植园地，进行劳动教育方面的合作活动；拥有戏水池的幼儿园，可和家长一起，教幼儿学游泳，开展体育方面的合作活动等。

3. 注意勤俭节约

要尽可能地利用各种废旧物品和自然材料，少花钱多办事，少投入多产出。例如，在开展家园合作玩具评比活动时，教师和家长要鼓励幼儿自己动手制作玩具，不要用购买的成品玩具参赛等。

（五）趣味性原则

趣味性原则是指在合作活动中教师应使各个活动充满趣味，以激发幼儿和家长的参与兴趣，使所有人在愉快的气氛中，全身心地投入到活动中去。具体实施时要注意以下几点。

1. 组织形式灵活多样，寓教于乐

家园合作活动要坚持以游戏为主，倡导灵活多样的组织方式，要寓教于乐，使幼儿、家长在轻松、愉悦、欢快的气氛中增长见识，施展能力。例如，为了提高幼儿的动手技能，教师和家长一起策划，开展串珠子、缝纽扣、拧瓶盖、做玩具等多项活动，使幼儿在游戏中学习和成长。

2. 发挥家长智慧，创设良好的活动环境

每一位家长与社区人员都有自己的特长与智慧，在活动前要充分调动他们的积极性为活动出谋划策，营造良好的活动氛围。活动环境的选择要充分考虑安全、便捷与舒适等几个要素。

3. 提高参与度

在活动过程中要尽可能让所有人都参与到活动中来，如果活动只是几个人"唱独角戏"，那么会让众多的家长与幼儿索然无味，活动就难以顺利开展。

> 牢记幼儿园与家庭合作的五大原则：平等性、方便性、针对性、求实性和趣味性原则。特别注意实施的要求。同时，要注意用这些原则去分析与评价现实问题。

四、幼儿园与家庭合作的方法

依据不同的标准，家园合作的方式有不同的划分。如根据家长的参与程度可以分为家长直接参与家长间接参与两种方式；根据家长参与人数的多少，可以相对划分为家长个别参与与家长集体参与两种方式。下面根据第二种标准进行介绍。

家园合作的主要方式

（一）家长个别参与的家园合作方式

1. 家长老师（家长助教）

"家长老师"或"家长助教"是指个别家长直接参与幼儿园的教学活动，具体有两种：一是家长结合自身特长给幼儿上课，二是辅助幼儿园教师完成日常教学活动。具体地，幼儿园可以邀请家长定期来幼儿园当助教，也可以采取家长自荐、教师推荐的方式邀请家长参与"家长老师"的活动。

2. 个别谈话与家长咨询

个别谈话是幼儿园与家庭合作沟通的较为普遍的方式。一般是指幼儿园教师利用家长到园接送幼儿的机会，与他们交谈有关教育儿童的情况，吸取家长的经验；或向家长提出要求，征求家长的意见与建议，布置亲子作业，共同研究解决；或者是家长主动询问教师，了解自己孩子在园的表现以及与教师沟通有效的教育方法等。

3. 家庭访问

家访是加强家园合作的一种常用的方式。通过家访，幼儿园教师可以深入了解幼儿家庭和其在家的具体情况，如个性、习惯、优缺点及其形成的原因。同时教师也可以通过家访向家长交流幼儿在园中的表现，进而通过家园合作共同解决幼儿在发展过程中存在的问题，或进一步巩固其良好的行为习惯。另外，通过家访，教师可以向家长宣传正确的教育观念和方法，同时也能从家庭教育中吸取好的教育经验。所以通过家访，不仅可以增进幼儿园教师与家长的互相了解和信任，还可以增进与幼儿的感情，这些都为促进幼儿的发展创造了条件。

4. 家园联系册

这是一种书面形式的个别交流方式，幼儿园教师通过建立家园联系册，向家长报告幼儿的情况，以征求他们对于幼儿园教育工作的意见。除家庭联系册以外，幼儿园教师与个别家长合作沟通的形式还有便条、电话联系、幼儿发展情况汇报单等，向家长汇报儿童体、智、德、美的全面发展情况，征求家长对幼儿园工作的意见，使他们尽到教育子女的责任，并关心和支持幼儿园工作。

（二）家长集体参与的合作方式

1. 家长会

家长会是加强幼儿园与家庭合作的传统方式，一般情况下可分为全园家长会与班级家长会。全园家长会是指在全园工作计划中确定，由园长主持，各班教师和工作人员都应出席的一种合作沟通方式。会议的目的在于使家长熟悉幼儿园的各项工作进程，宣传幼儿教育的知识，讨论有关的问题，交流家庭教育的经验，并要求家长帮助幼儿园改进工作。而班级家长会则是根据本班幼儿的实际情况，向全班家长介绍或根据某一主题讨论幼儿园和家庭中教育幼儿的内容与方法的一种方式。召开家长会应注意：① 定期举行，制定计划，做好充分准备；② 内容丰富具体，形式生动活泼，适合家长情况，时间不宜过长；③ 每次会议应有记录。

2. 家长开放日

家长开放日是家长间接参与教学活动的一种方式，较多的是利用某一天或半天观摩幼儿园教学活动。幼儿园在全园工作计划中可以订出"家长开放日"，也可以分班订出"家长开放日"。以每隔两个月至三个月进行一次为宜。

3. 家长沙龙

家长沙龙主要是为家长提供宽松的畅所欲言的环境与机会，可以由幼儿园提供场所，也可以由家长自己在外组织，人数不宜多，定期举办，自愿参加，可按类型分别召开。如专门召开爷爷、奶奶会，由几位有经验的老年家长现身说法，谈教育孙儿、孙女的经验。通过这种座谈形式，可以交流关于幼儿教育的优秀经验，充分发挥家长自我教育的作用。

4. 家长接待室、家长园地与父母育儿橱窗

有条件的幼儿园可以设家长接待室，如果有困难，可以在幼儿园创办家长园地、父母育儿橱窗等。"家长园地"或"家长教育专刊"等是以文字的形式定期对家长进行指导的一种形式。父母育儿橱窗的内容与形式其实和家长园地差不多，但它可以设置在幼儿园的走廊、过道等地方，方便家长在接送幼儿时随时阅读观看。幼儿园可以通过这些布置，利用各种事件各种场所对家长进行宣传教育，使双方的合作随时随地进行。

5. 网站与短信

有条件的幼儿园可以利用现代网络资源和通信设备与家长进行沟通。譬如可以通过校园网介绍幼儿园的情况；通过相关信息，介绍家教知识与技术；开辟家长园地让家长在网络上发表自己的观点与建议等。当然，也可以建立家长微信群、QQ群，借助微信群、QQ群与家长交流，也可以建立群发包，及时告知家长相关的信息，这样就可以快速地建立起幼儿园与家庭的合作沟通。

总之家园合作的方式是多种多样的。幼儿园要根据本园的实际情况，灵活地运用这些方法，才能促进幼儿园与家庭之间的合作，保证幼儿园与家庭在教育上的一致性，共同完成对幼儿的教育任务。

【示例】

1.（ B ）是指家长通过不同的形式，参与幼儿园的一些教育教学活动，协助教师的工作，以丰富幼儿的学习经验，达到家庭与幼儿园的相互配合与协调一致。

A.家长学校　　　　B.家长参与　　　　C.家长会　　　　D.家访

2. 材料：

下周一要开展手工活动，张老师要求家长给幼儿园准备废旧材料。周一那天，只有苗苗没带材料来，张老师就不让她参加活动。苗苗站在一旁，看同伴活动，情绪很低落，一天都很少说话。回家后，苗苗冲爸爸大发脾气……

问题：

（1）你认为张老师的做法适宜吗？为什么？

（2）你觉得张老师应该怎样做？

> 幼儿园与家庭合作的方法可以从个别参与与集体参与两个角度去理解与记忆。学习时注意熟记合作的具体方式及其适用范围。

第二节　幼儿园与社区的合作

作为幼儿教育的另一重要场地，社区也在幼儿教育中发挥着重要的作用。幼儿园与社区进行合作，要充分利用社区环境中的人力、物力以及其他的一些设施对幼儿进行教育，帮助幼儿了解社区，促进幼儿的健康发展。

一、社区在幼儿园教育中的地位

"社区"是指若干社会群体（家庭、氏族）或社会里的组织（机关、团体）聚集在某一地域里，形成的在生活上相互关联的大集体。一个社区至少包括以下特征：有一定的地理区域；有一定数量的人口；居民之间有共同的意识和利益，并有着较密切的社会交往。一个村落，一个县、市，都是规模不等的社区。在日常生活中，人们常提及的社区往往是与个人的生活关系密切的、有直接关系的较为小型的社区，如农村的村或乡、城市的住宅小区等。社区在幼儿教育中的地位主要体现在以下几个方面。

（一）社区环境对幼儿产生潜移默化的影响

社区环境或多或少地影响着幼儿，一个自然环境优美的社区会让幼儿产生美好的情感，和谐积极的社区人文环境会给幼儿一种良好的情绪体验。具体而言，社区中的邻里关系、同伴关系、风土人情以及社区的建筑、活动设施、人文景观等都会对幼儿产生各种各样的影响。可以说社区中的一人、一景、一物都具有一定的教育意义。

（二）社区资源为幼儿园提供了现实支持

社区作为一个兼备生产功能、生活功能、文化功能的社会小区，能为幼儿园提供教育所需要的人力、物力、财力、教育场所等多方面的支持。社区的积极参与将会使幼儿园教育变得更生动、更富有时代气息。幼儿园可以直接利用社区丰富的教育资源，让幼儿走进社会大课堂。如参观社区中的各种机构、设施，请社区的劳动模范、解放军战士、医务人员、警察叔叔等与幼儿共同活动，慰问敬老院的爷爷奶奶，或请他们到幼儿园做客等。

（三）社区文化是一种现存的教育资源

优秀的社区文化是幼儿园教育的宝贵资源。如有的幼儿园在课程中将社区的历史、风俗、革命传统等作为乡土教材来利用，使幼儿园教育内容丰富而有特色；又如，一些少数民族地区的幼儿园会有意识地让地区文化渗透到幼儿园，使幼儿园拥有一种与汉文化不同的民族特色，无论是幼儿园的环境布置、教师的服饰，还是幼儿园的生活、课程、人际交往方式等，都反映出当地民族文化对幼儿园教育的影响。

二、幼儿园与社区合作的价值

社区学前教育及意义

（一）优化社区学前教育

社区是一个区域性或地区性的社会，随着社会的发展，以及学习化社会的到来，越来越要求社区承担部分的教育功能，其中自然包括了学前教育功能。幼儿园与社区的合作，可以在一定程度上优化社区的学前教育功能，具体表现为两方面：① 向社区普及优生、优育、优教的知识，指导家庭的优生、优育、优教；② 提高社区成员的文化素养水平，改进其陈旧观念与不良习惯，创造良好的社区生活环境与氛围。

（二）提高幼儿园的教育质量

幼儿园与社区进行合作的根本意义在于，通过营造一个无处不在、无时不在的教育环境，使社区内的各个家长和幼儿都处于这一环境之中。家长从中学习关于幼儿教育知识和方法，而幼儿则受这种积极向上的环境影响，获得知识与才能，身心得到全面的发展。

（三）促进社区幼儿的社会化发展

幼儿园通过与社区进行合作，能扩大幼儿与外部世界的交往范围。在幼儿园中，幼儿有特定的交往对象，如教师、伙伴，以及幼儿园工作人员等。但是在社区中，幼儿可以接触到形形色色的人，而在与这些人交往的过程中，幼儿不仅能更加深刻地认识自己，同时在这个过程中了解他人，以及外部世界的复杂性。因此，幼儿园与社区的合作，能促进每个儿童自我价值感、自尊和健康的自我概念的发展，并从这个基础出发，幼儿可以学习与他人联系，并从中获得社会知识。

三、幼儿园与社区合作的内容

社区内具有丰富的人力资源，幼儿园只要充分挖掘这些资源为我所用，定能收到良好的教育效果。社区内人力资源的合理使用是幼儿园与社区合作的重要内容之一，除此之外，幼儿园与社区合作还有哪些内容呢？总体而言，幼儿园与社区的合作内容大致如下。

（一）充分挖掘社区资源服务幼儿园

社区中拥有大量的人力资源、物力资源和文化资源，幼儿园可以通过"请进来，走出去"的互动合作模式，为幼儿提供多样化的活动平台，使幼儿在自主选择中得到发展。

1. 人力资源的利用

社区人力资源包括家长、社区工作人员和其他热心人士。幼儿园可以通过"家长导师""家长助学""合作指导"等形式将社区中的人力资源"请进"幼儿园。如可以大量聘请不同职业的家长，如医生、护士、面点师、警察、电脑工程师等担任"家长"导师，并在活动中不断丰富导师制的内容，扩大导师资源，逐渐深化家园合作的内容与模式。此外，还可以邀请社区工作者来园演示自己的特殊工作，如急救人员演示溺水抢救、消防队员展示灭火技艺等，充分利用社区中"活"的资源。

2. 物力资源的利用

幼儿园可充分利用得天独厚的社会资源，组织幼儿参观实践、交流表达、动手尝试，让每一个幼儿用心灵与大自然对话，使幼儿的学习回归自然、回归生活。如带领幼儿到博物馆、图书馆、展览馆甚至工厂、工地去参观，既拓展幼儿园的主题课程，又增加了幼儿对文化、艺术、历史、社会生活等方面的感性认识。此外，可以带幼儿参观菜市场和超市，让幼儿通过自己购物认识货币，了解买卖，认识各类商品；通过和叔叔阿姨的交流以及合作购物，为其日后掌握生活技能，学会人与人的交往打下良好的基础。

3. 本土文化资源的使用

每一个地区都蕴含着丰富的本土文化资源，将本土文化资源根据儿童的年龄特点进行精心选择、设计，并引用到活动中。如在"认识自己的家乡"主题活动中，通过参观本地特色地貌，欣赏本土特色艺术，让幼儿感受、热爱自己的家乡及家乡文化。

（二）积极拓展园本资源服务社区

我国社区学前教育的发展趋势

幼儿园作为社区的一部分，应既依托于社区而发展，又要承担起为所在社区服务的功能。因此，幼儿园需向社区全方位开放，增强与社区的联系，了解并满足社区的多样化需求，扩大社区服务功能。

1. 幼儿园向社区开放

幼儿园是社区的公共教育资源之一，应该向社区开放。特别是在寒暑假、节假日或周末创造条件向社区内的幼儿和家长开放，以满足有需要的幼儿享受到教育资源。如幼儿园定期组织社区内幼儿参加幼儿园教育活动；幼儿园的玩具、图书等向社区内幼儿开放；"六一"庆祝活动，邀请社区内相关人员参加等。特别是在流动儿童或留守儿童较集中的社区，教育资源丰富的幼儿园应充分发挥教育辐射作用，尽量满足所有适龄儿童的受教育的需求。

2. 推动良好社区环境的建设

幼儿园在社区物力环境、精神环境建设方面具有积极的作用。幼儿园理应成为社区精神文明的窗口，推进社区的精神文明建设。幼儿园的工作方式、教育理念、教育形象等或多或少地影响着整个社区的精神文明，因而幼儿园应尽可能发挥文明辐射功能，为社区成员做出示范。此外，可以让幼儿园内的幼儿做文明宣传的小使者，积极为社区环境建设做出贡献，如通过"为小区设计环保标志"，收集环境污染图片在小区进行现场宣传，呼吁人们爱护身边的环境。或利用节假日，为小区植上一棵小树，为校花校草浇水等。

3. 为社区开展各种教育服务

幼儿园不仅负有教育幼儿的重任，同时也应是促进社区和谐发展的潜在力量。幼儿园可以通过向社区成员宣传教育的重要性、介绍正确的教育观念、传授科学的育儿知识、定期为社区家长举办卫生保健等免费咨询与讲座等方式帮助家长树立科学的育儿观、提高生活质量。通过各种各样的途径使家长、社区的居民学会促进儿童发展的基本知识和技能，让更多的人获得新的教育理念，整体改善学前教育的意识与环境。

四、幼儿园与社区合作的方式

（一）以幼儿园为主导的合作方式

以幼儿园为主导的合作，即幼儿园依托并发挥社区内的各种力量（乡镇政府、企业、大学、中小学等），组成以幼儿园为核心的园内外相结合的学前教育网络，开展并实现幼儿园与社区之间的合作。

1. 成立家长委员会

家长委员会一般由幼儿园组织全体家长推选或由幼儿园提名经全体家长会通过而形成。家长委员会与幼儿园共同研究家长工作规划，检查、推动幼儿园工作。家长委员会的主要任务有：① 帮助家长了解幼儿园的保育教育计划与需求，协助幼儿园改进工作，提高教育质量；② 及时反映家长对幼儿园的意见与建议；③ 根据家长需求举行专题讨论会；④ 组织优秀家长交流家庭教育的经验等。家长委员会成员一般应具备下列条件：关心幼儿园的工作；热心为家长服务；在家长中有号召力和影响力。

2. 建立与社区的定向联系制度

一方面向社区领导汇报幼儿园发展中的经验与问题，如邀请社区内街道居委会、企事业单位以及社区内各种与幼儿园有密切联系的职能部门和经济实体参与，充分发挥其参教、议教、资教、助教的作用；另一方面提出幼儿园参与社区精神文明建设的活动计划，如协助社区群众开展群众性的问题活动，争取社区的领导、监督和合作。

3. 聘请社区人员参与监督幼儿园工作

现在有许多家长工作时间都比较灵活，有些是全职妈妈，有些爷爷奶奶从岗位上退下来，他们都有一定的管理能力，对幼儿园的管理也很关注。因此，可以把他们组织起来，参与晨间接待、离园管理、生活常规和教师教学常规的检查、大型活动的组织与安全保护等，使幼儿园与社区合作共育落到实处。

4. 充分利用社区资源

幼儿园从幼儿活动和发展的需要出发，充分利用社区中的人力资源、文化资源、自然资源，通过"请进来、走出去"的模式，为幼儿提供多样化的活动平台，让幼儿在自主选择中获得发展。所谓"请进来"，就是请家长以及社区中热心参与教育、有独特才能的人为幼儿园助教。另外，可以招募社区人员及家长作为志愿者从事一些基础性的工作。所谓"走出去"，就是幼儿园充分利用社区内的公共设施与教育资源，建立联合教育活动网络，定期开展联合活动。

（二）以社区为主导的合作方法

以社区为主导的合作模式，即以社区为依托，依靠基层社区政府各部门的力量，因地制宜地创设条件，组织实施各种教育活动。

1. 建立以街道（乡村）为中心的地域型管理体制

在城市，社区一般是由政府或街道为主体（在农村一般以乡、村为主体）、社会各界参与管理的一种管理体制。建立以街道（乡村）为中心的地域型管理体制，具体来说，就是一般由街道（乡村）的政府组织机构牵头，由妇联和教育部门（或当地幼儿园）具体负责组织工作和教学辅导、师资培训等，其他部门包括卫生保健、计划生育和司法部门等则是分工配合，给予帮助，当地企事业和家长积极支持、参与，营造"爱护儿童，教育儿童，为儿童做表率，为儿童办实事"的氛围，形成"综合管理、多管齐下、定期碰头、协同行动"的监督协调机构。

2. 设立社区中心（示范）学前教育机构

社区组织可以通过教育行政部门，以正规化幼儿园为重点，要求园方在提高自身教育质量的同时，承担对邻近的正规与非正规幼儿园的保教业务指导工作，在社区起到示范带头作用，进而推动整个社区的学前教师事业发展。如河北省青县、滦平、任丘、怆县等六个县，以办好乡中心幼儿园为重点，由中心幼儿园园长兼任乡幼儿教育辅导员，依靠各村村民委员会，群策群力，发展村托儿站，小学附设学前班。

3. 成立社区教育委员会

综合利用学校所在的社区、科研机构、公共文化设施和重点企事业单位等所拥有的教育资源成立社区教育委员会。委员会的工作是根据群众需要，统筹协调本社区的教育设施与教育资源，聘请离退休老教师、老干部担任专、兼职辅导员，推动各类教育事业的发展。

4. 开办学前教育实施基地

有条件的社区可以邀请教育科研单位，组织专家、学者深入社区举办试验点，探索社区保教工作的规律。如中国儿童发展中心心理研究室方意英等人，用三年时间在北京市5个社区进行婴幼儿发展的现状调查和有针对性的干预措施，促进当地儿童的早期发展。一是保健干预，建立当地儿童的健康档案，进行生长发育监测，降低贫血、龋齿、佝偻病和上呼吸道的发病率，减少低体重儿出生率和提高满月增磅、母乳喂养率；二是教育干预，培训当地保健人员、幼教工作者和家长，开展家教咨询、玩具制作、亲子游戏活动，建立玩具图书馆等。

5. 开展多种形式的非正规学前教育活动

社区可以根据自身条件，因地制宜开展多种多样非正规学前教育活动。如幼儿游戏小组、家庭活动站、巡回辅导站、亲子活动中心、大带小游乐园等，使居住分散、交通不便的牧区、山区或贫困地区的大量幼儿享受到学前教育的乐趣，扩大散居幼儿受教育的机会。例如，牧区儿童游戏点，这是我国内蒙古锡林郭勒针对牧区无霜期短、牧民居住极为分散、人口稀少、交通不便而设立的一种合作形式。游戏点活动定在5—9月间，每月由家长带领幼儿集中活动2—3次，每次活动一天。同时，还举办家长学习班，由教师和医生向家长授课。牧区儿童游戏点使教育儿童和培训家长的双重功能得以同时实现，是在牧区开展社区—家庭—幼儿园合作的一种很好的形式。

> 社区在学前教育中占有独特的地位，幼儿园与社区合作不仅能优化社区学前教育，而且能够丰富幼儿园教育资源，实现共赢。幼儿园与社区合作的方式一种是以幼儿园为主导，另一种是以社区为主导。学习时可以根据地位—价值—内容—方式的逻辑去理解与记忆。

第三节 幼儿园与小学衔接

《幼儿园工作规程》中指出:"幼儿园教育应与小学密切联系,相互配合,注意两个阶段教育的相互衔接。"幼儿园与小学之间主要是做好幼小衔接工作,使儿童能实现从幼儿园到小学的顺利过渡,使幼儿在小学阶段能够较快适应和健康成长。

一、幼小衔接的意义与内容

幼小衔接工作是指幼儿园和小学根据儿童的身心发展的阶段性和连续性规律及儿童可持续发展的需要,做好两个教育阶段的衔接工作,使幼儿尽快地适应新的学习生活,避免或减少因两个学习阶段间的差异而给儿童带来的负面影响,为其入小学后的发展及终身发展打下基础。

(一)幼儿园与小学的差异

1. 教育性质的不同

幼儿园与小学同属于我国社会主义教育体系的组成部分,但是幼儿园目前属于非义务教育,小学属于义务教育阶段。前者属于自愿的、自费的教育;后者是强制的、免费的教育。

幼儿园和小学的显著差异

2. 教育目的与任务的不同

幼儿园是以促进儿童在体智德美等方面的和谐发展为目的的教育,小学是以促进儿童德智体美劳全面发展为目的的教育;幼儿园以激发儿童的学习兴趣和创造性为主,小学以知识学习为主。

3. 教育内容的不同

幼儿园的内容侧重好奇心、想象力、良好的生活习惯等,具体分为健康、语言、社会、科学、艺术等五个领域;而小学则以具体的教科书知识为主,具体分为语文、数学、英语、科学、体育、音乐、美术、综合实践活动等项目。

4. 教育组织方式的不同

幼儿园以游戏为主要的活动形式,每天集体活动不过一小时左右,上课时间在10—35分钟之间,学习也往往采取游戏的方式进行。小学阶段则采用分科集体教学的形式,平均每天4—6节课,每节课40分钟。

5. 教学方法的不同

幼儿园的知识传授贯穿于幼儿一日活动之中,教学法具有直观性、综合性、趣味性和多样性的特点，是在玩中学、学中玩。而小学以学习书面语言为主，强调系统的文化知识教育和读、写、算等基本技能训练，更多地采用讲授法和练习法。

6. 学习环境的不同

一般来说，幼儿园为儿童选择和操作提供了丰富的材料，环境的布置比较轻松、活泼、生动。学习、生活设施一般都相对集中，活动室、盥洗室等紧密相连，儿童生活比较方便。活动室中还设有区角活动，儿童可以选择自己喜爱的活动方式。而在小学中，教室环境布置相对简单和严肃，自由活动空间较少，还要受纪律约束。

7. 师生关系的不同

幼儿园教育注重保教结合，一日生活都有固定的教师与儿童朝夕相处，教师对儿童关爱有加，使儿童自然而然地对教师从心理上、生理上都产生安全感、依恋感，彼此间的关系比较亲密。而在小学阶段，每个班虽然都有固定的班主任，但教师与学生接触除了课堂以外，和学生接触相对来说较少。当儿童进入小学，就相当于进入了一个全新的集体，师生关系需重新建立，彼此还需要重新适应。

【示例】

1. 简述幼儿园教育与小学教育的主要区别。
2. 请根据幼儿园教育的特点和幼儿身心发展的规律，论述幼儿园教育为什么不能"小学化"。

理解与记忆幼儿园教育与小学教育的差异可以根据教育的基本要素（目的、内容、方式方法、环境）这个逻辑进行，然后头尾分别加上性质与师生关系。学习时一定要注意能够根据这6个要素进行事实分析。

（二）幼小衔接的意义

幼小衔接及其意义

1. 有利于幼儿顺利适应小学生活

幼儿园与小学在学习环境、生活制度、师生关系、学习方式、教育要求等方面都有很大的不同，因而很容易造成幼儿进入小学后的不适应。消除或减少这种不适应需要幼儿园、小学、家庭等方面的努力才能完成。

2. 有利于幼儿身心健康发展

身心健康包括生理、心理和社会适应的完满状态。幼小衔接可以有效地缓减幼儿园与小学之间的坡度，在生理与心理上逐步适应，减少幼儿生理上的失衡与心理上的焦虑，在新的环境中能够保持良好的身心发展状态。

3. 有利于提高幼儿社会适应性

幼儿在任务意识、规则意识、独立意识和完成任务的能力、人际交往方面都需要加强训练以适应小学的学习生活。幼小衔接的过程就是帮助幼儿适应新的环境、新的要求、新的老师与同学，在与人的交往过程中促进个体的社会化发展，提高自身的社会适应性。

4. 有利于幼儿良好习惯的养成

幼儿园的生活制度、学习制度、任务要求等方面与小学都有很大的差异，幼儿需要从游戏环节时间长过渡到学习环节比较长的生活适应；需要从自由上幼儿园到严格遵守上下课时间的适应；需要从没有任务的学习到严格规定任务的学习过渡；需要从没有压力的学习到考试竞争的过渡，等等。这一切都需要在幼小衔接过程中完成，使幼儿养成良好的生活习惯，而这种良好习惯将会影响一个人的一生。

（三）幼小衔接的内容

幼小衔接是根据幼儿过渡期身心的特点，从体智德美诸方面，为幼儿进入小学，也为其长远的发展打下良好基础。在幼儿园教育阶段，幼小衔接的主要内容如下。

1. 培养入学意识与积极情感

培养幼儿向往入学的感情，激发良好的入学动机和积极的情绪。养成幼儿喜欢小学、向往小学、愿意上学和为成为一名小学生而感到自豪的积极情感。

2. 培养社会适应能力

具体内容包括：主动性、人际交往能力、规则意识和任务意识。

3. 培养学习适应能力

培养幼儿的口语表达、阅读兴趣以及小肌肉协调等方面的能力，为学校的学习提供基础；培养良好的学习习惯，如正确看书、认真做事、专心听课、保持文具和书本的整洁等；培养良好的非智力品质，如学习积极性、意志、自信心等；培养基本能力，如读书写字能力、操作能力和整理能力等。

4. 培养生活适应能力

帮助幼儿形成规律的作息，在生活中独立自主、身体健康、动作协调、体能良好。

【示例】

幼儿园为什么要为幼儿入小学做准备？应做哪些准备？

> 幼小衔接有四方面的意义，具体包括四方面的内容，这是需要熟记的。学习时，要特别强调知识的转换，并在不同的场景下加以运用。

二、幼小衔接的原则与策略

做好幼小衔接工作对于幼儿的发展具有十分重要的影响，那么在进行幼小衔接时需要遵循哪些原则呢？应该如何进行幼小衔接呢？下面就这两个问题进行介绍。

（一）幼小衔接的原则

1. 长期性原则

作为终身教育体制的一个重要组成部分，幼儿园教育要为小学教育甚至后期所有的教育打好基础，因此应将幼小衔接工作放置于终身教育的大背景中考虑，而非仅视作两个教育阶段的过渡问题；将其视作一个长期而系统的工程，而非一蹴而就的工作。

所谓长期性，是指从小班开始教师等相关人员就要有意识地逐步提高幼儿的适应性，并系统地对保育教育内容、各类教育活动、幼儿园教育评价等进行规划，将幼小衔接作为一项重要的内容，而不是到了大班最后一个学期才进行相关的活动。

2. 整体性原则

幼小衔接是全面素质教育的基本组成部分，重在发展幼儿的整体素质，因而不能偏重某一方面，而应在德智体美各方面综合进行。研究表明：健康的身体，积极的学习态度，浓厚的学习兴趣及求知欲，充足的自信心与自我控制能力，稳定的情绪，以及人际交往能力、独立性等，对幼儿顺利适应小学生活是至关重要的。在幼小衔接中偏向德智体美的任何一方面都是错误的，更不能偏重某一方面的某些因素，如现在的某些幼儿园尝试的"单项突破"是极其危险的。

3. 非小学化原则

幼小衔接强调幼儿对小学生活的适应，但是并不等于小学化。尽管在衔接工作中需要增加一些小学生活所需要的习惯与规则训练，但幼儿终究还是幼儿，而不是小学生，幼小衔接的重点是适应而不是等同于小学生活。有些教师认为，要与小学搞好衔接工作就要提前用小学的教育方式对待幼儿，让幼儿园像小学，如提前学习小学教材，或者用小学教育的组织形式与方法对待幼儿，这些都是错误的，是不符合幼儿的发展规律与幼小衔接工作的。

4. 合作性原则

幼儿园与小学各有任务与功能，但同属于基础教育阶段，两者的联系极为明显，而且是一个共赢的事情。在幼小衔接问题上，两者是平等合作的关系，而不存在谁主谁次的问题，双方都有平等的地位，关键是要发挥各自的优势，为幼儿提供一个优良的发展环境，帮助儿童顺利地完成从幼儿园到小学的过渡。同时家长与社区也要积极配合相关工作，建立幼儿园与家庭、社区的联系，共同搞好衔接工作。

（二）幼小衔接的策略

1. 幼儿园的策略

（1）持久性的衔接。

幼小衔接是一个持久性的工作，因而从幼儿入园开始，就要注意为小学学习打下良好的基础。具体工作有：

① 做好保育工作，促进身心健康。促进儿童的身心发展是学前保育教育最为重要，也是最为根本的任务，保证儿童在身体和心理两方面都得到健全的发展，才能为后续的发展奠定基础。

② 发展幼儿的智力与非智力因素，为小学正规学习奠定智能基础。其中重要的是儿童的规则意识和任务意识的培养，让幼儿明确规则和任务，使其在进入小学阶段能更好地适应小学生活。

③ 加强体育活动，坚持规律性的生活，促进幼儿各种生理器官的正常发育。学前教育除了保证必要的营养，做好保健工作，更重要的是要积极锻炼儿童的身体，发展动作，增强儿童的体质。

④ 培养独立生活能力。在学前阶段，要注意培养儿童的时间观念，增强独立意识，让儿童知道什么时间做什么事情，并能自觉完成，培养儿童自理、自觉的能力，逐渐减少成人的直接照顾。

（2）大班下学期的衔接。

① 制度性策略的调整。其中包括：第一，调整一日生活作息制度。为了使儿童在进入小学之后能较快地适应小学的作息制度，以不影响儿童身心健康为前提，大班下学期可以适当缩减午睡时间，减少游戏时间，延长集中教育活动时间，适当增加课时等。第二，改变活动室环境布置。大班后期活动室环境要减少活动区角，扩大图书角，将桌椅按照小学方式排列，值日生管理可以适当按照小学模式安排，但是上课内容不能小学化。

② 教育活动策略的调整。首先，在大班下学期的教育活动中，教师可以适当开展培养儿童小学适应性方面的教育，如认识小学及其学习生活，在活动区内增设整理书包的操作活动、书写活动等。其次，教师可以带领儿童到就近的小学进行参观，或开展联谊活动，有条件的甚至可以深入到小学课堂，观察小学生的上课情况，让幼儿体验小学的课堂活动与其他集体活动。最后，幼儿园可以巧用毕业离园活动与毕业典礼，隆重举行幼儿园毕业典礼，让幼儿园的儿童留下深刻的印象，带着欢乐、自信和向往之情告别幼儿园生活，去迎接新的生活。

（3）与家长、小学密切联系。

幼儿园可以通过与家长学校、幼儿园园报、家园联系册、家长开放日等多种途径使家长与幼儿园统一认识、统一方法；同时可以针对幼儿的个别情况，向家长提出有针对性的幼小衔接方案。

主动与小学联系，倾听意见，不断调整教学内容与方法。同时向小学教师提供幼儿各方面的发展特点，使小学教师更加全面地了解幼儿，有效提高幼小衔接的效率。

2. 小学的策略

（1）单设低年级学生作息表。

幼儿园与小学的作息时间有较大的出入，在幼儿园方面适当延长课堂教学时间，而在小学方面则需要适当减少课堂教学时间；另外，适当增加户外活动时间，而不仅仅是课间十分钟；小学低年级要安排午睡，而且应有充足的时间。

（2）保证教育教学活动的延续。

小学低年级的环境布置尽可能偏幼儿园些，以减少小学生的心理压力；学习活动适度降低难度，以减小一年级小学生的压力；教学方式上适度游戏化，保证小学一年级儿童顺利度过过渡期；尽量运用发展性评价逐步过渡到竞争性评价，逐步适应小学的评价体制。

【示例】

1. 试述如何做好幼小衔接工作。
2. 下列有关幼小衔接的说法，正确的是（ C ）。
   A. 幼儿入学适应困难，是因为幼儿园教育过于游戏化
   B. 幼小衔接完全是幼儿园的责任
   C. 幼儿园的幼小衔接工作不仅仅在大班，小中班也应该开展
   D. 幼小衔接主要是教幼儿拼音、认字等内容

> 牢记幼小衔接的四大原则：长期性、整体性、非小学化和合作性原则。注意结合案例理解与运用。幼小衔接的策略的重点在于幼儿园的策略，即幼儿园如何做。

本章小结

幼儿园、家庭、社区是决定幼儿发展的三个重要因素。幼教保育工作的顺利展开离不开家庭与社区的有效配合。所以，幼儿园教师除完成常规的幼教工作以外，还要通过各种方法与途径取得家长与社区的支持。幼小衔接是幼儿园保教工作的又一个重要方面，幼儿园教师在教学中避免"小学化"，顺利完成幼小衔接需要遵循幼儿身心发展的规则和每个教育阶段的性质与要求，采取适当的方法，协调多方面来配合保教工作，促进幼儿顺利进入人生的下个重要阶段。

知识结构

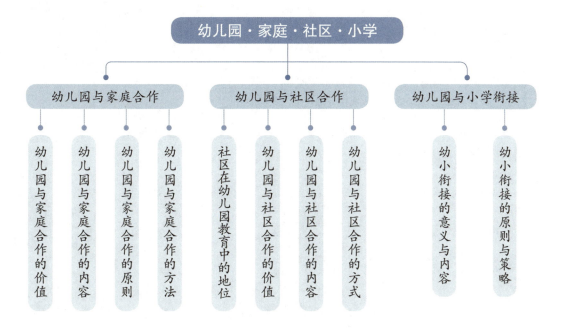

第九章 幼儿园教师

◎ **学习目标**

※ 理解幼儿园教师职业理念的内容，并能运用于教育事实的分析；
※ 理解幼儿园教师职业道德的规范与要求，并能据此分析与解释教师行为；
※ 知道幼儿园教师的从业资格、享有权利与应尽的义务；
※ 识记教师专业发展内涵、阶段与内容，根据自身情况选择适当方法促进自身专业发展。

◎ **学习重点**

正确理解三观：教育观、儿童观和教师观，特别注意将三观用于教育现象的解释；熟记教师职业道德规范，特别是用于事实分析；理清教师的权利、义务与责任；了解职业的专业发展的阶段与途径。

◎ **学习导引**

本章按职业理念、职业道德、教师权利与义务、教师专业发展四节展开，前两节的内容侧重于理解与案例分析和解释；后两节侧重于知识点的记忆。因此，学习时要采用不同的方法，前两节更多地结合实例进行分析与理解，而后两节则可以用知识树的方法将知识点进行梳理。

本章导入

用爱心和耐心陪伴孩子成长

说起孩子,孙怡老师的眼里立刻充满了爱的光芒,写满了对孩子和学前教育的热爱。80后的她创新教育模式,用爱、用科学的教育理论、用丰富的教学经验培育着祖国边疆的花朵。

"谁爱孩子,孩子就会爱她,只有用爱才能教育孩子。"孙怡说,"爱孩子,就必须走进孩子的情感世界,就必须把自己当作孩子的亲人,感受他们的喜怒哀乐。"孙怡用心观察,仔细琢磨研究各年龄段孩子的心理和生理特点,注意发现他们的闪光点,鼓励他们,培养他们的自信心,努力把自己全部的爱心、耐心、细心倾注到每一个孩子身上。

孙怡刚担任班主任时,所带的都是3岁左右刚入园的孩子,孩子与父母分离的焦虑情绪很严重,情绪波动很大,怎么办?孙怡沉着应对,当起孩子们的"妈妈",让每个孩子都感受到爱。3岁的小女孩佳佳,每天午休都大哭不止。看到哭成泪人的孩子,孙怡既心疼又无奈。她抱起孩子,像母亲一样温柔耐心地对孩子说:"佳佳,我们上床睡觉好吗?""我不要睡觉!"孩子带着情绪看着她,大喊大叫。"那老师陪着你睡好吗?"当她准备去抱小女孩时,却被狠狠地在胳膊上咬了一口。看着胳膊上的小牙印,孙怡委屈得想哭。没想到,看到孙怡这样的表情,佳佳突然懂事了,不哭了。这样的故事,就是孙怡工作中的日常。她说,面对孩子,只有用爱才能呵护他们成长,再苦再累都是值得的。为了陪伴孩子,她把教学中的技巧和孩子们的日常生活结合起来。孩子小,各种各样的图画能快速吸引幼儿注意力,激发幼儿的兴趣。孙怡便常常结合图片给孩子们讲故事,深受孩子们喜爱。

孩子充满好奇,一边听故事,一边思考,一边交流。就像母亲陪伴孩子一样,孙怡用爱心和耐心陪伴孩子快乐成长。①

爱,是教育的真谛;爱心,是教师的灵魂;教师爱,是儿童成长的土壤。"谁爱孩子,孩子就会爱她,只有用爱才能教育孩子。"孙老师用她的爱心与耐心陪伴着孩子快乐成长。教师被誉为"人类灵魂的工程师""园丁",除了爱心与耐心之外,作为一名幼儿园教师还

---

① 中华人民共和国教育部.护好边疆花朵的辛勤园[EB/OL].(2022-09-20)[2023-06-08]. http://wap.moe.gov.cn/jyb_xwfb/moe_2082/2022/2022_zl23/202209/t20220920_663292.html.引用时有改动。

应该具备哪些职业素养？应该具有怎样的职业理念？应该遵守哪些职业道德？应掌握哪些职业技能？这些问题将在本章作出解释。

第一节 幼儿园教师的职业理念

职业理念是指由职业人员形成和共有的观念和价值体系，是一种职业意识形态。幼儿园教师作为一种特殊的职业，其职业理念应由教育观、儿童观与教师观三部分组成。以正确的职业理念作为指导，才能更好地观察与认识幼儿教育现象，揭示幼儿教育发展规律，指导幼儿教育实践。

一、教育观

教育观是人们对教育这一事物以及它与其他事物的根本看法和态度。具体地说就是人们对教育的基本要素及其属性和相互关系的认识。教育观具有时代性、价值导向性以及一定的稳定性和灵活性等特征。幼儿园教师的教育观主要包括下列几个方面。

（一）儿童为本

儿童为本，顾名思义，就是以儿童为根本。包括四个基本含义：① 幼儿园教师和幼儿都是教育的主体，应该在相互理解的基础上确立共生共存的思维模式；② 教育应该全面考虑儿童的自然性、社会性和精神性的需求，并努力在三者间寻求一种动态的平衡，促进儿童的全面发展；③ 重视儿童的主体地位的凸显和主体性的发挥，尊重幼儿的选择和自由，培养其独立性和创造性，充分发展儿童的潜能；④ 在开展、丰富和发展过程中，不断创造出新的文化和新的自我。

【示例】
为体现"幼儿为本"的教育理念，教师不正确的做法是（ D ）。
A.尊重幼儿人格　　　　　　　　B.为幼儿提供适合教育
C.调动幼儿的主动性　　　　　　D.让幼儿主动选择课程

（二）全面发展

马克思主义认为人的全面发展是指人的智力、体力得到充分的、自由的、和谐的发展，同时也包括道德、志趣、意向等个性品质的发展。全面发展的内容包括：① 人的劳动能力的发展；② 人的才能的全面发展；③ 人的自身的全面发展；④ 人的自由发展。[①]

[①] 全国十二所重点师范大学联合编写.教育学基础（第二版）[M].北京：教育科学出版社，2008：85—86.

马克思主义创始人坚持教育与生产劳动相结合是实现全面发展的唯一途径。① 幼儿园的全面发展主要包括体、智、德、美几个方面。

（三）素质教育

素质教育是相对于应试教育而生成的一个概念，是一种教育理想，普遍观点认为其具有全体性、全面性、主体性、发展性、开放性五大特征。一般认为，素质教育是全面发展教育的具体和深化；全面发展教育是素质教育的理论依据。虽然对于素质教育的定义至今仍然没有一个统一的见解，但从全面发展教育和素质教育的关系来考虑可以更加准确地把握素质教育的本质属性。

【示例】

下列选项中，不属于素质教育任务的是（ D ）。
A. 增强学生的身体素质　　　　　　B. 增强学生的心理素质
C. 促进学生道德品质的发展　　　　D. 促进学生能力的平均发展

（四）终身教育

终身教育提倡从人的出生到死亡整个一生中都应进行持续的教育，其教育目的和形式根据个人发展不同阶段的需要而确定，从而使教育成为人们生活中不可缺少的一部分。终身教育的首倡者保罗·朗格朗认为："教育，不能停止在儿童期和青年期，只要人还活着，就应该是继续的。"② 终身教育的宗旨就是通过不断的教育，使人的价值观念、科技知识和工作生活能力等方面都能够适应社会的变化与发展，并始终保持与时俱进的创新活力。

（五）教育民主化

教育民主化包括三个层面：首先是指教育机会均等，不同种族、不同性别、不同社会地位的成员，都享有均等的受教育机会，其中包括入学机会的均等、享有教育资源的均等和教育结果的均等；其次是指教育管理民主化，即教育决策的制定、执行和教育管理方面均有公众的广泛参与；最后是指教学民主化，在教学过程中建立民主、平等、和谐的师幼关系，提倡自由讨论、平等对话，做到教育活动、方式和内容的民主化，为幼儿提供更多自由选择的机会。

【示例】

材料：

分组活动时，姜老师正在辅导一部分小朋友跳绳。瑜瑜跑过来说："姜老师，元元他们往滑梯上吐唾沫，不让我们滑。"姜老师抬起头来，果然看见几个男孩围着滑梯议论着

---

① 上海师范大学教育系编. 马克思恩格斯论教育［M］. 北京：人民教育出版社，1979：159.
② 高志敏. 终身教育、终身学习与学习化社会［M］. 上海：华东师范大学出版社，2005：5.

什么，姜老师急忙走了过去，刚要开口，忽然听到元元嚷道："快看，唾沫往下滑了。"姜老师把要说的话咽了下去，站到这群孩子背后。"真的在滑，就是太慢了。"恺恺头也不抬地说。迪迪问："唾沫为什么会滑下去呢？""这个问题提得好，谁知道为什么呀？"姜老师插话。听见姜老师说话，几个男孩转过头，懵懂地看着姜老师。姜老师笑了笑说："想一想……"见姜老师没批评他们，孩子们活跃起来。迪迪说："我知道，因为滑梯是斜的，很光滑，唾沫像水一样，所以就滑下来了。"姜老师摸了摸迪迪的头说："迪迪说得对。但是，你们往滑梯上吐唾沫，对不对呢？""不对""随地吐痰不对，往滑梯上吐也不对""不讲卫生"。小朋友们抢着回答。那几个男孩说："我们以后不随便吐了，咱们把滑梯擦干净吧。"恺恺从口袋里拿出纸将滑梯上的唾沫擦干净，滑梯前又排起了队。

问题：

请结合材料，从教育观角度，评析姜老师的教育行为。

> 教育观，是人们对教育这一事物以及它与其他事物的根本看法和态度。牢记教育观的五大内容，同时要运用教育观分析具体的幼儿园保教案例。

二、儿童观

（一）儿童观的基本内容

儿童观是指人们对儿童的根本看法和态度，是成人如何看待和对待儿童的观点的总和。历史上出现过多种儿童观，诸如"成人说""原罪说""生长说""自然发展说"等。现代儿童观反映现代社会的价值取向、时代特点，主要包含以下内容。

儿童观的科学内涵

1. 儿童是现实的人

儿童和成人一样具有丰富的精神世界和独立的社会地位，他们是有能力的、积极主动的权利主体，应有主动发展自己潜能的机会，并在成长和发展过程中充分行使自己的权利。

2. 儿童是发展中的人

儿童正处于身心发展的关键时期，各方面都具有极大的发展潜力。儿童作为生命体，是可教的、可能的、有潜力的，处在不断成长变化中的人。

3. 儿童是全方位不断发展的个体

儿童作为一个完整的生命体，其成长具有综合性，是由多方面构成的，不仅包括身体的发育、知识的获取、情感的体验，还包括技能的掌控、思维的深化、道德的发展和心理的成长等。

4. 儿童是富有差异的存在

每一个儿童都是一个独立的个体，其成长过程都具有复杂性，由于遗传因素、家庭环境和成长经历的不同，他们有属于自己的天赋、兴趣和爱好，具有自己独特的气质和鲜活个性。

【示例】

1. 幼儿教师了解幼儿的最主要目的是（ A ）。

A. 为更好地促进幼儿发展提供依据　　　B. 为教师专业成长提供依据

C. 为建立幼儿档案提供依据　　　　　　D. 为检查评比提供依据

2. 论述教师尊重幼儿个体差异的意义与举措。

（二）儿童权利

1.《儿童权利公约》规定的儿童权利

1924年，国际联盟通过了《日内瓦儿童权利宣言》，这是第一个倡导儿童权利的国际性文件。1959年11月20日，联合国通过了《儿童权利宣言》，提出十条原则①，以保障儿童的权利。1989年11月20日，第44届联合国大会通过了国际社会第一部具有法律效力的儿童权利法律文书——《儿童权利公约》。1992年，经中国政府批准，《儿童权利公约》正式在中国生效。

《儿童权利公约》共54项条款。确立了关于儿童权利的四个基本原则：

（1）儿童利益优先原则。任何事情凡是涉及儿童，须以儿童的最大利益为首要考虑。

（2）尊重儿童生命、生存和发展原则。不仅要关注儿童的生存，更要保证儿童生命和生活的质量，让他们获得充分的发展。

（3）尊重儿童观点与意见原则。使儿童尽可能参与制定那些与他们自身生活相关的决策，为儿童创造更多参与社会活动的机会。

（4）无歧视原则。不论儿童来自何种文化背景，出身如何，是男童还是女童，正常还是残障，富有或是贫穷，都应受到公平对待，而不应受到任何歧视。

【示例】

1. 最早提出"以儿童的最大利益为首要考虑"的这一原则文件是（ D ）。

A.《适合儿童生长的世界》　　　　　　B.《3—6岁儿童学习与发展指南》

C.《未成年人保护法》　　　　　　　　D.《儿童权利公约》

---

① 这十条原则包括：① 不因种族、肤色、性别等而受到差别对待或歧视的权利；② 健康、自由的状态下获得身心发展的权利；③ 获得姓名和国籍的权利；④ 享有社会安全的各种利益的权利；⑤ 特殊情况予以特别照顾的权利；⑥ 在父母的照料下成长的权利；⑦ 受教育、游戏和娱乐的权利；⑧ 优先受保护和救济的权利；⑨ 不受一切形式的忽视、虐待和剥削的权利；⑩ 被培养成充满仁爱精神的人的权利。

2. 下列选项中，**不符合**联合国《儿童权利公约》对儿童权利的保护规定的是（ B ）。
A. 承认儿童享有固定的生命权
B. 确保儿童免受惩罚的权利
C. 最大限度地确保儿童的生存与发展
D. 确保儿童享有其幸福所需的保护和照顾

2. 我国对儿童权利的规定

现阶段我国儿童依法享有下列主要权利。

（1）生存权。生存权是指儿童享有其固有的生命权、健康权和获得基本生活保障的权利，具体包括生命权、医疗保健权、国籍权、姓名权和获得足够食物、拥有一定住所以及获得其他基本生活保障的权利。

（2）发展权。发展权是指儿童享有充分发展其智能和体能的权利，有权享受促进其身体、心理、精神和道德等全面发展的生活条件。

（3）受保护权。受保护权是指儿童享有不受歧视、虐待和忽视的权利，包括保护儿童免受歧视、剥削、酷刑、暴力或疏忽照料，突发事件或事故时优先救护儿童，以及对失去家庭和处于困境中的儿童的特别保护。

（4）受尊重权。受尊重权是指儿童的人格尊严是受法律保护的，禁止用任何方式对儿童的人格进行侮辱和诽谤，不得对儿童进行体罚和变相体罚，并依法保护儿童的隐私权、通信权、名誉权等。

【示例】

某些幼儿园班中把班里每个孩子的体检结果公布在教室门口，结果不但包含身高、体重等项目，还包括血型检查等内容，该幼儿园的做法（ C ）。
A. 正确，方便家长了解孩子身体情况
B. 正确，体现了幼儿园重视幼儿身体健康的理念
C. 不正确，侵犯了幼儿的隐私权
D. 不正确，侵犯了幼儿的人格尊严

（5）受教育权。受教育权是指儿童享有的并由国家保障实现的接受教育的权利，国家、社会、学校和家庭都应尊重和保障儿童受教育的权利。

【示例】

老师王某经常让班里的幼儿在活动室外面罚站，王某的做法（ A ）。
A. 不合法，侵犯了幼儿的受教育权　　B. 不合法，侵犯了幼儿的荣誉权
C. 合法，教师有管理幼儿的权利　　　D. 合法，教师有教育幼儿的权利

（6）参与权。参与权是指儿童有权参与家庭和社会生活，并就与他们有关的事项发

表意见。要尊重和保障儿童的参与权，对儿童的意见应按照其年龄和成熟程度给予适当的重视。

（7）其他权利。除了以上涉及到的权利外，儿童还享有荣誉权、肖像权、言论自由权、智力成果权等权利。

（三）育人为本

在幼儿园保教工作中，育人为本应坚持以下几点。

1. 研究和了解儿童的特性

每个儿童都是具有生命活力的独立个体，为了有效地促进儿童的发展，保教工作者应研究儿童，了解儿童的发展规律，这样才能从儿童的特性出发，促进儿童发展。

2. 尊重和维护儿童的人格和权利

儿童作为人，具有和成人一样的人格和尊严，保育工作者应以关怀、接纳、尊重的态度与儿童交往，承认儿童作为人的价值。同时，要认识到儿童和成人一样都是社会公民，具有同样的社会地位和权利保障，应该得到全社会的关爱和保护。

【示例】

小红怀疑同伴小刚偷了她新买的油画棒，并报告了老师，老师便要搜查小刚的衣服口袋，小刚拒绝被搜。该教师的做法（ A ）。

A. 错误，应当充分尊重信任小刚

B. 错误，应搜查所有幼儿的口袋

C. 错误，应避免当众对小刚搜查

D. 错误，应该通知家长之后再搜

3. 尊重儿童的个体差异

每一个儿童都有其独特的特点、兴趣、潜质和优势，保育工作者应尊重儿童在发展水平、能力、经验、学习方式等方面的个体差异。

4. 公平、公正地对待儿童

人生而平等，儿童的生命和尊严都是至高无上的，保育工作者应真正尊重每一个儿童的需要与愿望，用公平、公正、平等的态度对待每一个儿童，促进每个儿童的发展。

【示例】

活动课上，赵老师特意邀请几个平时不太合群的孩子表演"找朋友"，被邀请的孩子面带微笑与其他小朋友愉快地完成表演。赵老师的行为（ C ）。

A. 恰当，教师应当培养幼儿遵守纪律习惯

B. 不恰当，教师应当遵循幼儿身心发展规律

C. 恰当，教师应当关注每个幼儿发展

D. 不恰当，教师应当保护幼儿的自尊心

5. 为儿童的发展创造条件，不断挖掘儿童的潜力

作为儿童学习、生活的支持者和引导者，保育工作者应耐心倾听，努力理解儿童的想法与感受，保护儿童的自信心，支持、鼓励他们大胆探索与表达；善于发现儿童感兴趣的事物、游戏，把握时机，积极引导。注意综合利用各种教育资源，为幼儿的发展创造良好的条件。

【示例】

1. 幼儿园教师如何做到"儿童为本"？

2. 材料：

周一长假结束后，楠楠一进教室，就马上走到自然角去探望小金鱼和蝌蚪。

"小金鱼没有了！"楠楠大叫起来。

邓老师很吃惊地走过去看，以前游来游去的小金鱼不见了，只剩下两个小鱼头躺在缸底的水草下，几只蝌蚪竟然正在啃鱼头。

蝌蚪吃金鱼的事立刻引起了孩子们的注意。早餐结束后，邓老师决定利用这次机会，组织孩子们讨论小金鱼的死因。

孩子们分小组进行了热烈讨论。他们列出了几种可能的原因：

（1）天气闷热致死。因为放假期间，天气一直有些闷热。

（2）水污染致死。因为涵涵曾经将肥皂泡吹到鱼缸里。大家觉得水污染可能会导致金鱼死亡。

（3）金鱼吃得太饱，胀死了。因为小杰家的金鱼就是这样死的。

（4）金鱼是饿死的。因为放假期间没人给金鱼喂食，它们就饿死了。

邓老师继续组织幼儿讨论怎样的喂养方式是正确的。大家纷纷发表意见。

随后，邓老师指导孩子们把金鱼的尸体从鱼缸里捞出来。有的孩子还提出要把金鱼埋葬到草丛里，邓老师答应了，给孩子们借来铲子，孩子们很认真地把他们心爱的金鱼埋好。

问题：

请从儿童观的角度，评析邓老师的保育行为。

儿童是现实中的人、发展中的人、全方位发展的个体、富有差异的存在，依法享有生存权、发展权、受保护权、受尊重权、受教育权、参与权及其他权利。保教过程中要坚持育人为本。学习时要注意分辨儿童权益被侵犯的事例，牢记育人为本的具体措施。

三、教师观

树立科学的幼儿教师观

正确的教师观是从事保教工作的基础，我国现代幼儿教师观主要包括以下几点。

1. 教师是促进幼儿发展的指导者

幼儿园教师对幼儿的发展起着关键作用。幼儿在幼儿园不仅学习知识，还要学会做人、学会做事、学会过幸福生活。因此，教师应充分尊重幼儿的意愿和现有的发展水平，创设良好的、能够激发他们兴趣的环境，采取适当的引导方法，充分调动其主动性和积极性。

2. 教师是塑造幼儿心灵的工程师

幼儿园教师的任务是育人，既要开启幼儿的心智，也要培植他们的心灵。其次，幼儿园阶段是幼儿良好品质道德形成的关键时期，教师的作用体现在提高其道德认识、熏陶其道德情感、锻炼其道德意志、规范其道德行为上。

3. 教师是幼儿学习的支持者

教师应支持幼儿学会独立自主学习，鼓励幼儿结成合作小组，进行合作学习，从而促进他们的团体意识和合作精神。教师作为支持者的作用展现在共同参与到幼儿的活动中，成为他们活动的参与者和伙伴。

4. 教师是幼儿的养护者

教师养护作用表现在：促进幼儿身体的健康成长，负责他们的安全；关注与呵护幼儿心理健康；维护幼儿的各项权利。教师在激发幼儿"内在潜力"的同时，根据幼儿自身规律不断促进其自然、自主地发展。

5. 教师是沟通幼儿与社会的中介者

幼儿园教师通过与幼儿建立平等和谐的关系，走入他们的内心，利用简单明了的语言和生动活泼的动作，在与幼儿的交往过程中完成对社会的认知、对行为规范的掌握以及态度与情感的体验。另外，教师通过组织与社会生活相联系的保育教育活动，带领幼儿走向社会，体验社会生活，培养他们良好的情绪情感以及社会交往态度与能力。

6. 教师是幼儿教育的研究者

幼儿园教师的职业角色

幼儿园教师工作在学前教育教学第一线，通过观察幼儿的学习和发展情况，回顾教育教学的实施情况，从而在教育教学实践中不断地反思，并把经验上升到理论，使理论和实践相互促进，以保持自己工作的活力和生机。

牢记教师观的六大要点，并能根据实践案例进行解释和分析。特别注意结合幼儿园的现实案例进行学习。

【示例】

小班入园第二周，王老师发现小雅在餐点与运动后，仍会哭着要妈妈。老师抱她，感觉她身体绷得紧，问她要不要去小便，她摇头。老师又问："要不要去大便？"她点头。老师牵她到卫生间，她只拉一点就离开了。过一会儿，她又哭了。老师给她新玩具，和她玩游戏，但她的情绪还是不好。离园时，老师与她妈妈约谈，了解到小雅在幼儿园拉不出大便。

第二天早操后，小雅又哭了，老师蹲下轻声问："小雅是想上厕所了吗？"她点头。老师带她上厕所，她又只拉一点就站起。"老师陪你多蹲一会儿，把大便都拉出来，好吗？"小雅又蹲下，但频频回头。这时，自动冲厕水箱的水"哗"地一声冲出，小雅"哇哇"大哭，扑到老师身上，老师紧紧地抱住她，轻柔地说："老师抱着你拉，好吗？"

老师将水龙头关小，把小雅抱到离冲水口远一点的位置蹲下，小雅顺利拉完大便。连续一段时间，老师们轮流陪小雅上厕所，并且给予指导和观察小雅的如厕情况，让小雅学会如何使用厕所的冲水装置。小雅开始适应学校的厕所，发出久违的笑声。

问题：

请分析上述材料中教师的适宜行为。

第二节 幼儿教师的职业道德

教师职业道德是指教师在从事职业活动，即进行教育教学工作时所应遵循的行为规范和必须具备的品德。幼儿园教师有其工作的特殊性，其职业道德体现在教师保教工作中所应遵循的行为规范和必须具备的品德。

一、幼儿园教师职业的特殊性

（一）教育对象的主动性和幼稚性

幼儿园教师的教育对象主要是3—6岁的幼儿。他们是主动的、活泼的发展主体，有自己的兴趣、需要、主观能动性，能够通过自身的内部作用，对外界刺激进行选择，并内化为自身的经验和知识结构。同时，幼儿的身心处于快速发展时期，其身体器官发育尚未成熟，表现出幼稚性。

（二）劳动任务的全面性和细致性

教师的任务是促进幼儿身心全面、和谐地发展，这就决定了幼儿园教师劳动的全面性和细致性。一方面，幼儿园教师要对幼儿进行体、智、德、美等方面的教育，促使其全面、和谐地发展。另一方面，由于幼儿的不成熟性，幼儿在幼儿园一日生活的每个环节都离不开教师的关心、照顾和引导。幼儿园教师的工作十分琐碎、具体，这不仅需要爱心，更需要幼儿园教师的耐心和细心。[1]

（三）劳动手段的创造性

首先，每一个幼儿都具有不同的家庭背景，不同的教养经历，不同的兴趣、爱好和发展水平；其次，幼儿园教师的教育对象是人，是一个个有思想、有个性、有感情的人，同时还是一个个不断变化发展着的人。教育对象的多样性和复杂性要求幼儿园教师不可能有固定不变的方法和模式直接套用，这就需要教师具有创造意识与创造能力。

（四）劳动主体的示范性

"教师本人是学校里最重要的师表，是最直观的最有教益的模范，是学生最活生生的榜样"。[2]而"我们每个人，尤其是儿童，都爱模仿别人"。[3]幼儿学习的模仿性和向师性，以及他们认知过程和心理过程的特点，决定了幼儿园教师劳动极具示范性。因此，幼儿园教师必须充分意识到身教重于言教的意义，做到身体力行，以身作则。

【示例】

王老师在给孩子们讲故事时，讲到"大象用鼻子把球卷起来"时，用手做出"卷"的动作。说到"大象把球扔到河里去了"，又用手做出"扔"的动作，孩子们跟着做动作，脸上洋溢着笑容。这体现出教师的什么特点（ B ）。

A.复杂性　　　　　B.示范性　　　　　C.长期性　　　　　D.创造性

（五）劳动成果的长期性

所谓"十年树木，百年树人"，教育工作具有迟效性的特点，幼儿园教师培养幼儿的劳动，需要经过很长时间才能看到其成果。这就要求幼儿园教师不仅要关心幼儿的现在，更要关心他们的未来，从长远发展的角度，培养幼儿成为符合未来社会发展需要的人才。

> 幼儿园教师职业具有特殊性，主要表现在：① 教育对象的主动性和幼稚性；② 劳动任务的全面性和细致性；③ 劳动手段的创造性；④ 劳动主体的示范性；⑤ 劳动成果的长期性。

---

[1] 朱宗顺.学前教育原理［M］.北京：中央广播电视大学出版社，2011：114.
[2] 王道俊，王汉澜.教育学（新编本）［M］.北京：人民教育出版社，1999：556.
[3] 洛克.教育漫话［M］.傅任敢，译.北京：教育科学出版社，1999：49.

二、幼儿园教师职业道德规范

教师职业道德规范是对教师行为上、思想上的规定与要求。幼儿园教师职业道德规范可参照2008年中华人民共和国教育部颁布的《中小学教师职业道德规范》。

（一）幼儿园教师职业道德规范的内容

1. 爱国守法

热爱祖国，热爱人民，拥护中国共产党领导，拥护社会主义。全面贯彻国家教育方针，自觉遵守教育法律法规，依法履行教师职责权利。不得有违背党和国家方针政策的言行。

2. 爱岗敬业

忠诚于人民教育事业，志存高远，勤恳敬业，甘为人梯，乐于奉献。对工作高度负责，认真备课上课，认真批改作业，认真辅导学生。不得敷衍塞责。

3. 关爱学生

关心爱护全体学生，尊重学生人格，平等公正对待学生。对学生严慈相济，做学生良师益友。保护学生安全，关心学生健康，维护学生权益。不讽刺、挖苦、歧视学生，不体罚或变相体罚学生。

【示例】

李老师一个学期对父亲是副乡长的小壮家访了8次，却从未对需要帮助的留守儿童小龙家访过。李老师的做法（ B ）。

A. 符合主动联系家长的要求　　　　B. 有违平等待生的要求
C. 符合因材施教的教育要求　　　　D. 有违严慈相济的要求

4. 教书育人

遵循教育规律，实施素质教育。循循善诱，诲人不倦，因材施教。培养学生良好品行，激发学生创新精神，促进学生全面发展。不以分数作为评价学生的唯一标准。

5. 为人师表

坚守高尚情操，知荣明耻，严于律己，以身作则。衣着得体，语言规范，举止文明。关心集体，团结协作，尊重同事，尊重家长。作风正派，廉洁奉公。自觉抵制有偿家教，不利用职务之便谋取私利。

【示例】

1. 马老师在逛商场时偶遇班上一位小朋友和家长，便一同挑选衣服，付款时，这位家长坚持把马老师的500元钱一起付了，对此马老师的正确做法是（ B ）。

A. 数额不大，不必在意，但下不为例　　B. 表示谢意并坚持把钱还给家长
C. 勉强接受并回送价值相当的礼物　　D. 表示感谢，并注意格外关照她的孩子

2. 唐老师准备参加全市幼儿园教师基本技能大赛，因缺乏参赛经验，就去请教担任各类大赛评委的谢老师，但被谢老师拒绝。谢老师的做法（ A ）。
A. 不利于同事间团结协作　　　　B. 促进唐老师自我发展
C. 不注重同事的探索创新　　　　D. 维护比赛公正公平

6. 终身学习

崇尚科学精神，树立终身学习理念，拓宽知识视野，更新知识结构。潜心钻研业务，勇于探索创新，不断提高专业素养和教育教学水平。

【示例】

每年王老师都给自己制定读书计划，并严格执行。这体现了王老师注重（ C ）。
A. 团结协作　　　B. 教学创新　　　C. 终身学习　　　D. 循循善诱

（二）幼儿园教师职业道德规范的要求

1. 爱岗敬业，依法执教

热爱学前教育事业，热爱幼儿园，尽职尽责，注重培养良好的思想道德品德。认真备课，不传播伤害身心健康的思想。自觉遵守《教育法》等国家相关法律，在保育教育活动中根据《幼儿园教育指导纲要（试行）》《幼儿园工作规程》《3—6岁儿童发展与学习指南》等开展保教活动。

【示例】

面对捣乱的幼儿，个别同事采取体罚的办法，叶老师没有这样做而是耐心地与幼儿交流，帮助他们改正缺点，这说明叶老师能够做到（ A ）。
A. 依法执教　　　B. 团结协作　　　C. 尊重同事　　　D. 终身学习

2. 热爱幼儿，循循善诱

关心爱护全体幼儿，熟悉每位孩子的发展状况，尊重幼儿，平等、公正地对待每位幼儿，促进幼儿全面健康地发展。保育教育活动中对困难儿童、问题儿童、特殊儿童采取针对性的教育，使每位孩子都能获得一定的发展。

3. 为人师表，堪为人师

遵守社会公德，作风正派，严于律己，以身作则，举止端庄，说话有礼，行动文明，学会微笑，以礼待人，尊重家长，团结同事，廉洁从教。

【示例】

有位学生将几片纸屑随意扔在走廊上，王老师路过时顺手捡起并丢进垃圾桶，该学生

满脸羞愧。王老师的行为体现的职业道德是（ B ）。

　　A.廉洁奉公　　　　B.为人师表　　　　C.爱岗敬业　　　　D.热爱学生

4. 严谨治学，勇于探索

　　树立正确的儿童观、教育观和教师观，根据幼儿的身心发展规律开展保教活动。刻苦钻研业务，努力精通专业，不断学习新知识。积极从事教育科学研究，努力探索保教规律。不断研究教学艺术，反思教育实践，积极投身幼儿园教育改革，开展创造性的教学活动。

【示例】

　　宋老师发现很多幼儿的生活习惯不好，就创编了一些关于习惯培养的儿歌，这些儿歌很受幼儿欢迎，对他们的习惯养成产生了积极作用，宋老师的做法体现的师德规范是（ D ）。

　　A.廉洁从教　　　　B.公正待生　　　　C.举止文明　　　　D.探索创新

5. 终身学习，求真求美

　　学习先进学前教育理论，了解国内外学前教育改革与发展的经验与做法，优化知识结构，提高文化素养，具有终身学习与持续发展的意识和能力，做终身学习的典范。

【示例】

材料：

　　小二班有个叫涛涛的孩子，因为有全家人的宠爱，自己的东西从来不让别人碰，还很任性。一天，幼儿园开展区域游戏活动，涛涛想去搭积木，可是建构区里已经挤了很多孩子，涛涛不管那么多，拼命往里挤，边挤边推正在堆积木的幼儿，嘴里还嚷嚷：你们让开，我先玩。看见没有人让自己，他一屁股坐在地上大哭起来。这个过程被李老师看在眼里，李老师走过去将涛涛扶起来，说："涛涛，你继续哭的话，那么多好玩的玩具你都玩不到的，不如我们先到别的地方玩，等一会儿再回来搭积木。"涛涛止住了哭声，点了点头，跟李老师走到另一个活动区玩起了拼图，一会儿就搭起小花来，涛涛开心地笑了。李老师趁机说："我们能不能邀请其他小朋友一起来拼出更有趣的图案呢？"涛涛点点头，高兴地跑去找小朋友了。之后，李老师有意引导涛涛和其他小朋友玩游戏，慢慢地，涛涛不再只顾自己的感受，也能与同伴分享玩具。

问题：

　　结合材料，从教师职业道德的角度，评析李老师的教育行为。

> 　　幼儿园教师职业道德规范的内容主要有：爱国守法、爱岗敬业、关爱学生、教书育人、为人师表、终身学习。牢记这24个字及其具体表现，能够根据规范要求分析评价幼儿园教师的各种行为。

第三节 幼儿园教师的资格、权利与义务

一、幼儿园教师的资格

(一)《教师资格条例》的基本内容

《教师资格条例》是我国关于教师资格的法律文件,1995年12月12日由国务院颁布,自发布之日起施行。共包括7章23条,其主要内容如下。

1. 教师资格的性质

教师资格是准入教育教学工作(职业)的法定条件。

2. 教师资格的类别

教师资格分为:幼儿园教师资格;小学教师资格;初级中学教师和初级职业学校文化课、专业课教师资格;高级中学教师资格;中等专业学校、技工学校、职业高级中学实习指导教师资格;高等学校教师资格。取得教师资格的公民,可以在本级及其以下等级的各类学校和其他教育机构担任教师;但是,取得中等职业学校实习指导教师资格的公民只能在中等专业学校、技工学校、职业高级中学或初级职业学校担任实习指导教师。高级中学教师资格与中等职业学校教师资格相互通用。

3. 教师资格考试

不具备教师法规定的教师资格学历的公民,申请获得教师资格,应当通过国家举办的或者认可的教师资格考试。教师资格考试科目、标准和考试大纲由国务院教育行政部门审定。幼儿园、小学、初级中学、高级中学、中等职业学校的教师资格考试和中等职业学校实习指导教师资格考试,每年进行一次。参加教师资格考试,考试科目全部及格的,发给教师资格考试合格证明;当年考试不及格的科目,可以在下一年度补考;经补考仍有一门或者一门以上科目不合格的,应当重新参加全部考试科目的考试。

4. 教师资格认定

具备教师法规定的学历或者经教师资格考试合格的公民,可以依照条例的规定申请认定其教师资格。幼儿园、小学和初级中学教师资格,由申请人户籍所在地或者申请人任教学校所在地的县级人民政府教育行政部门认定。高级中学教师资格,由申请人户籍所在地或者申请人任教学校所在地的县级人民政府教育行政部门审查后,报上一级教育行政部门认定或者组织有关部门认定。受国务院教育行政部门或者省、自治区、直辖市人民政府教育行政部门委托的高等学校,负责认定在本校任职的人员和拟聘人员的高等学校教师资格。

认定教师资格,应当由本人提出申请。教育行政部门和受委托的高等学校每年春季、

秋季各受理一次教师资格认定申请，具体受理期限由教育行政部门或者受委托的高等学校规定，并以适当的形式宣布。

5. 教师资格的撤销与丧失

有下列情形之一的，由县级以上人民政府教育行政部门撤销其教师资格：

（1）弄虚作假、骗取教师资格的。

（2）品行不良、侮辱学生，影响恶劣的。

以上被撤销教师资格的，自撤销之日起5年内不得重新申请认定教师资格，其教师资格证书由县级以上人民政府教育行政部门收缴。

（3）参加教师资格考试有作弊行为的，其考试成绩作废，3年内不得再次参加教师资格考试。

（4）受到剥夺政治权利或者故意犯罪受到有期徒刑以上刑事处罚的，不能取得教师资格；已经取得教师资格的，丧失教师资格。

【示例】

教师张某因为醉驾被人民法院判处有期徒刑，张某（ A ）。

A. 永远丧失教师资格　　　　　　　　B. 教师资格不受影响

C. 未来五年内不得从事教师职业　　　D. 只能在私立学校从事教师职业

（二）幼儿园教师资格的获得条件

随着教师专业化的发展，我国对幼儿园教师的准入有了明确的资格要求。1995年国务院颁布实施了《教师资格条例》，我国教师的执业许可制度正式开始实行。随后，各地根据《〈教师资格条例〉实施办法》制定了实施幼儿园教师资格认定的具体细则。2011年，教育部颁布《中小学和幼儿园教师资格考试标准（试行）》和《中小学和幼儿园教师资格考试大纲（试行）》，规定了幼儿园教师资格考试的内容和程序。目前，我国幼儿园教师资格认定条件一般包括以下五个方面[①]。

1. 思想品德要求

遵守宪法和法律，贯彻党和国家的教育方针政策；热爱学前教育事业，具有职业理想和敬业精神；具有良好职业道德修养，为人师表，忠于职守。

2. 学历要求

应当具备幼儿师范学校毕业及其以上学历；不具备《中华人民共和国教师法》规定的教师资格学历的公民，申请获取教师资格，必须通过国家教师资格课程考试，达到合格标准。

3. 普通话条件

必须提供国家语言文字工作委员会颁发的《普通话水平测试等级标准》二级乙等及以

---

① 摘自《〈教师资格条例〉实施办法》.

上的证书。

4. 有保育教育能力

掌握幼儿园教育的基本原理和专业领域的基本知识，能够设计、组织、实施幼儿园的保教工作，解决保育教育过程中的实际问题。

5. 身心健康

具有良好的身体素质和心理素质，并有教师资格认定机构制定的县级以上医院体检合格证明。根据《中小学和幼儿园教师资格考试大纲（试行）》规定，申请者必须参加全国统一的考试，只有《保教知识与能力》和《综合素质（幼儿园）》考试合格，并通过面试，才能申请幼儿园教师资格认定，认定合格者均可获得幼儿园教师资格证书。

> 《教师资格条例》对教师资格的性质、类别、资格考试、资格认定、资格的撤销与丧失等做出了具体的规定。我国幼儿园教师资格认定包括五个方面，分别是：思想品德、学历要求、普通话条件、保育教育能力、身心健康。

二、幼儿园教师的权利

根据《中华人民共和国教育法》《中华人民共和国教师法》等相关法律法规，幼儿园教师应享受以下权利。

（一）保育教育权

幼儿园教师应充分意识到，教书育人是教师的基本权利，要珍惜法律赋予教师的这一权利，全身心地投入到幼儿教育事业中去。同时，开展保育教育改革和试验是幼儿教育事业不断发展的源泉。

【示例】

胡老师根据本班学生的实际情况进行教学改革，但幼儿园领导担心教学改革失败，有些教师也反对他的改革计划。胡老师应该做的是（ A ）。

A. 坚持改革，这是教师的权利　　B. 坚持改革，这是教师的义务
C. 放弃改革，这是一时的冲动　　D. 放弃改革，这违背了教学常规

（二）科学研究权

幼儿园教师享有参与科学研究、学术交流，参加专业的学术团队，在学术活动中充分发表意见的权利。这是幼儿园教师为提高自身专业发展水平，更好地指导保育实践而享有的另一项权利。

（三）指导与评价幼儿学习的权利

指导幼儿的学习与发展，评定幼儿的品行和学业成绩，这既是幼儿园教师的权利，也是其应尽的义务。

（四）获取工资报酬权

幼儿园教师具有按时获得工资、享受国家规定的福利待遇以及寒暑假期带薪休假的权利，这是幼儿园教师应有的保障。幼儿园教师的工资水平应当不低于或者高于国家公务员的平均工资水平，并逐步提高。

（五）民主管理权

幼儿园教师有权对幼儿园保育教育、管理工作和行政工作提出意见和建议，通过教职工大会或者其他形式，参与幼儿园民主管理。这一权利，是幼儿园教师的政治权利在学前教育工作中的表现。

【示例】

李老师就校务公开问题向学校提建议，李老师的做法是（ A ）。

A. 行使教师权利　　　　　　　　B. 履行教师义务
C. 影响学校的秩序　　　　　　　D. 给学校出难题

（六）进修培训权

各级政府和教育行政部门以及幼儿园应积极做好幼儿园教师在职进修和培训工作，为他们更新知识与理念、掌握现代教育教学技术，从而促进幼儿园教师的专业发展。

【示例】

幼儿园派张老师参加省里组织的骨干教师培训，但按幼儿园的相关规定，应扣除张老师500元的绩效工资，幼儿园的这项规定（ D ）。

A. 节约了办学成本　　　　　　　B. 加强了经费管理
C. 体现了按劳取酬　　　　　　　D. 侵犯了老师的权利

> 幼儿教师的权利主要包括：保育教育权、科学研究权、指导与评价权、获取工资报酬权、民主管理权和进修培训权。学习时牢记这六项权利，同时能够根据材料分析幼儿教师是否被侵权。

三、幼儿园教师的义务

幼儿园教师的义务是指其依法应尽的责任，它由法律规定，并以国家强制力保障其履行。幼儿园教师在明确自己所享有的权利的同时，还必须认真履行自己应尽的义务。

根据《中华人民共和国教师法》(以下简称《教师法》)和《幼儿园工作规程(修订稿)》，幼儿园教师对本班工作全面负责，其主要义务与职责如下。

（1）遵守宪法、法律和职业道德，为人师表。作为中华人民共和国的公民，幼儿园教师必须遵守宪法、法律和相应规章制度，且要起到模范遵守的作用。

（2）贯彻国家教育方针，遵守规章制度，履行聘约。贯彻国家教育方针和幼儿园课程标准，并结合本班幼儿的具体情况，制订和执行教育工作计划，完成教育任务。

（3）对幼儿进行思想品德教育。幼儿园教师要有意识地萌发幼儿爱祖国、爱家乡、爱集体、爱劳动、爱科学的情感，培养幼儿诚实、自信、友爱、勇敢、勤学、好问、爱护公物、克服困难、讲礼貌、守纪律等良好品德与习惯。

（4）随时分析和记录幼儿成长情况。幼儿园教师要有敏锐的洞察力，发现幼儿的成长变化，并采取相应的措施、方法应对，促进幼儿全面发展。

（5）关心、爱护幼儿，尊重幼儿人格。幼儿园教师要对幼儿情绪情感状态、健康人格、个性品质等方面给予尊重、关心与呵护。

（6）严格执行幼儿园安全、卫生保健制度。幼儿园教师有义务指导并配合保育员管理本班幼儿生活和做好卫生保健工作。

（7）制止有害于幼儿的行为或者其他侵犯幼儿合法权益的行为。幼儿园教师要自觉批评和抵制有害于幼儿健康成长的现象。

（8）参加业务学习和幼儿教育研究活动。幼儿园教师应通过参加业务学习、教研活动以及各类进修、培训，努力提高自身的职业道德素养和知识技能素养。

（9）了解幼儿家庭的教育环境。幼儿园教师需要与家长保持联系，共同商讨符合幼儿特点的教育措施，针对不同家庭环境的幼儿开展不同方式的教育活动，配合家长完成教育任务。

（10）定期向园长汇报，接受其检查和指导。幼儿园教师应定期向园长汇报工作，接受园长的检查和指导，不断提高自身素质，做好幼儿园教育工作。

> 《教师法》和《幼儿园工作规程(修订稿)》规定了教师多方面的义务。作为幼儿园教师既要享受教师的基本权利，同时也要尽自己的各项义务。

第四节　幼儿园教师的专业发展

一、幼儿园教师专业发展的含义

1966年，联合国教科文组织与国际劳工组织在《关于教师地位的建议》中指出：应当把教师职业作为专门职业来看待。这是首次将教师职业定位为"专门职业"。因此，作为教师必须重视专业发展。

幼儿园教师专业发展是幼儿园教师不断接受新知识，增长专业能力，从而使其专业结构不断更新、演进和丰富的过程。从专业结构看，幼儿园教师专业发展有理念、知识、能力、态度和动机等不同侧面；从专业结构发展水平看，幼儿园教师专业发展有不同等级、不同阶段。

幼儿园教师专业发展具有三个非常明显的特征：① 教师专业发展是一个有意识的过程。真正的专业发展是一个为目的和规划目标的清晰愿景所指引的审慎的过程，是为了带来积极变化和进步的下意识的设计努力。[①] ② 教师专业发展是一个持续的过程。幼儿园教师专业发展是一个融入工作的持续终身的过程。③ 教师专业发展是一个系统的过程。教师专业发展是一个明确而又系统的过程，既要考虑个体发展，又要顾及组织发展。

【示例】

幼儿园拟派工作多年、任劳任怨的胡老师去外地参加理论研修班，胡老师对园长说："年轻人喜欢玩，让她们去吧，而且照顾小孩子，都是些穿衣吃饭的琐事，耐心点就行，不需要太多的理论。"这表明胡老师（ C ）。

A. 关心年轻老师专业成长，甘为人梯　　B. 不服从园里的安排
C. 忽视自身的专业发展，盲目奉献　　　D. 积极参加园内管理合理建议

二、幼儿园教师专业发展的阶段

教师职业的专业发展是一个多阶段的连续过程。自20世纪60年代起，国内外学者对此做了大量研究，从不同的研究角度对教师专业发展做了描述和分析，由此产生了多种教师发展阶段论，下面介绍两种理论。

（一）伯利纳的教师发展阶段论

伯利纳（Berliner）认为教师的专业发展大致可以分为新手、熟练、胜任、骨干和专家五个阶段。

1. 新手阶段

新手阶段主要指实习教师和刚从学校毕业的新教师。由于刚刚从学习的环境转入到幼儿园，"新手"们内心的焦虑和行为上的应接不暇在所难免。另外，"新手"们对幼儿园教育工作的看法较理想化，处理问题时依赖特定的原则和规范，缺乏灵活性。

2. 熟练阶段

教师们能够把过去所学的理论知识与现实中遇到的实际问题联系起来，使现在的教学超越过去的教学，能够反思自己，在成功或失败中获取经验。但不能很好地区分教学情

---

① Thomas R. Guskey. 教师专业发展评价 [M]. 方乐, 张英等, 译. 北京：中国轻工出版社, 2005: 13.

境中的重要信息和无关信息，处理课堂中的突发情况不够灵活，树立教师威信方面有待提高。

3. 胜任阶段

从教三至四年左右的教师进入胜任阶段。这时，他们能够根据幼儿的需要和心理发展水平来设计、安排和呈现教学内容，并能够掌握教学技巧，应对幼儿的各种反应，开始形成自己的教学风格。但胜任阶段教师的教学行为还未能达到快捷、流利和灵活的程度。

4. 骨干阶段

从教五年以上，一定数量的教师便进入了骨干阶段。这时的"骨干级教师"具备较强的直觉判断能力，能够对保育教育情境做出准确的判断和有效的处理，对保教工作有了进一步探究的兴趣，能够对自己的保教行为进行反思，并尝试一些新的教学手段。

5. 专家阶段

专家型教师，需要时间和经验的不断积累。进入专家阶段，幼儿园教师拥有娴熟的教学技能、显著的教学效果，能凭借扎实的理论功底和丰富的实践经验来解决问题，做到轻车熟路。有研究表明，教师至少要积累十年的教学经验，在教室里讲述10 000个小时的课，在此之前至少当过15 000个小时的学生之后，才有可能成为专家型教师。

（二）福勒和布朗的教师发展阶段论

福勒和布朗（Fuller & Brown）根据教师的需要和不同时期所关注的焦点问题，将教师的发展分为关注生存、关注情境和关注学生三个阶段。

1. 关注生存阶段

新任教师一般处于这个阶段，他们非常关注自己的生存适应性，他们关心的问题是："幼儿喜欢我吗？""同事们怎样看我？""领导是否觉得我干得不错？"等。由于这种生存忧虑，有些新教师可能会把大量的时间都花在如何跟幼儿搞好个人关系上，而不是如何教他们；有些新教师则可能想方设法控制幼儿，而不是让幼儿获得学习上的进步。

2. 关注情境阶段

当教师感到自己完全能生存时，便把关注的焦点投向了如何上好一堂课，如此就进入关注情境阶段。在这一阶段，教师关心的问题是如何上好每一堂课的内容，他们更多地关心诸如班级大小、时间的压力和备课材料是否充分等与教学情境有关的问题。

3. 关注学生阶段

当教师顺利地适应了前两个阶段后，就进入到关注幼儿阶段。在这一阶段，教师将考虑幼儿的个别差异，认识到不同发展水平的幼儿有着不同的社会和情感需要，有些材料不一定适合所有幼儿，因此教师必须因材施教。

> 幼儿园教师专业发展分为五个阶段，分别是新手阶段、熟练阶段、胜任阶段、骨干阶段、专家阶段。

三、幼儿园教师专业发展的内容

《幼儿园教师专业标准（试行）》是对幼儿园教师的基本要求，其基本理念是：幼儿为本、师德为先、能力为重、终身学习。具体内容如下。

（一）师德素养

1. 职业道德

幼儿园教师应严格遵守《中小学教师职业道德规范》，做到爱国守法、爱岗敬业、关爱学生、教书育人、为人师表、终身学习。

2. 个人修养与行为

幼儿园教师应富有爱心、责任心、耐心和细心，并保持乐观向上、热情开朗的性格，利用自己的亲和力，与幼儿一起活动，给他们带来自信和欢乐。幼儿园教师要做到心胸开朗、情绪稳定，善于自制，保持平和心态，对幼儿始终充满热情。幼儿园教师要树立终身学习意识，勤于学习，不断进取。幼儿园教师要注意规范个人行为，做到衣着整洁得体，语言规范健康，举止文明礼貌，使幼儿无形之中受到教师的感染，促进其规范德行的养成。

（二）专业理念

1. 职业理解与认识

只有对幼教工作有正确而深刻的认识，才会增强对教育事业的情感，只有正确理解幼儿园教师工作的重要性，注重自身专业发展，才会产生荣誉感、自豪感和责任感，从而用自己的青春和毕生的精力为学前教育事业贡献力量。

2. 对幼儿的态度与行为

爱护幼儿，是幼儿园教师职业理念的灵魂，幼儿园教师对幼儿的爱既是一种无形的教育力量，也是一种重要的教育手段。幼儿园教师应尊重幼儿的人格和个性差异，主动了解和满足有益于其身心发展的不同需求，积极创造条件，帮助每一个幼儿愉快、健康地成长。

3. 对保育和教育的态度与行为

幼儿园教师要树立正确的保育和教育意识，注重保教结合，培育幼儿良好的意志品质，帮助他们形成良好的行为习惯。保护幼儿的好奇心，将探索、交往等实践活动作为幼儿最重要的学习方式；重视环境和游戏对幼儿发展的独特作用，创设富有教育意义的环境氛围，将游戏作为主要活动。

（三）专业知识

1. 幼儿发展和教育理论知识

了解幼儿身心发展的基本特点和规律，是做好幼儿教育工作的前提。幼儿园教师具备扎实的幼儿卫生学、心理学方面的知识，了解关于幼儿生存、发展和保护的有关法律法规及政策规定，掌握学前教育的理论知识、基本规律和实践方法，并善于运用教育规律。

2. 幼儿保育和教育实践知识

幼儿园教师需要切实掌握幼儿保育和教育实践性知识，熟悉幼儿园教育的目标、任务、内容、要求和基本原则，掌握幼儿园环境创设、一日生活安排、游戏与教育活动、保育和班级管理的知识与方法，熟知幼儿园的安全应急预案，了解意外事故和危险情况下幼儿安全防护与救助的基本方法，并掌握观察、谈话、记录等了解幼儿的基本方法。

3. 通识性知识

幼儿园教师应具备的通识性知识主要包括人文、社会领域的知识，如文学、文化、历史、经济、法律等；自然科学领域的知识，如数学、物理、生物、化学、天文、地理等；艺术领域的知识，如音乐、绘画、舞蹈、乐器等方面的知识。同时，由于多媒体技术在现代化教育教学过程中的广泛运用，幼儿园教师还应具备一定的现代信息技术知识。

（四）专业能力

1. 环境的创设与利用

幼儿园教师首先要与幼儿建立良好的师幼关系，帮助幼儿建立良好的同伴关系，创设良好的班级氛围，为幼儿营造一个轻松愉快、富于安全感、充满爱心的心理氛围。要能够合理利用各种资源，创设有助于促进幼儿成长、学习、游戏的教育环境，并为他们提供和制作适合的玩教具和学习材料，引发和支持幼儿的主动活动。

2. 一日生活的组织与保育

要使幼儿一天的生活有秩序地进行，幼儿园教师必须具有组织各种活动的能力。要具备科学照料幼儿日常生活的能力，指导和协助保育员做好班级常规保育和卫生工作。幼儿园教师需要具备基本的幼儿疾病和意外伤害的急救、处理能力，能及时发现、辨别和准确地处理意外事故，有效地保障幼儿的安全与健康。

3. 游戏活动的支持与引导

幼儿园教师要能够根据幼儿的兴趣需要、年龄特点和发展目标，充分利用与合理设计游戏活动空间，为幼儿提供丰富、适宜的游戏材料，支持、引发并促进幼儿的游戏活动。在游戏活动中，幼儿园教师要善于观察儿童的表现，适时地进行引导。

4. 教育活动的计划与实施

幼儿园教师要能够根据教学要求和本班幼儿的实际情况，选择适当的教材，安排好教学进度，制定学期计划，并根据每堂课的具体教学要求，选择教学方法和教具，制定活动方案。在教学过程中，幼儿园教师要密切注视幼儿的反应，及时调整自己的教学活动，使教学达到最佳的效果。对于教育教学活动中出现的突发情况，幼儿园教师要做到反应迅速、决策果断和处置灵活，保证教育活动的顺利实施。

5. 激励与评价

幼儿园教师要关注幼儿日常表现，及时发现和赏识每个幼儿的点滴进步，注重激发和保护他们的积极性和自信心，从而使幼儿得到精神上的满足和愉悦，并提高其自身发展的主动性和创造性。

6. 沟通与合作

幼儿园教师要与幼儿进行有效沟通，善于用口语、身体语言达到更好的沟通效果；要能够与同事建立良好的关系，善于与同事开展交流与合作，分享保教经验和资源；能够与家长和社区有效合作。

7. 反思与发展

幼儿园教师应不断立足于自身的实践，主动收集、分析相关信息，批判地考察、反思自己的行为，改进保教工作。同时，幼儿园教师还要树立专业发展意识，做好自身专业发展规划，不断提高自身专业素质。

【示例】

《幼儿园教师专业标准（试行）》规定，幼儿园教师专业标准的基本理念是（ C ）。

A. 师德为先，幼儿为本，能力为重，知识为主
B. 幼儿为本，能力为重，知识为主，终身学习
C. 幼儿为本，师德为先，能力为重，终身学习
D. 师德为先，幼儿为本，知识为主，终身学习

> 牢记《幼儿园教师专业标准（试行）》的理念与基本内容。

四、幼儿园教师专业发展的途径

（一）幼儿园教师专业发展的基本途径

1. 培养与培训

（1）职前培养。

中共中央、国务院在《关于深化教育改革全面推进素质教育的决定》中提到，要"调

整师范学校的层次和布局，鼓励综合性高等学校和非师范类高等学校参与培养、培训中小学教师的工作，探索在有条件的综合性高等学校中试办师范学院"。这一规定确立了我国教师教育体系的开放体系。许多中专学校升格为大专、大专升格为本科，招收的学生从以初中为起点向高中转移，硕士生、博士生的招收规模也正迅速扩大。①

通过3—5年的中等或高等幼儿师范学校的专门训练，幼教专业的学生能树立正确的教育观、儿童观和教师观，了解和认识教师行为规范，学习从事学前教育工作所必需的理论和知识，初步掌握保教技能，为将来担任幼儿园教师做好准备。

（2）在职进修。

幼儿园教师在职进修的方式主要有学历和非学历两类。在职学历教育是指通过函授、自考、成人教育或远程教育等形式获得大专、本科甚至研究生学历。在职非学历教育的形式较为丰富，包括专题培训班、助教进修班、研究生课程班等。

幼儿园教师的在职进修对于其自身专业发展意义重大，教师个体形成自我发展意识的同时，还需要幼儿园、教育行政部门和社会机构共同创造条件，为教师提供合适、有效的方式进行继续教育，促进幼教队伍整体师资水平的提高。

2. 观摩与评估

观摩优秀教师的教育教学活动，是培养新教师、促进教师专业发展的重要途径之一。通过观摩现场教学、教学记录或观看教学录像，观课教师可以了解优秀的教学设计和教材研究案例，学习有效的课堂教学手段和课堂管理办法，熟悉教学记录的格式和记述的方法，收集可供自己参考的实践实例，并进行整理和尝试，从而促进自身保教水平的提高。教师也可在准备观摩课程的过程中，对自己的整个教学过程进行精雕细琢，反复推敲，以获得最佳的教学效果，这不仅有利于提升自己的教育教学能力，逐步提高反思意识，更有利于自身经验的提升。观摩结束后，听课教师和授课教师就具体问题进行深入分析和讨论，对整体观摩课进行评估，从而有效地促进教学经验、教学技巧的交流与学习。

3. 合作与互助

教师寻求同事间的合作与互动，从他人那里获取有价值的信息来提升自己的专业内涵，这是新时期教师专业发展的重要理念和途径。②幼儿园教师可采用对话的形式，进行信息交换、经验分享、深度会谈和专题研讨，集思广益，不断提高对问题的认识。幼儿园教师也可以采用协作的形式，大家共同承担责任、完成任务，发挥每个教师的兴趣爱好和个性特长，彼此在互补、互动、合作中成长。教学经验丰富、成绩突出的优秀教师要在合作互助中发挥积极作用，帮助和指导新任教师，使其尽快适应角色和环境的要求，防止和克服教师各自为政和孤立无助的现象，从而促进教师队伍的整体发展。③

---

① 卢新予. 学前教育学［M］. 郑州：郑州大学出版社，2012：93.
② 连榕. 教师专业发展［M］. 北京：高等教育出版社，2007：59.
③ 傅建明. 学前教育学［M］. 北京：中央广播电视大学出版社，2007：231—232.

【示例】

某幼儿园经常组织老师们相互观摩保教活动,针对活动过程展开研讨,提出完善活动的建议,这种做法体现的教师专业发展途径是(B)。

A. 进修培训　　　　　　　　　　B. 同伴互助
C. 师徒结对　　　　　　　　　　D. 自我研修

4. 反思和研究

教育反思是幼儿园教师在完成日常保教任务之后,对保教工作各环节和实践过程中获得的认识和经验进行回顾、分析和总结,积极应对与解决教育实践中的问题,提出自己的解决设想,并通过保教实践加以检验、调整。通过不断的学习、实践、反思,提高自身专业素质,从而促进学前教育质量的提升和幼儿的全面发展。幼儿园教师可以通过撰写反思日记帮助自己进行教育实践反思。反思日记可以是自己的受教育经历、对教育现象的所见所闻、对教育问题的所思所想,也可以是自己在教育教学过程中遇到的实际问题、解决方案及实施效果等。

幼儿园教师处于学前保教工作一线,具有广阔的研究视角。他们通过主动参与和全身心体验,对教育教学活动的意义、价值、运作方式等不断解读、探究和创造,从而丰富自身的实践知识,提高实践智慧,培养主动探究和反思的态度,提升自我更新能力和可持续发展能力。

5. 自我促进

幼儿园教师应根据实际情况制定自我专业发展的目标和规划,为自己的专业发展设计蓝图,为引导、监督和反思自身专业发展提供参考框架。同时,幼儿园教师应具备明确的专业自我意识,包括对自己过去的专业发展过程的意识、对现在专业发展状态和水平的意识,以及对未来规划的意识,也包括在专业理念、专业知识、专业能力等方面的意识。幼儿园教师还应树立终身学习观念,努力提高自学能力,学会学习,保持开放的心态,积极、主动地追求专业发展,不断更新自己的教育信念和专业知识与技能,促进自我发展。

> 教师专业发展的一般途径包括:培养与培训、观摩与评估、合作与互助、反思和研究、自我促进。

本章小结

幼儿园教育的关键是教师。作为一名合格的幼儿园教师应该具有科学的教育理念,严格遵守职业道德规范,拥有相应的专业能力。同时,要明确自己的权利与义务,在不同的发展阶段努力使自己得到相应的发展,进而成为一名优秀的幼儿园教师。

📅 知识结构

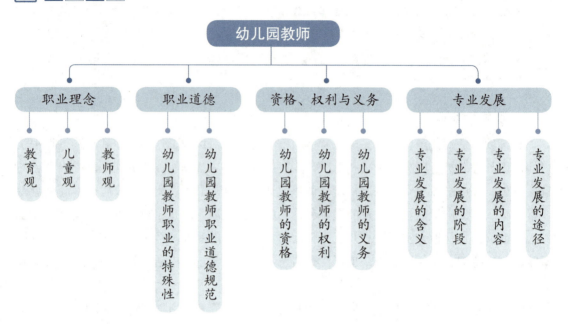